www.nanumant.com

수험용 프로그램 다운로드
한국세무사회 자격시험 홈페이지
https://licenae.kacpta.or.kr
기초데이터는 LG U+ 웹하드에서 제공
www.webhard.co.kr [ID:ant6545 / PW:1234]

한국세무사회 주관 국가공인 전산세무회계자격시험

강쌤의 전산회계 2급

2023 개정판
기출문제 풀이집

2023

강원훈 편저

Contents

Ⅰ. 회계원리

chapter 1. 회계의 첫걸음 ······ 8
   1. 회계 개념 ······ 8
   2. 거래의 종류 및 계정과목 ······ 13
   3. 회계 흐름 ······ 16

chapter 2. 계정과목별 이론정리 ······ 20
   1. 현금 및 현금성자산 ······ 20
   2. 재고자산 ······ 23
   3. 매출채권과 기타채권 ······ 29
   4. 대손회계 ······ 32
   5. 지분증권 ······ 35
   6. 채무증권 ······ 37
   7. 유형자산 ······ 41
   8. 무형자산 및 기타비유동자산 ······ 46
   9. 유동부채 / 비유동부채 ······ 47
  10. 자 본 ······ 50
  11. 수익과 비용 ······ 55

Ⅱ. 단원별 분개 연습

chapter 1. 기초 분개 ·········· 56
  1. 기초분개 60문제 ·········· 56

chapter 2. 단원별 분개 연습 ·········· 68
  1. 현금 및 현금성자산 ·········· 68
  2. 재고자산 ·········· 71
  3. 매출채권과 기타채권 ·········· 73
  4. 대손회계 ·········· 77
  5. 지분증권 ·········· 80
  6. 채무증권 ·········· 82
  7. 유형자산 ·········· 84
  8. 무형자산 및 기타비유동자산 ·········· 86
  9. 유동부채/비유동부채 ·········· 87
  10. 자　　본 ·········· 90
  11. 수익과 비용 ·········· 91

Ⅲ. 분개 기출문제 및 해답
  1. 분개 기출문제 ·········· 96
  2. 해답 ·········· 124

Ⅳ. 결산분개 문제 및 해답
  1. 결산분개 문제 ·········· 136
  2. 해답 ·········· 140

Ⅴ. 이론 기출문제 및 해답
  1. 이론 기출문제 ·········· 144
  2. 해답 ·········· 177

Ⅵ. 실기 기초 흐름 및 데이터

    1. 실기기초 흐름 ··· 194
    2. 기출문제 데이터 설치 ··· 211

Ⅶ. 기출문제 및 해답

- 제100회 전산회계2급 기출문제 ·· 216
- 제101회 전산회계2급 기출문제 ·· 226
- 제102회 전산회계2급 기출문제 ·· 236
- 제103회 전산회계2급 기출문제 ·· 246
- 제104회 전산회계2급 기출문제 ·· 256
- 제105회 전산회계2급 기출문제 ·· 267
- 해답 ··· 277

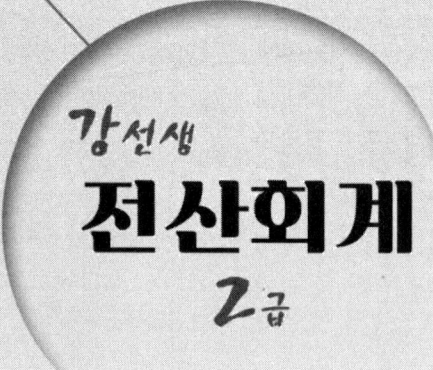

www.nanumant.com

I 회계원리

chapter 1 회계의 첫걸음
chapter 2 계정과목별 이론정리

 회계의 첫걸음

01. 회계 개념

1. 회계란 정보제공 ⇒ 제공자(회사) → **전자공시시스템** → 이용자 : 투자자, 경영자, 은행, 세무서, 잠재적 투자자

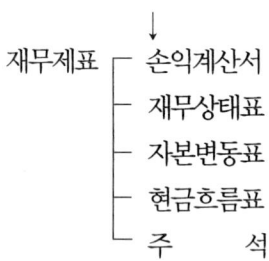

※ 제조원가명세서, 합계잔액시산표 → 재무제표가 아니다.

★ 상장회사와 비상장회사 중 외부감사 대상 회사의 재무제표는 전자공시시스템에서 다운 받아 볼 수 있다.
★ 회계란 회계 이용자가 합리적인 판단이나 의사결정을 할 수 있도록 기업의 경제석 활동을 화폐로 측정, 기록 계산하여 회계 정보이용자들에게 전달하는 과정이다.
★ 외부 이용자들인 투자자, 채권자, 은행, 세무서 등에게 정보를 제공하는 것을 목적으로 하는 "재무회계"와 기업의 내부정보이용자인 경영자에게 관리적 의사결정에 유용한 정보를 제공하는 "관리회계"가 있다.

2. 부기의 종류 : 가계부기, 학교부기, 은행부기, 관청부기, 기업부기

1) 기록 계산 방법 ① 단식부기(단식 회계) : 일정한 원리원칙이 없다.
　　　　　　　　② 복식부기(복식 회계) : 일정한 원리원칙이 있다.
2) 영리목적 ① 영리회계 : 영리단체 ex) 은행부기, 기업부기
　　　　　　② 비영리회계 : 비영리단체 ex) 가계부기, 학교부기, 관청부기
3) 기업(영리추구 단체) ① 개인기업
　　　　　　　　　　　② 법인 기업(주식 회사)
→ 개인기업과 법인 기업의 회계 처리는 모두 같다. 단, 자본구조만 틀리다.

3. 부기의 주된 목적

1) 일정 시점의 기업의 재무 상태(자산, 부채, 자본)를 파악하는 데 있다.
2) 일정 기간의 기업의 경영 성과(이익, 손실)을 파악하는 데 있다.

4. 재무상태표 - 기업의 일정 시점의 재무 상태를 나타내는 정태적 보고서

ex) 기업 설립 시 예상 자금 200,000,000원 필요

순자산 150,000,000 : 자본
대 출 50,000,000 : 부채
총재산 200,000,000 : 자산

1/1 현재   재무상태표   기업이름

자 산	금 액	부채 · 자본	금 액
임차 보증금	50,000,000	차 입 금	50,000,000
시 설 장 치	50,000,000	자 본 금	150,000,000
비 품	20,000,000		
상 품	10,000,000		
보 통 예 금	70,000,000		
	200,000,000		200,000,000

← 차변 : 자금의 운용상태   =   대변 : 자금의 조달 원천 표시 →

대차평균의 원리에 의해 차변과 대변의 합계금액은 항상 일치.

① **자산** : 기업이 보유하고 있는 재화(현금, 비품, 상품 등)나 채권(외상매출금, 대여금 등)을 의미
② **부채** : 기업이 미래에 갚아야 할 채무(차입금 등)
③ **자본** : 자산에서 부채를 차감한 순재산

12/31 현재   재 무 상 태 표   기업이름

자 산	금 액	부채 · 자본	금 액
임차 보증금	50,000,000	차 입 금	30,000,000
시 설 장 치	50,000,000	미 지 급 금	20,000,000
비 품	30,000,000	외상매입금	5,000,000
차량 운반구	30,000,000	자 본 금	235,000,000
상 품	20,000,000	(당기순이익)	(85,000,000)
보 통 예 금	100,000,000		
현 금	10,000,000		
	290,000,000		290,000,000

1) 자본 공식 : 자산 - 부채 = 자본
2) 재무상태표 등식 : 자산 = 부채 + 자본
3) 재산법 공식 : 기말자본 - 기초자본 = 당기순이익

기초자본 - 기말자본 = 당기순손실

5. 손익계산서 - 기업의 일정 기간 동안의 경영 성과를 나타내는 동태적 보고서

ex) 당기순이익

손 익 계 산 서
1/1 ~ 12/31

비 용	금 액	수 익	금 액
급 여	100,000,000	매 출	300,000,000
지급 임차료	50,000,000		
광고 선전비	30,000,000		
복리 후생비	10,000,000		
소 모 품 비	10,000,000		
이 자 비 용	15,000,000		
당기 순이익	85,000,000		
	300,000,000		300,000,000

ex) 당기순손실

손 익 계 산 서
1/1 ~ 12/31

비 용	금 액	수 익	금 액
급 여	200,000,000	매 출	300,000,000
지급 임차료	50,000,000	당기순손실	20,000,000
광고 선전비	50,000,000		
복리 후생비	20,000,000		
	320,000,000		320,000,000

1) 손익계산서 등식

① 총비용 + 당기순이익 = 총수익

② 총비용 = 총수익 + 당기순손실

2) 손익법 공식

① 총수익 - 총비용 = 당기순이익

② 총비용 - 총수익 = 당기순손실

3) 공식문제

서울 상점	기초재무상태			기말재무상태			경영성과		
	자산	부채	자본	자산	부채	자본	총수익	총비용	순손익
	90,000	20,000	(①)	(②)	30,000	90,000	(③)	30,00	(④)

* 해답 : ① 70,000원 ② 120,000원 ③ 50,000원 ④ 20,000원
* 해설 : 기말자본과 기초자본을 비교한 당기순이익과 총수익, 총비용을 비교한 당기순이익은 항상 동일해야 한다.

6. 계정

1) 재무상태표 계정 : ① 자산계정 : 현금, 보통예금, 상품, 비품, 차량운반구, 시설 장치 등
   ② 부채계정 : 차입금, 미지급금, 외상매입금 등
   ③ 자본계정 : 자본금

2) 손익계산서 계정 : ① 수익계정 : 매출 등
   ② 비용계정 : 급여, 임차료, 광고선전비, 복리후생비, 소모품비 등

★ 계정 : 거래가 발생하면 기록 계산하게 되는데, 이때 기록, 계산, 정리하기 위해서 설정한 단위를 계정이라고 하며, 명칭을 계정과목이라고 한다.

7. 분개

1) 거래 발생 → 전표 발행
   요령 : 분개 - 1. 계정과목
            2. 금액
            3. 차변 / 대변 결정

거래의 8 요소	
자산 증가	자산 감소
부채 감소	부채 증가
자본 감소	자본 증가
비용 발생	수익 발생

① 거래가 발생하면 전표를 발행해야 하는데 전표 발행하는 요령을 분개라고 하며, 분개가 가장 기초이지만 가장 중요하다.
② 분개를 하기 위해서는 ① 계정 과목, ② 금액, ③ 차변과 대변 결정을 할 수 있어야 한다.
③ 차변/ 대변 결정은 위에 있는 거래의 8요소를 이용해야 하지만 좀 더 쉽게 접근하려면 돈(현금, 보통예금, 당좌예금)이나 물건(상품, 비품, 건물, 차량운반구, 기계장치 등)이 들어오면 차변, 나가면 대변에 기록하고, 반대편에는 들어온 이유, 나간 이유를 적는다.
→ 들어온 것 / 들어온 이유
→ 나간 이유 / 나간 것
→ 비용은 차변에 기록, 수익은 대변에 기록.

예 오늘 버스비 1,000원을 현금으로 낸 것을 분개해 보자. 현금이 나갔으므로 대변에 현금을 적고, 반대편인 차변에는 현금이 나간 이유인 교통비를 적는다.
여비교통비 1,000 / 현금 1,000

예 오늘 점심 식대 10,000원을 체크카드로 결제한 것을 분개해 보자... 체크카드로 결제하면 보통예금통장에서 돈이 나가므로 대변에 보통예금을 적고, 반대편인 차변에는 돈이 나간 이유인 복리후생비를 적는다.
복리후생비 10,000 / 보통예금 10,000

예 오늘 차량에 100,000원 주유를 하고 신용카드로 결제한 것을 분개해 보자... 신용카드로 결제하면 지금 당장 돈이 나가지 않으므로 현금이나 예금 대신에 대변에 미지급금을 적는다. 그리고 반대편인 차변에는 신용카드를 사용한 이유인 차량유지비를 적는다.
차량유지비 100,000 / 미지급금 100,000

예 한 달 뒤 카드 대금이 보통예금에서 자동으로 이체된 것을 분개해 보자... 보통예금 통장에서 카드 대금이 나갔으므로 대변에 보통예금을 적고, 반대편인 차변엔 카드 대금(미지급금)이 나갔으므로 미지급금을 적는다.
미지급금 100,000 / 보통예금 100,000

대차평균원리에 의해 분개를 하면 차변 합계와 대변 합계는 항상 일치해야 한다.

- ♠ 거래란? 자산·부채·자본의 증감 변화를 가져오는 것.
- ♠ 거래가 아닌 것(분개할 필요가 없는 것) : 계약, 주문, 약속, 담보를 제공, 종업원 채용

잠깐!! 다음 단원 학습하기 전에 단원별 분개연습 중 기초분개 60문제를 학습하면 좋습니다.

02 거래의 종류 및 계정과목

1. 거래의 종류

1) 교환거래 : 자산·부채·자본만 나타나는 거래
2) 손익거래 : 어느 한 변에 수익이나 비용이 독자적으로 발생하는 거래
3) 혼합거래 : 교환거래 + 손익거래
즉, 수익이나 비용이 어느 한 변에 독자적이 아니라 자산·부채·자본과 함께 나타나는 거래

  ex) 상품 100,000원을 매입하고 대금은 외상으로 하다.
     <u>상품</u> 100,000 / <u>외상매입금</u> 100,000 ⇒ 교환거래
     자산증가   부채증가

  ex) 급여 100,000원을 현금으로 지급하다.
     <u>급여</u> 100,000 / <u>현금</u> 100,000 ⇒ 손익거래
     비용발생   자산감소

  ex) 대여금 100,000원과 이자 10,000원을 현금으로 수령하다.
     <u>현금</u> 110,000 / <u>대여금</u> 100,000 ⇒ 혼합거래
     자산증가   자산감소
           <u>이자수익</u> 10,000
           수익발생

① 거래의 이중성

 회계상의 모든 거래는 반드시 차변 요소와 대변 요소가 대립되어 성립하며, 양쪽에 같은 금액으로 기입되는데, 이것을 "거래의 이중성"이라고 한다.

② 대차평균의 원리

 모든 거래는 반드시 거래의 이중성에 의하여 차변과 대변에 같은 금액이 기입되어 차변 합계와 대변 합계는 반드시 일치하게 되는데, 이것을 "대차평균의 원리"라고 한다. (복식부기의 자기검증기능)

2. 계정과목

1) 재무상태표 계정

① 자산

구 분		내 용
유동자산	당좌자산	현금및현금성자산, 단기금융상품, 단기매매증권, 단기대여금, 매출채권(외상매출금, 받을어음), 단기대여금, 미수금, 미수수익, 선급금, 선급비용
	재고자산	상품, 제품, 반제품, 재공품, 원재료, 저장품 등
비유동자산	투자자산	장기금융상품, 매도가능증권, 만기보유증권, 장기대여금, 투자부동산, 지분법적용투자주식 등
	유형자산	토지, 건물, 구축물, 비품, 기계장치, 선박, 차량운반구, 건설중인자산 등
	무형자산	산업재산권(특허권, 실용신안권, 의장권, 상표권), 라이선스와 프랜차이즈, 저작권, 소프트웨어, 개발비, 영업권, 차지권, 광업권 및 어업권 등
	기타비유동자산	장기성매출채권, 보증금, 이연법인세자산, 장기미수금 등

② 부채

구 분	내 용
유동부채	매입채무(외상매입금, 지급어음), 단기차입금, 미지급금, 선수금, 선수수익, 예수금, 미지급비용, 미지급세금, 미지급배당금, 유동성장기부채 등
비유동부채	사채, 장기차입금, 이연법인세부채, 장기성매입채무, 퇴직급여충당부채, 판매보증충당부채, 공사보증충당부채 등

③ 자본

구 분	내 용
자본금	보통주 자본금, 우선주 자본금
자본잉여금	주식발행초과금, 감자차익, 자기주식처분이익, 전환권대가 등
자본조정	배당건설이자, 자기주식, 자기주식처분손실, 주식할인발행차금, 미교부주식배당금, 감자차손, 주식매입선택권 등
기타포괄손익	해외사업환산대(또는 해외사업환산차) 매도가능증권평가이익(또는 매도가능증권평가손실)

구 분	내 용		
이익잉여금	이익준비금		
	기타 법정적립금		기업합리화적립금, 재무구조개선적립금
	임의적립금	적극적 적립금	감채적립금, 사업확장적립금
		소극적 적립금	배당평균적립금, 결손보전적립금, 별도적립금, 퇴직급여적립금
	미처분이익잉여금		전기이월이익잉여금, 당기순이익

2) 손익계산서계정

① 수익

구 분	내 용
영업상수익	매출액
영업외수익	이자수익, 배당금수익, 대손충당금환입, 임대료, 보험수익, 단기매매증권처분이익, 단기매매증권평가이익, 외환차익, 외화환산이익, 지분법평가이익, 투자자산처분이익, 유형자산처분이익, 사채상환이익, 전기오류수정이익, 채무면제이익, 자산수증이익 등

② 비용

구 분	내 용	
영업비용	매출원가	
	판매비와 일반 관리비	급여, 퇴직급여, 복리후생비, 임차료, 접대비, 감가상각비, 무형자산상각비, 세금과공과, 광고선전비, 연구비, 대손상각비 등
영업외비용	기타의 대손상각비, 이자비용, 재해손실, 단기매매증권처분손실, 단기매매증권평가손실, 재고자산감모손실, 외환차손, 외화환산손실, 기부금, 지분법평가손실, 투자자산처분손실, 유형자산처분손실, 사채상환손실, 법인세추납액, 전기오류수정손실 등	
법인세비용		

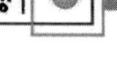

03 회계 흐름

1. 거래 발생 → 장부기록 → 보고서 작성 → 정보제공
   　　　　　　　　총계정원장　　1. 손익계산서
   　　　　　　　　　　　　　　　2. 재무상태표

   ex) 1. 현금 10,000,000원을 출자 영업을 개시하다.
   　　　현금 10,000,000 / 자본금 10,000,000

   2. 은행에서 20,000,000원을 차입하고 보통예금하다.
   　　보통예금 20,000,000 / 단기차입금 20,000,000

   3. 인테리어 비용 5,000,000원을 현금 지급하다.
   　　시설 장치 5,000,000 / 현금 5,000,000

   4. 영업용 컴퓨터·책상 등 10,000,000원에 구입하고, 보통예금에서 이체하나.
   　　비품 10,000,000 / 보통예금 10,000,000

   5. 수강료 15,000,000원을 받고 보통예금하다.
   　　보통예금 15,000,000 / 매출 15,000,000

   6. 광고비 1,000,000원을 월 말에 지급하기로 하다.
   　　광고선전비 1,000,000 / 미지급금 1,000,000

   7. 급여 5,000,000원을 보통예금에서 이체하였다.
   　　급여 5,000,000 / 보통예금 5,000,000

   ⇓ 위 내용을 총계정원장에 "**전기**" 한다.

총계정원장

현금
| 자본금 10,000,000 | 시설장치 5,000,000 |

자본금
| | 현　　금 10,000,000 |

보통예금
| 단기차입금 20,000,000 | 비　　품 1,000,000 |
| 매　　출 15,000,000 | 급　　여 5,000,000 |

시설장치
| 현　　금 5,000,000 | |

비품
| 보통예금 10,000,000 | |

단기차입금
| | 보통예금 20,000,000 |

미지급금
| | 광고선전비 1,000,000 |

매출
| | 보통예금 15,000,000 |

광고선전비
| 미지급금 1,000,000 | |

급여
| 보통예금 5,000,000 | |

- 총계정원장의 정확 여부 확인 ⇒ 합계잔액시산표

합계잔액시산표

차 변		계정 과목	대 변	
잔 액	합 계		합 계	잔 액
5,000,000	10,000,000	현 금(자산)	5,000,000	
20,000,000	35,000,000	보 통 예금(자산)	15,000,000	
10,000,000	10,000,000	비 품(자산)	-	
5,000,000	5,000,000	시 설 장 치(자산)	-	
-	-	미 지 급 금(부채)	1,000,000	1,000,000
-	-	단기차입금(부채)	20,000,000	20,000,000
-	-	자 본 금(자본)	10,000,000	10,000,000
-	-	매 출(수익)	15,000,000	15,000,000
5,000,000	5,000,000	급 여(비용)	-	
1,000,000	1,000,000	광고선전비(비용)	-	
46,000,000	66,000,000		66,000,000	46,000,000

2. 시산표 등식

기말자산 + 총비용 = 기말부채 + 기초자본 + 총수익

* 참고 : 위 공식에서 알 수 있듯이 자산과 비용의 잔액은 항상 차변에, 부채, 자본, 수익의 잔액은 항상 대변에 남는다.

3. 시산표에서 발견할 수 없는 오류

시산표는 차변의 금액과 대변의 금액만을 가지고 정확성 여부를 판단하기에 아래와 같은 경우에는 시산표에서 오류를 발견할 수 없다.

① 누락
② 중복 기입
③ 차 / 대변 반대로 기록
④ 계정과목 잘못 선택(외상매입금을 미지급금으로 잘못 기재 등)

4. 보고서(재무제표) 작성 순서

1. 합계잔액시산표의 수익과 비용을 이용하여 손익계산서를 먼저 작성하면 당기순이익을 알 수 있다.
2. 합계잔액시산표의 기말자산, 기말부채를 비교하면 기말자본을 계산할 수 있는데, 이는 기초자본에 당기순이익을 더한 값과 같다.

1) 손익계산서 작성-당기순이익 계산

손익계산서			
급　　여	5,000,000	매　　출	15,000,000
광고선전비	1,000,000		
당기순이익	9,000,000		
	15,000,000		15,000,000

2) 재무상태표 작성-당기순이익을 자본금에 합산

재무상태표(개인회사)			
현　　금	5,000,000	미 지 급 금	1,000,000
보통예금	20,000,000	단기차입금	20,000,000
비　　품	10,000,000	자 본 금	19,000,000
시설장치	5,000,000	(당기순이익	9,000,000)
	40,000,000		40,000,000

3) 재무상태표 작성-당기순이익을 자본금에 합산하지 않고, 별도로 기재

재무상태표(주식회사)			
현　　금	5,000,000	미 지 급 금	1,000,000
보통예금	20,000,000	단기차입금	20,000,000
비　　품	10,000,000	자 본 금	10,000,000
시설장치	5,000,000	미처분이익잉여금	9,000,000
	40,000,000		40,000,000

① 주식회사의 재무상태표는 자본금 표시 방법이 다르다. 기초 자본금 밑에 당기순이익을 미처분이익잉여금으로 별도로 표시한다.
② 주식회사는 주주총회를 열어 당기순이익을 배당 등으로 처분해야 하는데, 처분하기 전까지 미처분이익잉여금이라는 계정과목을 사용한다.

Chapter 2 계정과목별 이론 정리

01 현금 및 현금성자산

현금 및 현금성자산	현금	통화	지폐, 주화
		통화대용증권	① 수표 : 자기앞수표, 타인발행당좌수표, 여행자수표, 송금수표, 우편수표 ② 만기 : 공사채만기이자표 ③ 기타 : 우편환증서, 국고지급통지서, 배당금지급통지표 ※ 우표, 차용증서, 주식, 어음, 인지대 → 현금×
	예금	보통예금, 당좌예금	
	현금성자산	① 큰 거래비용 없이 현금전환 용이 하고 ② 이자율 변동에 따른 가치변동위험 적고 ③ 취득 시로부터 만기가 3개월 이내인 것.	

1. 현금과부족

현금의 장부 재고액과 현금의 시재가 불일치할 경우 처리하는 가계정(임시계정)

예제 1 8/13 현금 장부잔액 100,000원
현금 시재   80,000원
20,000원 부족 원인불명이다.
: **현금과부족** 20,000 / 현   금 20,000

9/05 위 부족액 중 15,000원은 교통비로 판명되다.
: 여비교통비 15,000 / **현금과부족** 15,000

12/31 결산 시까지 현금과부족 차변 잔액 5,000원 원인불명이다.
: 잡 손 실 5,000 / **현금과부족** 5,000

예제 2   12/31   결산 시 현금 장부잔액 100,000원
　　　　　　　　현금 시재　　　　　　80,000원
　　　　　　　　20,000원 부족 원인불명이다.
　　　　　　　　: 잡　손　실 20,000 / 현　　　금 20,000

예제 3   8/13   현금 장부잔액 100,000원
　　　　　　　　현금 시재　　　150,000원
　　　　　　　　50,000원 과잉 원인불명이다.
　　　　　　　　: 현　　　금 50,000 / **현금과부족** 50,000

　　　　　9/05   위 과잉액 중 30,000원은 계약금 수령으로 판명되다.
　　　　　　　　: **현금과부족** 30,000 / 선　수　금 30,000

　　　　　12/31   결산 시까지 과잉액 20,000원 원인불명이다.
　　　　　　　　: **현금과부족** 20,000 / 잡　이　익 20,000

예제 4   12/31   결산 시 현금 장부잔액 100,000원
　　　　　　　　현금 시재　　　　　150,000원
　　　　　　　　50,000원 과잉 원인불명이다.
　　　　　　　　: 현　　　금 50,000 / 잡　이　익 50,000

2. 요구불예금(입금과 출금이 자유로운 예금) - 보통예금, 당좌예금

1) 거래처 입장 : 상품 매출하고, "타인발행당좌수표로 받다"
　　　　　　　: 현　　　금 10,000,000 / 상품매출 10,000,000
2) 회사 입장 : 상품 매입하고, "수표를 발행 지급"하다.
　　　　　　: 상　　　품 10,000,000 / 당좌예금 10,000,000
3) 당좌차월 : 당좌예금 잔액을 초과하여 수표를 발행할 수 있는 것
　　　　　　→ 재무상태표에 "단기차입금"으로 표시한다.

예제
① 국민은행과 당좌거래 계약을 맺고 현금 1,000,000원을 당좌예입하다.
   건물 10,000,000원을 담보로 제공하고, 2,000,000원 한도의 당좌차월계약을 체결하였다.
   : 당좌예금 1,000,000 / 현   금 1,000,000

② 상품을 700,000원에 매입하고 수표를 발행하여 지급하다.
   : 상   품 700,000 / 당좌예금 700,000

③ 비품을 500,000원에 구입하고 수표를 발행하여 지급하다.
   : 비   품 500,000 / 당좌예금   300,000
                   / 당좌차월(단기차입금) 200,000

④ 상품을 300,000원에 매입하고 수표를 발행하여 지급하다.
   : 상   품 300,000 / 당좌차월(단기차입금) 300,000

⑤ 현금 1,000,000원을 당좌예입하다.
   : 당좌차월(단기차입금) 500,000 / 현   금 1,000,000
     당좌예금   500,000 /

3. 현금성 자산

1) 큰 거래비용 없이 현금 전환이 용이
2) 이자율 변동에 따른 가치 변동 위험이 적어야 함.
3) **취득** 시로부터 만기가 3개월 이내인 것

예제
① 20x1. 12. 31 현재 정기예금 10,000,000원(만기는 20x2. 2. 28) : 단기금융상품
② 20x1. 12. 31 **취득한** 정기예금 10,000,000원(만기는 20x2. 2. 28) : 현금성자산
③ 환매채(90일) : 현금성자산
④ 환매채(120일) : 단기금융상품

4. 단기투자자산 - 기업이 여유자금을 활용 목적으로 보유하고 있는 것

1) 단기금융상품 : 보고 기간 말로부터 만기가 1년 이내인 정기예금, 정기적금, 환매채, 양도성예
              금증서
2) 단기대여금 : 회수기간이 1년 이내에 도래하는 채권
3) 유가증권 : 단기매매증권과 1년 이내 만기가 도래하는 만기보유증권, 1년 이내 처분이 확실한 매도
           가능증권

02. 재고자산

재고자산	판매 목적으로 보유 또는 사용기간이 1년 이내인 소모품 등
	상품, 제품, 재공품, 반제품, 원재료, 소모품

① **상품** : 판매 목적으로 구입한 상품, 미착상품, 적송품 등
② **제품** : 판매 목적으로 제조한 생산품
③ **반제품** : 타이어와 같은 부품
④ **재공품** : 현재 제조 진행 중인 미완성품
⑤ **원재료** : 제품 생산을 목적으로 구입한 원료와 재료
⑥ **저장품(소모품)** : 공장용, 영업용, 사무용으로 쓰이는 소모품

```
           〈공장(제조업)〉    〈문구점(도, 소매)〉   〈소비자〉
원재료 구입  →    제품      →       상품        →     판매
             →   재공품
```

1. 상품 매매 기장

1) 매입 시

① 상품 1,000,000원을 외상으로 매입하다.
   상품 1,000,000 / 외상매입금 1,000,000

② 위 상품 중 불량품 100,000원을 반품하다.(환출, 음수로 처리할 것.)
   상품 -100,000 / 외상매입금 -100,000

③ 파손품이 있어 50,000원을 에누리 받다.(매입에누리, 음수로 처리할 것.)
   상품 -50,000 / 외상매입금 -50,000

④ 외상매입금 850,000원을 조기 지급하면서 50,000원을 할인받고, 잔액은 현금으로 지급하다.
   외상매입금 850,000 / 매입할인   50,000
                    / 현   금 800,000

```
*   총 갚을 돈  1,000,000        ⇒      총 매 입 액  1,000,000
    - 반   품     100,000             - 매입환출및에누리  150,000
    - 에 누 리      50,000             - 매 입 할 인      50,000
    - 할   인      50,000              순 매 입 액    800,000
      실제지급액   800,000
```

2) 매출 시

① 상품 1,000,000원을 외상으로 매출하다.
   외상매출금 1,000,000 / 상품매출 1,000,000

② 위 상품 중 불량품 100,000원이 반품되다.(환입, 음수로 처리할 것.)
   외상매출금 -100,000 / 상품매출 -100,000

③ 파손품이 있어 50,000원을 에누리해 주다.(매출에누리, 음수로 처리할 것.)
   외상매출금 -50,000 / 상품매출 -50,000

④ 외상매출금 850,000원을 조기 회수하면서 50,000원을 할인해 주고, 잔액은 현금으로 받다.
   매출할인   50,000 / 외상매출금 850,000
   현   금 800,000 /

```
◆   총 받을 돈  1,000,000        ⇒      총 매 출 액  1,000,000
    - 반   품     100,000             - 매출환입및에누리  150,000
    - 에 누 리      50,000             - 매 출 할 인      50,000
    - 할   인      50,000              순 매 출 액    800,000
      실제수령액   800,000
                    ⇓
```

⇒ 1) 총매입액 - 매입환출 및 에누리 및 매입할인 = 순매입액
   2) 총매출액 - 매출환입 및 에누리 및 매출할인 = 순매출액
   3) 기초상품 + 순매입액 - 기말상품 = 매출원가
   4) 순매출액 - 매출원가 = 매출총이익

* 기초상품 + 순매입액 : 판매가능액

2. 재고자산 감모 손실

1) 상품 판매 시 수량 결정 방법
   ① 계속 기록 법 : 매출 시마다 매출원가를 계산하는 방법
   ② 실지 재고 조사법 : 매입 시만 기록하고, 매출 시 기록하지 않고, 결산 시에 재고를 조사하여 매출원가를 계산하는 방법
   ⇒ <u>병행</u>하면 재고자산의 감모 손실을 알 수 있다 ⇒ 도난, 천재지변, 부패

   (ex) • 장부상 재고 2개 = 실지재고 2개 → 감모 손실 없음
            : 회계 처리하지 않는다.
            ↓
        • 장부상 재고 4개 ≠ 실지재고 2개 → 감모손실 2개 ⇒ 50% 정상적, 50% 비정상적
            재고자산감모손실(매출원가에 가산) 1개 /   상품 2개
            재고자산감모손실(영업외비용) 1개   /

                    * 정상적(원가성이 있다, 반복적으로 발생)
                      → "<u>매출원가</u>"에 가산

                    * 비정상적(원가성이 없다. 비반복적으로 발생)
                      → "<u>영업외비용</u>"처리

사례

상품장부가액 100,000, 실지재고액 80,000, 순실현가능액(시가) 70,000
감모 손실 중 60%는 정상적 발생분이다.

- 장부가액과 실지재고의 차이가 감모손실,
- 실지재고와 순실현가능액의 차이가 평가손실

재고자산감모손실(매출원가) 12,000 / 상품 20,000
재고자산감모손실(영업외비용) 8,000 /
재고자산평가손실(매출원가) 10,000 / <u>상품평가손실충당금</u> 10,000
                                    (재고자산차감계정)

3. 상품 판매 시 단가 결정방법

1/1	기초재고	100개	100원	10,000원
1/10	매입	200개	130원	26,000원
1/15	매출	100개	200원	
1/20	매입	300개	150원	45,000원
1/25	매출	200개	200원	
1/31	매입	400개	170원	68,000원

1) 선입선출법

① 계속기록법

매출			창고			
			기초	100개	100원	10,000원
			매입	200개	130원	26,000원
100개	100원	10,000원	재고	200개	130원	26,000원
			매입	300개	150원	45,000원
200개	130원	26,000원	재고	300개	150원	45,000원
			매입	400개	170원	68,000원

⇒ 매출원가 : 36,000원, 기말재고 : 113,000원

② 실사법(실지재고조사법)

기초	100개	100원	10,000원	⇒ 판매
매입	200개	130원	26,000원	⇒ 판매
매입	300개	150원	45,000원	⇒ 재고
매입	400개	170원	68,000원	

⇒ 총 1,000개 중 300개 판매

⇒ 매출원가 : 36,000원, 기말재고 : 113,000원

※ 계속기록법과 실사법의 값이 같은 것은 선입선출법!!

2) 후입선출법
① 계속기록법

매출			창고			
			기초	100개	100원	10,000원
			매입	200개	130원	26,000원
100개	130원	13,000원	기초	100개	100원	10,000원
			재고	100개	130원	13,000원
			매입	300개	150원	45,000원
200개	150원	30,000원	기초	100개	100원	10,000원
			재고	100개	130원	13,000원
			재고	100개	150원	15,000원
			매입	400개	170원	68,000원

⇒ 매출원가 : 43,000원, 기말재고 : 106,000원

② 실사법(실지재고조사법)

기초	100개	100원	10,000원	⇒ 재고
매입	200개	130원	26,000원	⇒ 재고
매입	300개	150원	45,000원	⇒ 재고
매입	400개	170원	68,000원	⇒ 100개 재고, 300개 판매

⇒ 총 1,000개 중 300개 판매

⇒ 매출원가 : 51,000원, 기말재고 : 98,000원

3) 이동평균법
① 계속기록법만 가능

매출			창고			
			기초	100개	100원	10,000원
			매입	200개	130원	26,000원
			(평균)	300개	(120원)	36,000원
100개	120원	12,000원	재고	200개	120원	24,000원
			매입	300개	150원	45,000원
			(평균)	500개	(138원)	69,000원
200개	138원	27,600원	재고	300개	138원	41,400원
			매입	400개	170원	68,000원

⇒ 매출원가 : 39,600원, 기말재고 : 109,400원

4) 총평균법

① 실사법(실지재고조사법)만 가능

기초	100개	100원	10,000원
매입	200개	130원	26,000원
매입	300개	150원	45,000원
매입	400개	170원	68,000원
(평균)	1,000개	(149원)	149,000원

⇒ 총평균단가 149원 × 판매수량 300개 = 매출원가 44,700원
⇒ 총평균단가 149원 × 재고수량 700개 = 기말재고 104,300원

(1)

	계속기록법		실사법
선입선출법	○	=	○
후입선출법	○	≠	○
이동평균법	○		×
총평균법	×		○

(2) ① 물가가 상승하고
② 기초재고 ≦ 기말재고
③ 이익이 큰 순서

	선입선출법	이동평균법	총평균법	후입선출법
매출원가	36,000원	39,600원	44,700원	51,000원

⇓
비용 小, 이익 大

⇒ 선입선출법 > 이동평균법 > 총평균법 > 후입선출법

03 매출채권과 기타채권

채권	매출채권	상거래에서 발생 – 외상매출금, 받을어음
	기타채권	상거래 외에서 발생 – 대여금, 미수금, 선급금

1. 기타채권

(ex) 현금 1,000,000원을 빌려주다.
: 단기대여금 1,000,000 / 현금 1,000,000

위 대여금 1,000,000원과 이자 100,000원을 현금으로 회수하다.
: 현금 1,100,000 / 단기대여금 1,000,000
     / 이자수익 100,000

(ex) 장부가액 700,000원의 토지를 1,000,000원에 매각하고, 월 말에 받기로 하다.
: 미수금 1,000,000 / 토　　　　지 700,000
     / 유형자산처분이익 300,000

위 미수금을 현금으로 회수하다.
: 현금 1,000,000 / 미수금 1,000,000

(ex) 상품 1,000,000원을 매입하기로 계약하고, 계약금 10%를 현금으로 지급하다.
: 선급금 100,000 / 현금 100,000

위 상품을 인수하고, 계약금을 제외한 잔액은 현금으로 지급하다.
: 상품 1,000,000 / 선급금 100,000
     / 현금 900,000

※ **계약하다, 주문하다, 담보 제공, 종업원 채용, 약속하다 → 회계상의 거래가 아니므로 분개를 할 필요가 없다.**

2. 어음의 뜻

일정 금액을 일정 기일(만기일)에 일정 장소(은행)에서 지급할 것을 약속하는 증서

1) 어음의 종류

① 상업어음(진성어음) : 상거래에서 발생 → 받을어음, 지급어음
② 금융어음(융통어음) : 상거래외에서 발생
→ **미수금, 미지급금, 대여금, 차입금**

(ex) 상품 1,000,000원을 매출하고 대금은 약속어음으로 수령하다.
: 받을어음 1,000,000 / 상품매출 1,000,000
상품 1,000,000원을 매입하고 대금은 약속어음을 발행 교부하다.
: 상품 1,000,000 / 지급어음 1,000,000

(ex) 현금 1,000,000원을 빌려주고, 약속어음을 수령하다.
: 단기대여금 1,000,000 / 현금 1,000,000
현금 1,000,000원을 차입하고, 약속어음을 발행 교부하다.
: 현금 1,000,000 / 단기차입금 1,000,000

(ex) 장부가액 700,000원의 토지를 1,000,000원에 매각하고, 대금은 약속어음으로 받다.
: 미수금 1,000,000 / 토   지 700,000
                / 유형자산처분이익 300,000

(ex) 토지를 1,000,000원에 취득하고, 대금은 약속어음으로 발행 교부하다.
: 토지 1,000,000 / 미지급금 1,000,000

(1) 매입자

2/1 상품 1,000,000원을 매입하고, 대금은 약속어음으로 발행 교부하다.
: 상   품 1,000,000 / 지급어음 1,000,000
8/31 만기일에 약속어음 대금 1,000,000원을 보통예금에서 이체하여 지급하다.
: 지급어음 1,000,000 / 보통예금 1,000,000

(2) 매출자

   2/1 상품 1,000,000원을 매출하고, 대금은 약속어음으로 수령하다.
       : 받을어음 1,000,000 / 상품매출 1,000,000
   8/31 만기일에 약속어음 대금 1,000,000원이 보통예입 되다.
       : 보통예금 1,000,000 / 받을어음 1,000,000

(3) 매출자 입장에서 만기일 전에 어음을 활용하는 방법.

   ① 어음의 배서양도 : 만기일전에 제3자에게 어음상의 권리를 양도하는 것.
      (ex) 4/1 홍길동으로부터 상품을 1,000,000원에 매입하고, 대금은 소유하고 있던 약속어음을 배서양도하다.
           : 상품 1,000,000 / 받을어음 1,000,000

   ② 어음의 할인 : 만기일전에 어음을 은행에 매각하는 것.
      (ex) 4/1 국민은행에 소유하고 있던 약속어음을 할인받고, 할인료 100,000원을 차감한 잔액은 보통예입하다.
           : **매출채권처분손실** 100,000 / 받을어음 1,000,000
             보 통 예 금 900,000 /

04 대손회계

대손	채권을 받지 못하는 것을 대손이라고 하며, 일반기업회계기준에서는 결산 시 미래에 발생할 것으로 보이는 대손 예상액을 추산하여 비용으로 인식함과 아울러 채권의 차감 계정인 대손충당금을 설정하도록 하고 있다. 이로 인해 재무상태표상의 매출채권은 순실현가능액(회수가능액)으로 평가되고 있다.

1. 대손상각비

(ex) 상품 1,000,000원을 외상으로 매출하다.
: 외상매출금 1,000,000 / 상품매출 1,000,000

위 외상매출금이 회수 불능되다.
: <u>대손상각비</u> 1,000,000 / 외상매출금 1,000,000
  ↳ (비용 中 판매관리비)

(ex) 현금 1,000,000원을 빌려주다.
: 단기대여금 1,000,000 / 현금 1,000,000

위 대여금이 회수 불능되다.
: <u>기타의대손상각비</u> 1,000,000 / 단기대여금 1,000,000
  ↳ (비용 中 영업외비용)

◆ 수 익 ─ 매출
　　　　　　영업외수익
　- 비 용 ─ 매출원가
　　　　　　판매관리비　⇒
　　　　　　영업외비용
　　　　　　법인세비용
　　─────
　　당기순이익

　　　　매출
　-　매출원가
　　　매출총이익
　-　판매관리비
　　　영업이익
　+　영업외수익
　-　영업외비용
　　　법인세비용차감전순이익
　-　법인세비용
　　　당기순이익

2. 결산 시 대손예상

10/1   상품 10,000,000원을 외상 매출하다.
         : 외상매출금 10,000,000 / 상품매출 10,000,000

12/31   결산 시에 외상매출금 중 1,000,000원을 대손 예상한다.
         : **대손상각비 1,000,000 / 대손충당금 1,000,000** (차감계정)

손익계산서			
대손상각비	1,000,000	상품매출	10,000,000

재무상태표			
외상매출금	10,000,000		
- 대손충당금	1,000,000	9,000,000	

다음 연도 1월 2일에 외상매출금 中 1,000,000원이 회수 불능되다.
        : **대손충당금 1,000,000** / 외상매출금 1,000,000

1) 대손예상 요약정리

: 결산 시 외상매출금 10,000,000원에 대해 1% <u>대손예상하다.</u>
                                    (=대손충당금을 설정하다)

① 단, 대손충당금 잔액은 없다.
    : 대손상각비 100,000 / 대손충당금 100,000

② 단, 대손충당금 잔액이 70,000원 있다.
    : 대손상각비 30,000 / 대손충당금 30,000

③ 단, 대손충당금 잔액이 100,000원 있다.
    : 분개없음

④ 단, 대손충당금 잔액이 150,000원 있다.
    : 대손충당금 50,000 / **대손충당금환입 50,000**
         ※ <u>**비용처리 : 상각,   수익처리 : 환입**</u>

* 매출채권 관련 대손충당금환입은 대손상각비가 판매관리비 계정이므로 대손충당금환입은 판매관리비 차감계정으로 처리하며,
* 기타채권 관련 대손충당금환입은 기타의대손상각비가 영업외비용이므로 대손충당금환입은 영업외수익으로 처리한다.

3. 대손 발생

: 외상매출금 100,000원이 회수 불능되다.

① 단, 대손충당금 잔액은 없다.

: 대손상각비 100,000 / 외상매출금 100,000

위 대손처리했던 외상매출금을 현금으로 회수하다.

: 현금 100,000 / 대손상각비 100,000

② 단, 대손충당금 잔액이 80,000원 있다.

: 대손충당금 80,000 / 외상매출금 100,000
 대손상각비 20,000 /

위 대손처리했던 외상매출금을 현금으로 회수하다.

: 현금 100,000 / 대손충당금 80,000
 / 대손상각비 20,000

※ **전기에 대손처리했던** 외상매출금 100,000원을 현금으로 회수하다.

: 현금 100,000 / **대손충당금** 100,000

전기에 대손처리 했던 채권 금액을 회수 시에는 전기에 회계 처리한 내용을 수정할 수 없기 때문에 무조건 대변에 "대손충당금"으로 처리한다. (회수액을 충당금, 즉 돈을 모아두는 것으로 처리하는 것이다.) 충당금이 대변에 있으면, 돈을 모아두는 것으로 해석하고, 차변에 있으면 모아둔 돈을 사용하는 것으로 해석하면 된다.

05 지분증권

1. 지분증권(주식) - 순자산에 대한 소유 지분을 나타내는 증권

2. 주식발행

* 주식발행회사(자금조달)	* 주식취득회사
현금 ××× / 자본금 ×××	단기매매증권 ××× / 현금 ××× 매도가능증권 ××× / 지분법적용투자주식 ××× /

3. 지분증권

1) 단기매매증권 - 시장성이 있는 주식 : 단기 시세차익 목적으로 취득
2) 매도가능증권 - 시장성이 있는 주식 : 장기투자 목적으로 취득
   - 시장성이 없는 주식 : 장, 단기 무관하다
3) 지분법적용투자주식 - 시장성 여부와 관련이 없으며, 지분율이 20% 이상이거나 중대한(유의적인) 영향력을 행사할 수 있을 경우

  (1) **취득 시** : 단기매매증권 취득 시의 수수료는 수수료비용(영업외비용)으로 처리하며, 매도가능증권은 취득원가에 포함한다.

    ① 단기매매증권(유동자산 中 당좌자산)
      : 단기매매증권 10,000 / 현금 11,000
        수수료비용   1,000 /

    ② 매도가능증권(비유동자산 中 투자자산)
      : 매도가능증권 11,000 / 현금 11,000
      * 지분법 적용투자주식은 시험범위가 아니므로 생략

  (2) **결산 시** - 공정가액 15,000원

    ① 단기매매증권
      : 단기매매증권 5,000 / 단기매매증권평가이익(영업외수익) 5,000

② 매도가능증권
: 매도가능증권 4,000 / 매도가능증권평가이익(기타포괄손익) 4,000

(3) 주식 보유 시 배당금 수령

① 단기매매증권
: 현금 1,000 / 배당금수익(영업외수익) 1,000
② 매도가능증권
: 현금 1,000 / 배당금수익(영업외수익) 1,000

06 채무증권

* 사채발행회사(자금조달)	* 사채취득회사
1. 현금 ××× / 사채 ×××	1. 단기매매증권 ××× / 현금 ××× 　 매도가능증권 ××× / 　 만기보유증권 ××× /
2. 이자비용 ××× / 현금 ×××	2. 현금 ××× / 이자수익 ×××
3. 사채 ××× / 현금 ×××	3. 현금 ××× / 만기보유증권 ×××

1. **사채** : 주식회사에서 운영자금을 조달하기 위해서 발행하는 증권

⇒ 현금 ××× / 사채 ×××

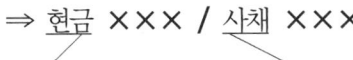

현재 빌린 돈(현재가치)　≠　미래에 갚을 돈(미래가치, 명목가액)
　　　　　　　　　　　　↳ 사채할인발행차금(이자 성격, 사채 차감계정)
　　　　　　　　　　　　　사채할증발행차금(이자 성격, 사채 가산계정)

1) 정기예금으로 현재가치와 미래가치를 이해해 보자.

(ex)　　1/1 ──────────────── 12/31
　　　정기예금 10,000,000원　　　원리금(=원금+이자) 11,200,000원
　　　이자율 12%　　　　　　　　$10,000,000 \times (1+0.12)^1 = 11,200,000$
　　　현재가치 ──────────→ 미래가치
　　　　　　　　　≠ 1,200,000(이자)

* 1/1에 1,000만 원(현재가치) 정기예금 시 12/31의 원리금(미래가치)은 $10,000,000 \times (1+0.12)^1 = 11,200,000$이 된다.

2) 사채 : 미래가치를 현재가치로 환산해 보자.

(ex)　　20x1년 1/1 ──────────────── 20x1년 12/31
　　　이자율 12%
　　　(　　?　　) ←────────── 원금(액면가액) 11,200,000원
　　　현재가치　　　　　　　　　　　　　미래가치

$11,200,000 \div (1+0.12)^1 = 10,000,000$

→ 미래(1년 뒤)에 11,200,000원을 갚기로 하고 현재 10,000,000원을 빌림.

```
1/1 현       금 10,000,000 / 사채 11,200,000
    사채할인발행차금 1,200,000 /
        ↳ 이자성격
```

* 사채할인발행차금을 결산 시에는 이자비용으로 대체하게 되는데, 이를 "**상각**"이라고 한다.
```
12/31 이자비용 1,200,000 / 사채할인발행차금 1,200,000
12/31 사    채 11,200,000 / 현금 11,200,000
```

3) 사채를 발행하는 방법 : 액면발행, 할인발행, 할증발행

①

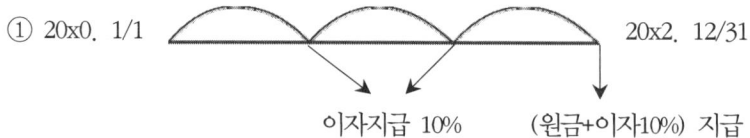

[문제] 3년 뒤에 10,000,000원을 갚기로 하고 10,000,000원을 빌림. 이자는 매년 10% 지급하기로 한다.

⇒ **액면발행** : 20x0. 1/1 현금 10,000,000 / 사채 10,000,000
    20x0. 12/31 이자비용 1,000,000 / 현금 1,000,000
    20x1. 12/31 이자비용 1,000,000 / 현금 1,000,000
    20x2. 12/31 이자비용 1,000,000 / 현금 11,000,000
                사   채 10,000,000 /
  ➥ 3년간 이자비용 : 3,000,000

---

②

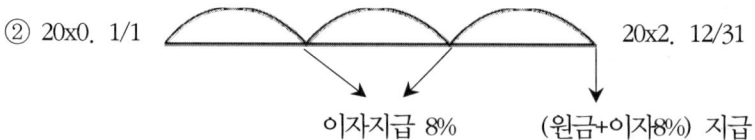

[문제] 3년 뒤에 10,000,000원을 갚기로 하고 9,100,000원을 빌림. 이자는 매년 8%씩 지급하기로 한다.

⇒ **할인발행** : 20x0. 1/1 현   금 9,100,000 / 사채 10,000,000
            사채할인발행차금 900,000 /
              ↳ 이자성격   3년 동안 "**상각한다**"(비용처리)

20x0. 12/31 이자비용 1,100,000 / 현   금 800,000
                                    / **사채할인발행차금** 300,000

20x1. 12/31 이자비용 1,100,000 / 현   금 800,000
                                    / **사채할인발행차금** 300,000

20x2. 12/31 이자비용 1,100,000 / 현   금 800,000
                                    / **사채할인발행차금** 300,000
            사   채 10,000,000 / 현 금 10,000,000

* 3년간 이자비용 : 10,000,000 × 8%
    = 800,000원씩 × 3년
    = 2,400,000 + 900,000(이자성격)
    = 3,300,000 ÷ 3년 = **1,100,000(1년 이자)**

* 사채할인발행차금은 상각액만큼 이자비용을 증가시킨다.

---

③ 20x0. 1/1 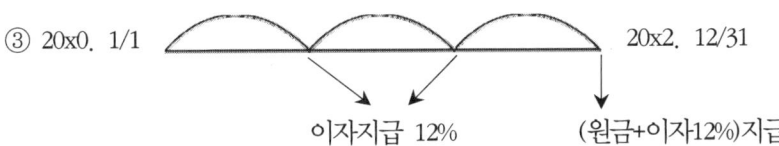 20x2. 12/31

        이자지급 12%   (원금+이자12%)지급

문제 3년 뒤에 10,000,000원을 갚기로 하고 10,900,000원을 빌림. 이자는 매년 12%씩 지급하기로 한다.

⇒ **할증발행** : 20x0. 1/1 현금 10,900,000 / 사   채 10,000,000
                                          / **사채할증발행차금**   900,000
                      이자성격 ↲   **"환입된다"(수익처리)**

20x0. 12/31 이 자 비 용 900,000 / 현금 1,200,000
        사채할증발행차금 300,000 /

20x1. 12/31 이 자 비 용 900,000 / 현금 1,200,000
        사채할증발행차금 300,000 /

20x2. 12/31 이 자 비 용   900,000 / 현금   1,200,000
사채할증발행차금   300,000 /
사   채   10,000,000 / 현금   10,000,000

3년간 이자비용 : 10,000,000 × 12%
= 1,200,000원씩 × 3년
= 3,600,000 - 900,000(이자성격 → 이익)
= 2,700,000 ÷ 3년 = **900,000(1년 이자)**

* 사채할증발행차금은 환입액만큼 이자비용을 감소시킨다.

07. 유형자산

1. 유형자산의 조건

1) 형태가 있다.
2) 장기간 영업활동 목적
3) 토지, 건물, 구축물(교량, 상하수도 시설, 조경 시설), 기계장치, 항공기, 선박, 비품, 건설 중인 자산
4) 특징 : 시간이 경과 → 외형적 가치 하락(감가)
5) 비상각 자산(가치 하락×) : 토지, 건설 중인 자산

비영업용토지구입	투자부동산 / 현금	비상각	투자자산으로 분류
비영업용건물구입	투자부동산 / 현금	상각	
영업용토지구입	토지 / 현금	비상각	유형자산으로 분류
영업용건물구입	건물 / 현금	상각	
판매용 토지, 건물구입	토지, 건물 / 현금	비상각	재고자산으로 분류

2. 취득 시

※ 20x0년 1/1
- 차량 9,800,000원 취득
- 취득세, 등록세 등 200,000원 현금 지급
- 내용연수 5년
- 잔존가액은 0원

⇒ 20x0. 1/1 <u>차량운반구</u> 10,000,000 / 현금 10,000,000

취득원가 = 취득가액 + 취득제비용(취득세, 등록세, 공채 관련 비용, 시운전비, 설치비, 운송보험료, 하역비 등)

① 주식을 구입(액면가 100,000, <u>시가(공정가액) 80,0000</u>)
 → 단기매매증권(매도가능증권) 80,000 / 현금 80,000

* 주식의 액면가액은 주식을 취득하거나 처분 시에는 고려 대상이 아니며 주식의 취득은 시가(공정가액)를 취득원가로 한다.

② 공채를 구입(액면 100,000, 시가 80,000)
  → 단기매매증권 80,000 / 현금 100,000
    차량운반구   20,000 /
  공채 구입액은 단기매매증권, 매도가능증권, 만기보유증권으로 회계 처리한다.

③ 공채 관련 비용 지급 (할인료 지급)
    차량운반구 20,000 / 현금 20,000

* 공채는 지방자치단체의 수입원 중 하나로서 자동차, 건물, 토지 등을 취득하는 자는 의무적으로 구입을 해야 하는 유가증권으로 구입에 **강제성**이 있다.
* 공채의 액면가액은 사채처럼 미래가치(명목가액)이다. 시가(공정가액)가 현재가치이므로 시가로 취득하여야 하나 자산 취득 시에는 공채를 강제로 구입해야 하므로 액면가액으로 취득한다. 즉, 시가와 액면가액 차액만큼 취득하는 자는 손해를 보게 되는데, 이 금액만큼 차량운반구, 토지, 건물 등 자산 취득원가에 가산한다.

3. 감가상각비 계산 - 정액법

- 취득원가 10,000,000
- 잔존가액 0원, 내용연수 5년

  ➡ 5년 뒤 처분 시 잔존가액이 0원이므로
    → 손실 10,000,000 ÷ 5년 = 1년 감가상각비 2,000,000

  * 정액법 : 매년 가치가 하락하는 금액이 일정

  $$\frac{취득원가 - 잔존가액}{내용연수} = 1년분\ 감가상각비$$

1) 회계처리 - 직접법

  ⇒ 20x0. 1/1   차량운반구 10,000,000 / 현금   10,000,000
    20x0. 12/31 감가상각비   2,000,000 / 차량운반구   2,000,000
    20x1. 12/31 감가상각비   2,000,000 / 차량운반구   2,000,000
    20x2. 12/31 감가상각비   2,000,000 / 차량운반구   2,000,000

20x0 1/1	재무상태표	
차량운반구		10,000,000

20x0 12/31	재무상태표	
차량운반구		8,000,000

20x1 12/31	재무상태표	
차량운반구		6,000,000

20x2 12/31	재무상태표	
차량운반구		4,000,000

2) 회계처리 - 간접법

⇒ 20x0. 1/1 차량운반구   10,000,000 / 현금   10,000,0000
　20x0. 12/31 감가상각비 2,000,000 / 감가상각누계액 2,000,000
　20x1. 12/31 감가상각비 2,000,000 / 감가상각누계액 2,000,000
　20x4. 12/31 감가상각비 1,999,000 / 감가상각누계액 1,999,000

20x0 1/1	재무상태표	
차 량 운 반 구	10,000,000	

20x0 12/31	재무상태표		
차 량 운 반 구	10,000,000		
감가상각누계액	2,000,000	8,000,000	

↓

x4 12/31	재무상태표		
차 량 운 반 구	10,000,000		
감가상각누계액	9,999,000	1,000	

⇒ 신뢰성의 원칙
(표현의 충실성)

감가상각이 종료되면 1,000원을 남겨 놓게 되는데, 이를 "비망기록"한다. 라고 표현한다.

3) 요약

12/31 결산 시
⇩
감가상각비 계산 ① 정액법
② 정율법 등
⇩
회계 처리 방법 ① 직접법 : 감가상각비 ××× / 차량운반구 ×××
② <u>간접법 : 감가상각비 ××× / 감가상각누계액 ×××</u>

4. **감가상각비 계산** - 정률법(가치가 하락하는 비율이 일정)

※ 20x0년 1/1 • 차량 9,800,000원 취득
• 취득세, 등록세 등 200,000원 현금 지급
• 정율 0.451

⇒ 20x0. 1/1   차량운반구 10,000,000 / 현금   10,000,000
20x0. 12/31 감가상각비   4,510,000 / 감가상각누계액 4,510,000
↳ 10,000,000 × 0.451
20x1. 12/31 감가상각비   2,475,990 / 감가상각누계액 2,475,990
↳ 5,490,000 × 0.451

1/1	재무상태표	
차 량 운 반 구	10,000,000	

12/31	재무상태표	
차 량 운 반 구	10,000,000	
감가상각누계액	4,510,000	5,490,000

12/31	재무상태표	
차 량 운 반 구	10,000,000	
감가상각누계액	6,985,990	3,014,010

⇒ **미상각잔액**
 =장부잔액

* 정율법 : (취득원가 - 감가상각누계액) × 정율 = 감가상각비
    ➡ 감가상각 초기 → 정율법을 사용하면 감가상각비가 정액법에 비해 크게 계산되어 이익이 적게 나오고 세금도 적게 계산된다.
    ➡ 정액법, 정율법 외에도 연수합계법, 생산량비례법이 있다.

* **연수합계법** : (취득원가 - 잔존가액) × 잔존내용연수 / 내용연수의 합계
* **생산량비례법** : (취득원가 - 잔존가액) × 실제생산량 / 총예정생산량

5. 처분 시

※ 20x2. 1/1 차량을 7,000,000원에 매각하고 현금으로 수령하다.
        (취득원가 10,000,000원, 감가상각누계액 4,000,000원)
⇒ 감가상각누계액   4,000,000 / 차량운반구   10,000,000
   현   금   7,000,000 / 유형자산처분이익   1,000,000

6. 수선비

1) 유형자산 수선비

    ① **수익적 지출** : 현 상태 유지, 원상 회복, 능률 유지, 지출 효과가 1년 이내에 소멸
            → 즉시 비용(수선비, 차량유지비) 처리
            (ex) 타이어 교체, 도색비 등
                ⇒ 수선비(차량유지비) ××× / 현금 ×××

    ② **자본적 지출** : 내용연수 연장, 가치증대 → 자산처리
            (ex) 증축, 엘리베이터 설치, 냉난방기 설치
                ⇒ 건물(차량운반구, 기계장치) ××× / 현금 ×××

08. 무형자산 및 기타비유동자산

1. 무형자산
1) 자산에서 발생하는 미래 경제적 효익이 기업에 유입될 가능성이 매우 높다.
2) 자산의 원가를 신뢰성 있게 측정할 수 있다.

위 두 가지 조건을 모두 충족시켜야 무형자산으로 인식할 수 있으며, 다른 자산으로부터 식별 가능해야 하고(**식별 가능성**), 기업이 통제할 수 있어야 하며(**통제 가능성**), 미래 경제적 효익을 창출할 수 있어야 한다(**미래 경제적 효익 창출**).

➡ 영업권(초과수익력), 산업재산권(특허권, 실용신안권, 의장권, 상표권), 광업권, 어업권, 차지권, 소프트웨어, 개발비

2. 연구단계 지출 : 연구비 → 판매관리비
1) 연구비 10,000,000원을 현금으로 지급하다.
  ① 판매관리비 처리 : 연구비 10,000,000 / 현금 10,000,000

3. 개발 단계 지출
1) 개발비 10,000,000원을 현금으로 지급하다.
  ① 무형자산 처리 : 개발비 10,000,000 / 현금 10,000,000

2) 20x0. 1/1 개발비 100,000,000원을 보통예금에서 지급하다.(5년간 상각)
  : 개발비 100,000,000 / 보통예금 100,000,000

20x0. 12/31
  ① 직접법 : 무형자산상각비 20,000,000 / 개발비 20,000,000
  ② 간접법 : 무형자산상각비 20,000,000 / 무형자산상각누계액 20,000,000

※ 무형자산의 상각은 관계 법령에서 정해 놓은 것을 제외하고는 20년을 초과할 수 없다.

4. 기타비유동자산
장기성매출채권, 보증금(전세권, 전신전화가입권, 임차보증금, 영업보증금), 이연법인세자산

09 유동부채 / 비유동부채

1. 부채

- **유동부채** : 매입채무(외상매입금, 지급어음), 선수수익, 미지급비용, 단기차입금, 미지급금, 선수금, 예수금, **유동성장기부채** 등

  ※ 유동성장기부채 : 장기차입금 中 상환기일이 1년 이내에 도래하는 것

  (ex) 20x0. 10/1   10,000,000원을 차입(만기는 20x3. 9/30)

  : 보통예금 10,000,000 / <u>장기차입금</u> 10,000,000
  　　　　　　　　　　　　　　　↳ 비유동부채

  20x0. 12/31 : 회계 처리 ×

  20x1. 12/31 : 회계 처리 ×

  20x2. 12/31   유동성 대체 분개

  : 장기차입금 10,000,000 / 유동성장기부채 10,000,000

  20x3. 9/30   만기에 상환   ↳ "유동성 대체" 한다

  : 유동성장기부채 10,000,000 / 보통예금 10,000,000

- **비유동부채** : 장기차입금, 장기성매입채무, 사채, **충당부채**

2. 충당부채

1) **퇴직급여충당부채**, 제품보증충당부채, 공사보증충당부채, 반품충당부채
   ① 과거 사건의 결과
   ② 현재 의무가 존재하며 금액을 신뢰성 있게 측정 가능
   ③ 미래 자원의 유출 가능성이 매우 높은 것

2) 퇴직금추계액 : 1년 이상 근무한 임·직원이 동시에 퇴직 시 지급해야 할 퇴직금

	일 급여	근속년수	추계액
대표이사	100,000원	5년	15,000,000원
홍길동	50,000원	3년	4,500,000원
임꺽정	30,000원	9개월	×

※ 일 급여 × 30일 × 근속년수 = 추계액

20x0. 12/31   처음 설정 : 퇴직급여 19,500,000 / 퇴직급여충당부채 19,500,000

20x1. 기초 → 퇴직급여충당부채 19,500,000원
　　　홍길동 퇴사 → 퇴직금 4,500,000원 지급하다.
　　　: 퇴직급여충당부채 4,500,000 / 보통예금 4,500,000

20x1. 12/31   결산 시 퇴직금추계액 계상 : 20,000,000원으로 가정.
　　　　　　* 추가설정액 : 퇴직급여 5,000,000 / 퇴직급여충당부채 5,000,000
※ 퇴직금추계액 20,000,000원 - 충당부채 잔액 15,000,000원 ─────┘

3) 퇴직연금제도
　　① 확정급여형 퇴직연금 - 납입한 연금의 운용 손익의 책임이 회사에 있는 것.
　　　　* 연금 납부 시 : 퇴직연금운용자산 ××× / 현금 ×××
　　　　* 퇴직금 지급 시 : 퇴직급여 ××× / 퇴직연금운용자산 ×××

　　② 확정기여형 퇴직연금 - 납입한 연금의 운용 손익의 책임이 종업원에게 있는 것.
　　　　* 연금 납부 시 : 퇴직급여 ××× / 현금 ×××
　　　　* 퇴직금 지급 시 : 회계 처리 없음.

10. 자본

1. 자본
1) 자본금 : 법정 자본금 → 액면 단가 × 발행 주식 수
2) 자본잉여금 : 자본거래에서 발생할 이익을 유보 시키는 항목
3) 자본조정 : 자본잉여금이 속하지 않는 자본거래에서 발생한 항목
4) 기타 포괄손익 : 이익이나 손실 중 언제 실현될지 모르는 항목
5) 이익잉여금 : 영업활동에서 발생한 이익

2. 개인기업의 자본
1) 개인기업의 자본금 계정은 기업주의 원시출자액, 추가출자액, 인출액, 당기순손익을 처리하는 계정으로 잔액은 항상 대변에 나타난다.
2) 인출금

　　기업주의 자본인출이 자주 발생하는 경우 이를 인출금 계정 차변에 기록하였다가 기말 결산시 자본금계정에 대체한다.

NO	구 분	차 변	대 변
1	원시출자시	현 금	자본금
2	추가출자시	현 금	자본금
3	개인적용도로 현금인출시	인출금	현 금
4	상품을 개인적 용도로 사용시	인출금	상 품
5	외상대금을 개인용도로 사용시	인출금	외상매출금
6	기업주의 사업소득세 납부시	인출금	현 금
7	결산시 인출금정리	자본금	인출금

11 수익과 비용

1. 손익계산서 작성 기준

1) 발생주의, 실현주의 원칙 → 손익의 정리(손익의 이연, 손익의 예상)
2) 총액주의 원칙
3) 구분계산 원칙
4) 수익비용대응 원칙

2. 손익의 이연

1) 손익계산서 상의 비용은 당기의 비용만 반영되어야 한다. 때문에 아래의 예제처럼 비용 중 차기에 해당하는 금액이 포함된 경우에는 결산 시 정리 분개를 통해서 다음 연도로 넘겨야 하는데, 이를 **"비용의 이연"**이라고 한다.

① 20x0년 10/1 1년분 보험료 120,000원을 현금 지급하였다.

보험료 120,000 / 현금 120,000

1/1~12/31 손익계산서
수익
-비용 ~~120,000~~ ⇒ 30,000
당기순이익

보험료 120,000 中			
20x0	당기	차기	20x1
10/1	30,000	90,000	9/30

② 12/31 보험료 정리 (보험료 선급분, 미경과분)

선급비용 90,000 / 보험료 90,000

* 이런 정리 분개를 하지 않으면 보험료라는 비용이 과대계상되어 순이익이 감소되는 오류가 발생한다.

---

③ 20x1년 1/1 보험료 (선급비용) 재대체 분개를 통해서 다시 비용으로 반영한다.

보험료 90,000 / 선급비용 90,000

1/1 ~ 12/31 손익계산서
수   익
-비   용 : 보험료 90,000
당기순이익

2) 아래 예제로 선급금과 선급비용을 혼동하지 말자.
   ① 12/31일 계약금 100,000원을 현금으로 지급하다.
       선급금 100,000 / 현금 100,000
   ② 12/31일 보험료 선급분 100,000원을 장부에 계상하다.
       선급비용 100,000 / 보험료 100,000

3) 손익계산서 상의 수익은 당기의 수익만 반영되어야 한다. 때문에 아래의 예제처럼 수익 중 차기에 해당하는 금액이 포함된 경우에는 결산 시 정리 분개를 통해서 다음 연도로 넘겨야 하는데, 이를 **"수익의 이연"**이라고 한다.

   ① 20x0 10/1 1년분 집세 120,000원 현금으로 수령하다.
       현금 120,000 / 임대료 120,000

1/1~12/31	손익계산서
수 익	~~120,000~~ ⇒ 30,000
-비 용	
당기순이익	

   ② 12/31 집세 선수분(미경과분) 정리
       임대료 90,000/ 선수수익 90,000
   * 이런 정리 분개를 하지 않으면 임대료라는 수익이 과대계상되어 순이익이 증가되는 오류가 발생한다.

   ③ 20x1 1/1 선수수익 재대체 분개를 통해서 다시 수익으로 처리한다.
       선수수익 90,000 / 임대료 90,000

1/1~12/31	손익계산서
수 익 : 임대료 90,000	
-비 용	
당기순이익	

4) 아래 예제로 선수금과 선수수익을 혼동하지 말자.
① 12/31일 계약금 100,000원을 현금으로 수령하다.
현금 100,000 / 선수금 100,000

② 12/31일 집세 선수액 100,000원을 계상하다.
임대료 100,000 / 선수수익 100,000

손익의 이연	① 비용의 이연 ⇒ 선급비용 ××× / ××× ② 수익의 이연 ⇒ ××× / 선수수익 ×××

3. 손익의 예상

손익의 예상은 손익의 이연과 반대로 당기에 발생한 수익과 비용인데, 받을 권리와 지급할 의무가 당기가 아닌 차기 이후에 확정되는 수익과 비용을 손익계산서에 반영시키는 것이다.

1) 비용의 예상

아래 예제처럼 12월에 보름치 이자가 발생하였으나 이자 지급일은 다음 연도 15일 일 때 보름치 이자를 장부에 **"미지급비용"**이라는 과목으로 반영하는 것을 **비용의 예상**이라고 한다.

① 10/15 10,000,000원을 차입(이율 12%, 매월 15일에 지급)
보통예금 10,000,000 / 차입금 10,000,000
② 11/15 이자를 100,000원 지급하다.
이자비용 100,000 / 현금 100,000
③ 12/15 이자를 100,000원 지급하다.
이자비용 100,000 / 현금 100,000
④ 12/31 이자 미지급액 50,000원을 계상하다.
이자비용 50,000 / 미지급비용 50,000

	1/1 ~ 12/31 손익계산서
	수 익
	-비 용 : 이자비용 ~~200,000~~ ⇒ 250,000
	당기순이익

⑤ 1/15 이자를 100,000원 지급하다.

　　미지급비용 50,000　　/　　현금 100,000
　　이자비용　 50,000

2) 아래 예제로 미지급금과 미지급비용을 혼동하지 말자.
　① 12/31일　급여 미지급액 100,000원을 장부에 계상하다. (지급일은 매월 말일)
　　　　　　　급여 100,000 / 미지급금 100,000

　② 12/31일　급여 미지급액 100,000원을 장부에 계상하다. (지급일은 다음 달 10일)
　　　　　　　급여 100,000 / 미지급비용 100,000

⇓ 반대편 입장

3) 수익의 예상

　아래 예제처럼 12월에 보름치 이자가 발생하였으나 이자 수령일은 다음 연도 15일일 때 보름치 이자를 장부에 "**미수수익**"이라는 과목으로 반영하는 것을 **수익의 예상**이라고 한다.

11/15 현금 100,000 / 이자수익 100,000 12/15 현금 100,000 / 이자수익 100,000 12/31 이자 미수액을 계상하다 **미수수익 50,000 / 이자수익 50,000**	1/1~12/31　손익계산서 수익 ~~200,000~~ ⇒ 250,000 -비용 ――――――――― 당기순이익
1/15 　　현금 100,000　/　미수수익 50,000 　　　　　　　　　　　　이자수익 50,000	1/1~1/31　손익계산서 수익 ~~100,000~~ ⇒ 50,000 -비용 ――――――――― 당기순이익

손익의 예상	① 비용의 예상 　⇒ ××× / 미지급비용 ××× ② 수익의 예상 　⇒ 미수수익 ××× / ×××

4) 아래 예제로 미수금과 미수수익을 혼동하지 말자.

① 12/31일   임대료 미수액 100,000원을 장부에 계상하다. (수령일은 매월 말일)
　　　　　　미수금 100,000 / 임대료 100,000

② 12/31일   임대료 미수액 100,000원을 장부에 계상하다. (수령일은 다음 달 10일)
　　　　　　미수수익 100,000 / 임대료 100,000

4. 소모품 정리

1) 소모품을 구입 시 소모품의 중요성을 따져 자산(소모품)으로 처리했다가 결산 시 사용액만큼을 소모품비로 대체하는 자산 처리법과
2) 소모품을 구입 시 비용(소모품비)으로 처리했다가 결산 시 미사용액만큼을 소모품으로 대체하는 비용처리법이 있다.
3) 일반적으로 자산 처리, 비용처리에 대한 언급이 없으면 비용처리법을 사용한다.

자산처리법	비용처리법
(1) 소모품 1,000,000 구입	
소모품 1,000,000 / 현금 1,000,000	소모품비 1,000,000 / 현금 1,000,000
재무상태표 소모품 1,000,000	**재무상태표** ×
손익계산서 ×	**손익계산서** 소모품비 1,000,000
(2) 12/31 결산 시	
소모품재고(미사용액) : 300,000이다. ⇒ 재무상태표에는 300,000, 손익계산서 700,000 반영	
소모품비 700,000 / 소모품 700,000	소모품 300,000 / 소모품비 300,000
재무상태표 소모품 300,000	**재무상태표** 소모품 300,000
손익계산서 소모품비 700,000	**손익계산서** 소모품비 700,000

II
단원별 분개 연습

chapter 1 기초분개

chapter 2 단원별 분개 연습

Chapter 1 기초분개

01 기초분개 60문제

1. 사무실 임차료 ₩150,000을 임대인에게 현금으로 지급하였다.
   - 현금이라는 돈이 나갔으므로 대변에 현금, 반대편인 차변엔 현금이 나간 이유인 임차료를 적는다.

차 변	대 변

2. 전화료 ₩50,300원과 전력비 ₩67,800을 보통예금 계좌에서 이체 납부하다.
   - 보통예금이 나갔으므로 대변에 보통예금을, 차변엔 보통예금이 나간 이유인 통신비와 전력비를 적는다.

차 변	대 변

3. ㈜석봉에서 상품 ₩2,500,000을 매입하고, ₩1,000,000은 현금 지급하고 나머지는 외상으로 하다.
   - 현금이라는 돈이 나갔으므로 대변에 현금, 상품이라는 물건이 들어왔으므로 상품은 차변, 그리고, 대변에 부족한 금액은 외상매입금을 적는다. 대차평균원리에 의해 항상 차변과 대변 금액은 동일해야 한다.

차 변	대 변

4. 영업에 필요한 컴퓨터(세진컴퓨터랜드)를 ₩1,750,000 외상으로 구입하다.
   - 이 문제에서는 돈이 없으므로 물건을 찾아본다. 영업에 필요한 컴퓨터나 책상 등을 비품이라고 하며, 비품이 들어왔으므로 차변에 비품, 반대편엔 대금을 아직 지급하지 않았으므로 미지급금을 적는다. 상품, 원재료일 때만 외상매입금을 사용하며, 그 외의 것을 외상으로 했을 때는 미지급금을 사용한다.

차 변	대 변

5. 백제도예에 상품 ₩3,000,000을 외상 매출하였다.
   - 이 문제에서는 돈이 없으므로 물건을 찾아본다. 상품을 판매했으므로 상품을 대변에 적되 매출 시에는 반드시 "상품매출"로 적는다. 반대 변인 차변에는 돈을 아직 받지 못했으므로 외상매출금을 적는다. 상품을 매입 시에는 "상품", 상품 매출 시에는 "상품매출"

차 변	대 변

6. 영업용 차량을 ₩7,000,000에 12개월 할부로 구입하다.
   - 이 문제에서는 돈이 없으므로 물건을 찾아본다. 차량을 구입하여 차가 들어왔으므로 차변에 차량운반구, 반대편인 대변에는 돈을 아직 지급하지 못했으므로 미지급금을 적는다. 상품, 원재료가 아니므로 외상매입금이 아니다.

차 변	대 변

7. 보험료 1년분 ₩100,000을 현금으로 지급하다.
   - 현금이라는 돈이 나갔으므로 대변에 현금, 반대편인 차변엔 나간 이유인 보험료를 적는다.

차 변	대 변

8. 예진에 상품 ₩4,500,000을 외상으로 매출하다.
   - 이 문제에서는 돈이 없으므로 물건을 찾아본다. 상품을 판매했으므로 상품을 대변에 적되 매출 시에는 반드시 "상품매출"로 적는다. 반대 변인 차변에는 돈을 아직 받지 못했으므로 외상매출금을 적는다.

차 변	대 변

9. 시외출장비 ₩100,000을 현금으로 지급하다.
   - 현금이라는 돈이 나갔으므로 대변에 현금, 반대편인 차변엔 나간 이유인 가지급금을 적는다. 가지급금이란 돈은 나갔는데, 출장 가서 얼마를 쓸지 정확하지 않을 때 잠시 사용하는 임시계정과목이다. 출장에서 돌아오면 확정된 금액을 여비교통비로 처리하여야 한다.

차 변	대 변

10. 자동차세 등 공과금 ₩170,000을 현금으로 납부하다.
    - 현금이라는 돈이 나갔으므로 대변에 현금, 반대편인 차변엔 나간 이유인 세금과공과를 적는다.

차 변	대 변

11. ㈜석봉에서 상품 ₩2,000,000을 외상매입하다.
    - 상품이라는 물건이 들어왔으므로 상품은 차변, 그리고, 대변에 외상매입금을 적는다.

차 변	대 변

12. 백제도예에 상품 ₩4,000,000을 현금으로 매출하다.
    - 현금이 들어왔으므로 차변에 현금, 반대편엔 상품매출을 적는다.

차 변	대 변

13. 백제도예의 외상매출금 ₩2,000,000을 현금으로 회수하다.
    - 현금이 들어왔으므로 차변에 현금, 반대편엔 들어온 이유가 외상대금 회수이니 외상매출금을 적는다.

차 변	대 변

14. 한빛은행에서 1년이내 상환목적으로 현금 ₩15,000,000을 차입하였다.
    - 차입의 뜻이 빌려오는 것이다. 현금이 들어왔으므로 차변에 현금, 반대편엔 돈이 들어온 이유가 차입해서이니 차입금을 적는다. 다만, 기간이 1년이내일 때는 "단기차입금", 1년 이상일 때는 "장기차입금"을 사용한다.

차 변	대 변

15. 백제도예에 상품 ₩2,500,000을 약속어음을 받고 매출하다.
    - 약속어음은 지금 돈을 주고받지 않고, 미래의 약속한 날짜(만기일)에 돈을 주고받기로 한 증서이다. 상품이 나갔으므로 대변에 상품매출을 기록하고, 반대편인 치변에는 약속어음을 받아 가지고 있으면 미래의 약속날짜인 만기일에 돈을 받을 수 있게 되는데 이때 "받을어음"이라고 한다.

차 변	대 변

16. 한빛은행에 차입금에 대한 이자 ₩15,000을 현금으로 지급하다.
    - 현금이 나갔으므로 대변에 현금, 반대편인 차변엔 나간 이유인 이자비용을 적는다.

차 변	대 변

17. ㈜석봉으로부터 상품 ₩2,000,000을 현금으로 매입하다.
    - 현금이 나갔으므로 대변에 현금, 반대편인 차변엔 나간 이유인 상품을 적는다.

차 변	대 변

18. 예진에 상품 ₩3,200,000을 매출하고 ₩1,200,000을 현금으로 나머지는 어음으로 받다.
    - 상품이 나갔으므로 대변에 상품매출을 기록하고, 반대편인 차변에는 현금과 약속어음을 받았으므로 받을어음을 기록한다.

차 변	대 변

19. 한빛은행에 단기차입금 중 일부분인 ₩1,200,000을 현금으로 지급하다.
   - 현금이 나갔으므로 대변에 현금, 반대편인 차변에는 나간 이유인 단기차입금을 기록한다.

차 변	대 변

20. 전화료 ₩65,350을 현금으로 납부하다.
   - 현금이 나갔으므로 대변에 현금, 반대편인 차변에는 나간 이유인 통신비를 기록한다.

차 변	대 변

21. 직원의 식대비 ₩50,000을 현금으로 지급하다.
   - 현금이 나갔으므로 대변에 현금, 반대편인 차변에는 나간 이유인 복리후생비를 기록한다.

차 변	대 변

22. 직원회식비 ₩200,000을 현금으로 지급하다.
   - 현금이 나갔으므로 대변에 현금, 반대편인 차변에는 나간 이유인 복리후생비를 기록한다.

차 변	대 변

23. 직원의 급여 ₩1,500,000 중 소득세 등 ₩126,000을 차감한 후 현금으로 하다.
   - 현금이 나갔으므로 대변에 현금 1,374,000원, 반대편인 차변에는 나간 이유인 급여 1,500,000원을 기록한다. 대변에 소득세만큼 차이 나는데 이는 "예수금"으로 기록한다. 예수금이란 내 돈이 아닌 것을 잠시 보관하고 있을 때 사용한다. 급여줄 때 세금을 징수하고 줬지만 세금은 다시 세무서에 납부해야 하는 돈이다.

차 변	대 변

24. 한빛은행에서 이자 ₩30,000이 보통예금 통장에 입금된 것을 통보받다.
   - 보통예금이 들어왔으므로 차변에 보통예금, 반대편인 대변에는 들어온 이유인 이자수익을 기록한다.

차 변	대 변

25. 토우의 홍보를 위해 전단지를 각 회사별로 보냈는데, 우표값으로 ₩14,630, 전단지 ₩100,000 들었다. 우체국에는 현금으로, 광고 회사에는 외상으로 하다.
    - 우체국에는 현금이 나갔으므로 대변에 현금, 반대편인 차변에는 나간 이유인 통신비를 기록한다.
    - 광고비는 돈이 아직 안 나갔으므로 대변에 미지급금, 반대편인 차변에는 이유인 광고선전비를 기록한다.

차 변	대 변

26. 차량수리비 ₩200,000을 현금으로 지급하다.
    - 현금이 나갔으므로 대변에 현금, 반대편인 차변에는 나간 이유인 차량유지비를 기록한다.

차 변	대 변

27. 장부의 현금이 ₩5,000의 부족한 것을 발견하다. (잡손실로 처리할 것)
    - 현금이 나갔으므로 대변에 현금, 반대편인 차변에는 나간 이유를 모르므로 잡손실을 기록한다.

차 변	대 변

28. 한국통신에 전화요금 ₩200,000원을 현금으로 지급하다.
    - 현금이 나갔으므로 대변에 현금, 반대편인 차변에는 나간 이유인 통신비를 기록한다.

차 변	대 변

29. 거래처 동양상사에 상품 ₩4,500,000을 매출하고 대금은 동점 발행 수표로 받다.
    - 수표로 받으면 은행 가서 현금으로 찾으면 되므로 현금으로 분개한다. 반대편 입장에서는 돈이 은행에서 나가게 되는데 이때 당좌예금이라는 계정과목을 사용한다. 현금이 들어왔으므로 차변에 현금, 대변에는 상품매출을 기록한다.

차 변	대 변

30. 영업용 책상, 의자를 ₩800,000에 구입하고 대금은 현금으로 지급하다.
    - 현금이 나갔으므로 대변에 현금, 반대편인 차변에는 나간 이유인 비품을 기록한다.

차 변	대 변

31. 희망산업으로부터 상품 ₩3,000,000을 매입하고, 대금 중 ₩2,000,000은 수표를 발행하여 지급하고 잔액은 외상으로 하다.

chapter 1. 기초분개

- 29번 수표로 받을 때는 현금이지만, 반대편 입장에서는 수표를 발행하여 지급하면 돈이 은행에서 나가므로 당좌예금이라는 통장에서 돈이 나간다. 그러므로 당좌예금으로 분개한다. 상품이 들어왔으므로 차변에 상품, 대변엔 당좌예금이 나갔으므로 당좌예금과 외상매입금을 기록한다.

차 변	대 변

32. 화재보험을 가입하고 보험료 ₩500,000을 현금으로 지급하다.

- 현금이 나갔으므로 대변에 현금, 반대편인 차변에는 나간 이유인 보험료를 기록한다.

차 변	대 변

33. 거래처 승진산업㈜로부터 상품 ₩2,000,000을 매입하고 대금은 외상으로 하다. 단, 인수운임 ₩50,000은 현금으로 지급하다.

- 외국여행에서 돌아오는 길에 비싼 가방을 900만 원에 구입하고, 입국 시에 세관에 세금을 100만 원 납부하였는데, 친한 언니가 가방을 원가에 달라고 하면, 얼마를 받아야 할까? 900만 원? 아님 1,000만 원? 당연히 1,000만 원을 받아야 한다. 이런 경우처럼, 어떤 물건을 구입할 때 즉, 상품, 차량운반구, 건물, 토지를 구입할 때 운임, 취등록세, 중개 수수료와 같은 비용이 발생하게 된다. 이때 발생하는 돈은 물건값에 포함을 시킨다. 그러므로 상품 금액은 2,050,000이 된다. 상품이 들어왔으므로 차변에 상품, 대변에는 외상매입금, 현금을 기록한다.

차 변	대 변

34. A4용지 등 사무용 소모품 ₩1,200,000을 구입하고 대금은 월말에 지급하기로 하다.

- 소모품(문구류 등)은 닳아서 없어지는 물건으로 비품(1년 이상 사용하는 물건으로 중고로 판매할 수 있음) 과는 구분해야 한다. 소모품이 들어왔으므로 차변에 "소모품비", 대변에는 돈을 아직 지급하지 않았으므로 미지급금을 기록한다.

차 변	대 변

35. 사무직원 인건비 ₩20,000,000 중 원천소득세 ₩350,000, 건강보험료 ₩150,000을 차감하고 현금으로 지급하다.

- 현금이 나갔으므로 대변에 현금 19,500,000원, 반대편인 차변에는 나간 이유인 급여 20,000,000원을 기록한다. 대변에 소득세, 건강보험료만큼 차이 나는데 이는 "예수금"으로 기록한다.

차 변	대 변

61

36. 전화요금 ₩125,000을 현금으로 납부하다.
   - 현금이 나갔으므로 대변에 현금, 반대편인 차변에는 나간 이유인 통신비를 기록한다.

차 변	대 변

37. 거래처 광주상사에 상품 ₩3,300,000을 매출하고 대금은 외상으로 하다.
   - 상품이 나갔으므로 대변에 상품매출, 차변에는 외상매출금을 기록한다.

차 변	대 변

38. 영업용 토지 ₩50,000,000을 매입하고 대금은 수표를 발행하여 지급하다. 단, 취득세 및 등록세 ₩550,000은 현금으로 지급하다.
   - 33번에서 설명한 것처럼 토지를 구입할 때 취등록세, 중개 수수료와 같은 비용이 발생하게 된다. 이때 발생하는 돈은 토지 값에 포함을 시킨다. 그러므로 토지는 50,550,000원이 된다. 수표를 발행해서 지급하면 돈이 은행에서 나가므로 당좌예금이다. 차변에 토지, 대변에 당좌예금, 현금을 기록한다.

차 변	대 변

39. 희망산업으로부터 상품 ₩2,500,000을 매입하고 대금은 외상으로 하다.
   - 상품이 들어왔으므로 차변에 상품, 대변에는 외상매입금을 기록한다.

차 변	대 변

40. 종업원 근로소득세 예수금 ₩350,000과 건강보험료 예수금 ₩150,000을 서울은행에 현금으로 납부하다.
   - 현금이 나갔으므로 대변에 현금, 반대편인 차변에는 나간 이유인 예수금을 기록한다.

차 변	대 변

41. 점포건물에 대한 임대료 ₩2,000,000을 동점발행수표로 받아 당좌예금하다.
   - 수표로 받으면 현금이라고 했는데, 이 문제에서는 바로 당좌예금을 했으므로 당좌예금으로 분개한다. 차변에 당좌예금, 대변에는 집세를 받으면 임대료라고 한다. 참고로 지급하면 임차료이다.

차 변	대 변

chapter 1. 기초분개

42. 신문구독료 ₩16,000을 현금으로 지급하다.
    - 현금이 나갔으므로 대변에 현금, 반대편인 차변에는 나간 이유인 도서인쇄비를 기록한다.

차 변	대 변

43. 사무직원 인건비 ₩22,000,000 중 원천소득세 ₩380,000, 건강보험료 ₩165,000을 차감하고 현금으로 지급하다.
    - 현금이 나갔으므로 대변에 현금 21,455,000원, 반대편인 차변에는 나간 이유인 급여 22,000,000원을 기록한다. 대변에 소득세, 건강보험료만큼 차이 나는데 이는 "예수금"으로 기록한다.

차 변	대 변

44. 소지하고 있던 약속어음 ₩5,000,000을 만기일 전에 할인하고 할인료 ₩100,000을 차감한 실수금은 당좌예금하다.
    - 어음을 할인한다는 것은 약속어음은 만기일이 되어야만 돈으로 받을 수 있는 것인데, 만기일 이전에 돈이 필요하여 거래은행에 만기일 이전에 매각(처분) 하는 것을 말한다. 즉, 은행에 정기예금을 했는데, 만기일 이전에 해약을 하면 이자를 손해 보듯이 어음도 만기일 이전에 할인하면 손해 보는 금액이 있는데, 이를 할인료라고 하며, "매출채권처분손실"로 분개한다. 받을어음을 은행에 매각하였으므로 대변에 받을어음을, 차변에는 당좌예금하였으므로 당좌예금, 손해 보는 할인료는 매출채권처분손실로 기록한다.

차 변	대 변

45. 단기매매목적으로 주식 500주 액면@₩5,000에 대하여 @₩4,000에 구입하고 대금은 수표를 발행하여 지급하다.
    - 단기 투자 목적으로 주식을 구입 시에는 "단기매매증권"으로 기록한다. 수표를 발행하여 지급하였으므로 대변에는 당좌예금을 기록한다.

차 변	대 변

46. 종업원 식대 ₩285,000을 현금으로 지급하다.
    - 현금이 나갔으므로 대변에 현금, 반대편인 차변에는 나간 이유인 복리후생비를 기록한다.

차 변	대 변

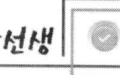

47. 종업원 근로소득세 예수금 ₩380,000과 의료보험료 예수금 ₩165,000을 서울은행에 현금으로 납부하다.
    - 현금이 나갔으므로 대변에 현금, 반대편인 차변에는 나간 이유인 예수금을 기록한다.

차 변	대 변

48. 직원의 시외 교통비 ₩52,500을 현금으로 지급하다.
    - 현금이 나갔으므로 대변에 현금, 반대편인 차변에는 나간 이유인 여비교통비를 기록한다.

차 변	대 변

49. 사무용 USB ₩500,000을 구입하고 대금은 월 말에 지급하기로 하다.
    - USB는 소모품비로 처리하며, 대변에는 미지급금을 기록한다.

차 변	대 변

50. 동양상사에 상품₩12,000,000을 매출하고 대금은 외상으로 하다.
    - 상품이 나갔으므로 대변에 상품매출, 차변에는 외상매출금을 기록한다.

차 변	대 변

51. 종업원에 대한 급여 ₩22,900,000 중 소득세 ₩386,000과 건강보험료 ₩238,000을 공제한 후 현금으로 지급하다.
    - 현금이 나갔으므로 대변에 현금 22,276,000원, 반대편인 차변에는 나간 이유인 급여 22,900,000원을 기록한다. 대변에 소득세, 건강보험료만큼 차이 나는데 이는 "예수금"으로 기록한다.

차 변	대 변

52. 종업원 김갑숙에게 출장을 명하고 출장여비 ₩250,000을 현금으로 지급하다.
    - 현금이 나갔으므로 대변에 현금, 반대편인 차변에는 나간 이유인 가지급금을 기록한다.

차 변	대 변

53. 영업용 비품 취득원가 ₩1,000,000을 ₩500,000에 매각 처분하고 대금은 현금으로 받다. 단, 감가상각 누계액은 250,000원이다.

- 감가상각 누계액이라는 것은 차량운반구, 건물, 비품, 기계장치와 같은 자산을 유형자산이라고 하는데, 이런 자산은 사용할수록 가치가 떨어진다. 이때 가치가 떨어진 금액을 "감가상각 누계액"이라고 하며, 항상 비품 반대편에 기록한다. 100만 원에 취득한 비품이 25만 원 가치가 하락하였으므로 실제 가치는 75만 원인데, 50만 원에 처분하였으므로 25만 원만큼 손실이 된다. 이 손실을 "유형자산처분손실"이라고 하며, 손실은 비용이므로 차변에 기록한다. 제일 먼저 비품을 처분하여 나갔으므로 대변에 비품, 반대편인 차변에 감가상각 누계액, 유형자산처분손실, 현금을 기록한다.

차 변	대 변

54. 상공회의소 회비 ₩50,000과 조합비 ₩100,000을 현금으로 납부하다.

- 상공회의소 회비, 조합비, 재산세, 자동차세를 납부 시에는 세금과공과로 처리한다.

차 변	대 변

55. 단기매매목적으로 사채를 ₩9,800,000으로 구입하고 대금은 수표를 발행하여 지급하다.

- 단기 투자 목적으로 주식이나 사채를 취득 시 "단기매매증권"으로 처리하며, 수표를 발행하여 지급 시에는 당좌예금으로 처리한다.

차 변	대 변

56. 외상 매출한 상품 중 ₩50,000이 불량으로 반품되다.

- 불량품이 반품되어 오는 것을 "환입"이라고 하며, 이때는 매출 시 분개와 똑같이 하고, "-"를 붙인다.

차 변	대 변

57. 희망산업의 외상매입금 ₩15,000,000을 동점 앞 약속어음을 발행하여 지급하다.

- 약속어음을 발행 지급 시에는 "지급어음"으로 처리한다. 어음이 나갔으므로 대변에 지급어음을 기록, 차변에는 외상매입금을 기록한다.

차 변	대 변

58. 건물 임대료 ₩250,000을 현금으로 받아 당좌예금하다.
   • 현금으로 받았지만 당좌예금하였으므로 차변에는 당좌예금을 대변에 임대료를 기록한다.

차 변	대 변

59. 거래처 동양상사의 외상매출금 ₩300,000이 당점의 당좌예금에 입금되었으나 기장 누락되어 있음을 발견하다.
   • 기장이 누락되었다는 표현은 분개를 하지 않았다는 표현이므로 그냥 분개를 하면 된다. 당좌예금이 들어왔으므로 차변에 당좌예금을 대변에는 이유인 외상매출금을 기록한다.

차 변	대 변

60. 외상으로 매입한 상품 ₩100,000은 불량품으로 확인되어 반품하다.
   • 불량품을 반품하는 것을 "환출"이라고 하며, 이때는 매입 시 분개와 똑같이 하고, "-"를 붙인다.

차 변	대 변

♠ 기초 분개 60문제를 반복해서 3~4번 풀어보시면 회계에서 사용하는 기본적인 계정과목을 습득할 수 있게 됩니다. 반드시 3~4번 풀어보신 후 다음 진도를 진행하시기 바랍니다.

♠ 기초분개 60문제 해답

NO	차 변	대 변	NO	차 변	대 변
1	지급임차료 150,000	현금 150,000	31	상품 3,000,000	당좌예금 2,000,000 외상매입금 1,000,000
2	통신비 50,300 수도광열비 67,800	보통예금 118,100	32	보험료 500,000	현금 500,000
3	상품 2,500,000	현금 1,000,000 외상매입금 1,500,000	33	상품 2,050,000	외상매입금 2,000,000 현금 50,000
4	비품 1,750,000	미지급금 1,750,000	34	소모품비 1,200,000	미지급금 1,200,000
5	외상매출금 3,000,000	상품매출 3,000,000	35	급여 20,000,000	예수금 500,000 현금 19,500,000
6	차량운반구 7,000,000	미지급금 7,000,000	36	통신비 125,000	현금 125,000
7	보험료 100,000	현금 100,000	37	외상매출금 3,300,000	상품매출 3,300,000
8	외상매출금 4,500,000	상품매출 4,500,000	38	토지 50,550,000	당좌예금 50,000,000 현금 550,000
9	가지급금 100,000	현금 100,000	39	상품 2,500,000	외상매입금 2,500,000
10	세금과공과 170,000	현금 170,000	40	예수금 500,000	현금 500,000
11	상품 2,000,000	외상매입금 2,000,000	41	당좌예금 2,000,000	임대료 2,000,000
12	현금 4,000,000	상품매출 4,000,000	42	도서인쇄비 16,000	현금 16,000
13	현금 2,000,000	외상매출금 2,000,000	43	급여 22,000,000	예수금 545,000 현금 21,455,000
14	현금 15,000,000	단기차입금 15,000,000	44	당좌예금 4,900,000 매출채권처분손실 100,000	받을어음 5,000,000
15	받을어음 2,500,000	상품매출 2,500,000	45	단기매매증권 2,000,000	당좌예금 2,000,000
16	이자비용 15,000	현금 15,000	46	복리후생비 285,000	현금 285,000
17	상품 2,000,000	현금 2,000,000	47	예수금 545,000	현금 545,000
18	현금 1,200,000 받을어음 2,000,000	상품매출 3,200,000	48	여비교통비 52,500	현금 52,500
19	단기차입금 1,200,000	현금 1,200,000	49	소모품비 500,000	미지급금 500,000
20	통신비 65,350	현금 65,350	50	외상매출금 12,000,000	상품매출 12,000,000
21	복리후생비 50,000	현금 50,000	51	급여 22,900,000	예수금 624,000 현금 22,276,000
22	복리후생비 200,000	현금 200,000	52	가지급금 250,000	현금 250,000
23	급여 1,500,000	예수금 126,000 현금 1,374,000	53	감가상각누계액 250,000 현　　　금 500,000 유형자산처분손실 250,000	비품 1,000,000
24	보통예금 30,000	이자수익 30,000	54	세금과공과 150,000	현금 150,000
25	통신비 14,630 광고선전비 100,000	현금 14,630 미지급금 100,000	55	단기매매증권 9,800,000	당좌예금 9,800,000
26	차량유지비 200,000	현금 200,000	56	외상매출금 -50,000	상품매출 -50,000
27	잡손실 5,000	현금 5,000	57	외상매입금 15,000,000	지급어음 15,000,000
28	통신비 200,000	현금 200,000	58	당좌예금 250,000	임대료 250,000
29	현금 4,500,000	상품매출 4,500,000	59	당좌예금 300,000	외상매출금 300,000
30	비품 800,000	현금 800,000	60	상품 -100,000	외상매입금 -100,000

Chapter 2 단원별 분개 연습

01 현금 및 현금성자산

1. 현금

1) 상품을 10,000원에 매출하고, 대금은 타인발행수표로 받다.

차 변	대 변	해 답
		현금 10,000 / 상품매출 10,000

2) 상품 10,000원을 매입하고, 대금은 자기앞수표로 지급하다.

차 변	대 변	해 답
		상품 10,000 / 현금 10,000

2. 현금과부족

: 현금의 장부 재고액과 현금의 시재가 불일치할 경우 처리하는 가계정(임시계정)

1) 회계기간 중 부족액이 발견되었을 때는 현금과부족으로 처리한 후 결산 시까지 밝혀지지 않으면 잡손실로 대체한다.

① 8/13 현금 장부 잔액 100,000원, 현금 실제 잔액은 80,000원임이 발견되다.

차 변	대 변	해 답
		현금과부족 20,000 / 현금 20,000

② 9/05 위 부족액 중 15,000원은 교통비로 판명되다.

차 변	대 변	해 답
		여비교통비 15,000 / 현금과부족 15,000

③ 12/31 결산 시까지 현금과부족차변잔액 5,000원 원인불명이다.

차 변	대 변	해 답
		잡손실 5,000 / 현금과부족 5,000

④ 만약 결산 시에 부족액이 발견되면 현금과부족으로 처리하지 않고, 바로 잡손실로 처리한다.
12/31 결산 시 현금 장부잔액 100,000원, 실제잔액은 80,000원이나 원인불명이다.

차 변	대 변	해 답
		잡손실 20,000 / 현금 20,000

2) 회계기간 중 과잉액이 발견되었을 때는 현금과부족으로 처리한 후 결산 시까지 밝혀지지 않으면 잡이익으로 대체한다.

① 8/13 현금 장부잔액 100,000원, 현금 실제잔액은 180,000원임이 발견되다.

차 변	대 변	해 답
		현금 80,000 / 현금과부족 80,000

② 9/05 위 과잉액 중 50,000원은 계약금 수령액으로 밝혀졌다.

차 변	대 변	해 답
		현금과부족 50,000 / 선수금 50,000

③ 12/31 결산 시까지 현금과부족 대변 잔액 30,000원 원인불명이다.

차 변	대 변	해 답
		현금과부족 30,000 / 잡이익 30,000

④ 만약 결산 시에 과잉액이 발견되면 현금과부족으로 처리하지 않고, 바로 잡이익으로 처리한다.
12/31 결산 시 현금 장부잔액 100,000원, 실제잔액은 180,000원이나 원인불명이다.

차 변	대 변	해 답
		현금 80,000 / 잡이익 80,000

3. 당좌예금, 보통예금

1) 당좌차월 : 당좌예금잔액을 초과하여 수표를 발행할 수 있는 것
   → 재무상태표에 "단기차입금"으로 표시

① 5/1 은행과 당좌거래계약을 맺고 현금 1,000,000원을 당좌예입하다. 건물 10,000,000원을 담보로 제공하고, 2,000,000원 한도의 당좌차월계약을 맺다.

차 변	대 변	해 답
		당좌예금 1,000,000 / 현금 1,000,000

② 5/5 상품을 700,000원에 매입하고 수표를 발행하여 지급하다.

차 변	대 변	해 답
		상품 700,000 / 당좌예금 700,000

③ 5/10 비품을 500,000원에 구입하고 수표를 발행하여 지급하다.

차 변	대 변	해 답
		비품 500,000 / 당좌예금 300,000 / 당좌차월(단기차입금) 200,000

④ 5/15 상품을 300,000원에 매입하고 수표를 발행하여 지급하다.

차 변	대 변	해 답
		상품 300,000 / 당좌차월(단기차입금) 300,000

⑤ 5/20 현금 1,000,000원을 당좌예입하다.

차 변	대 변	해 답
		당좌차월(단기차입금) 500,000 / 현금 1,000,000 당좌예금 500,000 /

02 재고자산

1. 매입시

① 상품 1,000,000원을 외상으로 매입하다.

차 변	대 변	해 답
		상품 1,000,000 / 외상매입금 1,000,000

② 위 상품 중 불량품 100,000원을 반품하다. (환출, 음수로 처리할 것.)

차 변	대 변	해 답
		상품 -100,000/외상매입금 -100,000

③ 파손품이 있어 50,000원을 에누리 받다.(매입에누리, 음수로 처리할 것)

차 변	대 변	해 답
		상품 -50,000 / 외상매입금 -50,000

④ 외상매입금 850,000원을 조기지급하면서 50,000원을 할인받고, 잔액은 현금으로 지급하다.

차 변	대 변	해 답
		외상매입금 850,000 / 매입할인 50,000 / 현　　금 800,000

2. 매출시

① 상품 1,000,000원을 외상으로 매출하다.

차 변	대 변	해 답
		외상매출금 1,000,000 / 상품매출 1,000,000

② 위 상품 중 불량품 100,000원이 반품되다. (환입, 음수로 처리할 것)

차 변	대 변	해 답
		외상매출금 -100,000 / 상품매출 -100,000

③ 파손품이 있어 50,000원을 에누리해주다. (매출에누리, 음수로 처리할 것).

차 변	대 변	해 답
		외상매출금 -50,000 / 상품매출 -50,000

④ 외상매출금 850,000원을 조기 회수하면서 50,000원을 할인해 주고, 잔액은 현금으로 받다.

차 변	대 변	해 답
		매출할인 50,000 현 금 800,000 /외상매출금 850,000

⇓

03 매출채권과 기타채권

1. 기타채권

① 현금 1,000,000원을 빌려주다.

차 변	대 변	해 답
		단기대여금 1,000,000 / 현금 1,000,000

② 위 대여금 1,000,000원과 이자 100,000원을 현금으로 회수하다.

차 변	대 변	해 답
		현금 1,100,000 / 단기대여금 1,000,000 / 이자수익 100,000

③ 장부가액 700,000원의 토지를 1,000,000원에 매각하고, 대금은 월 말에 받기로 하다.

차 변	대 변	해 답
		미수금 1,000,000 / 토 지 700,000 / 유형자산처분이익 300,000

④ 위 미수금을 현금으로 회수하다.

차 변	대 변	해 답
		현금 1,000,000 / 미수금 1,000,000

⑤ 상품 1,000,000원을 매입하기로 계약하고, 계약금 10%를 현금으로 지급하다.

차 변	대 변	해 답
		선급금 100,000 / 현금 100,000

⑥ 위 상품을 인수하고, 계약금을 제외한 잔액은 현금으로 지급하다.

차 변	대 변	해 답
		상품 1,000,000 / 선급금 100,000 / 현금 900,000

2. 약속어음

약속어음	상업어음	상거래에서 발생 - 받을어음, 지급어음
	금융어음	상거래 외에서 발생 - 대여금, 차입금, 미수금, 미지급금

① 상품 1,000,000원을 매출하고 대금은 약속어음으로 수령하다.

차 변	대 변	해 답
		받을어음 1,000,000 / 상품매출 1,000,000

② 상품 1,000,000원을 매입하고 대금은 약속어음으로 지급하다.

차 변	대 변	해 답
		상품 1,000,000 / 지급어음 1,000,000

③ 현금 1,000,000원을 빌려주고 약속어음을 수령하다.

차 변	대 변	해 답
		단기대여금 1,000,000 / 현금 1,000,000

④ 현금 1,000,000원을 차입하고 약속어음을 발행지급하다.

차 변	대 변	해 답
		현금 1,000,000 / 단기차입금 1,000,000

⑤ 장부가액 700,000원의 토지를 1,000,000원에 매각하고, 대금은 약속어음으로 받다.

차 변	대 변	해 답
		미수금 1,000,000 /토 지 700,000 / 유형자산처분이익 300,000

⑥ 토지를 1,000,000원에 취득하고, 대금은 약속어음으로 발행 교부하다.

차 변	대 변	해 답
		토지 1,000,000 / 미지급금 1,000,000

1) 매입자 :

① 2/1 상품 1,000,000원을 매입하고 대금은 약속어음으로 발행 교부하다.

차 변	대 변	해 답
		상　품 1,000,000 / 지급어음 1,000,000

② 8/31 만기일에 약속어음 대금 1,000,000원을 보통예금에서 이체하다.

차 변	대 변	해 답
		지급어음 1,000,000 / 보통예금 1,000,000

2) 매출자 :

① 2/1 상품 1,000,000원을 매출하고 대금은 약속어음으로 수령하다.

차 변	대 변	해 답
		받을어음 1,000,000 / 상품매출 1,000,000

② 8/31 만기일에 약속어음 대금 1,000,000원이 보통예입되다.

차 변	대 변	해 답
		보통예금 1,000,000 / 받을어음 1,000,000

③ 8/31 거래처 부도로 소유 어음이 회수 불능되어 법원에 소송을 제기하고 지급거절증서작성비용 100,000원을 현금으로 지급하다.

차 변	대 변	해 답
		부도어음과수표 1,100,000 / 받을어음 1,000,000 / 현 금 100,000

3) 매출자 입장에서 만기일 전에 어음을 활용하는 방법.

① 어음의 배서양도 : 제3자에게 어음상의 권리를 양도하는 것.
(Ex) 4/1 홍길동으로부터 상품을 1,000,000원에 매입하고, 대금은 소유하고 있던 약속어음을 배서양도하다.

차 변	대 변	해 답
		상품 1,000,000 / 받을어음 1,000,000

② 어음의 할인 : 은행에 매각하는 것.
(Ex) 4/1 국민은행에 소유하고 있던 약속어음을 할인받고, 할인료 100,000원을 차감한 잔액은 보통예입되다.

차 변	대 변	해 답
		매출채권처분손실 100,000 보 통 예 금 900,000 / 받을어음 1,000,000

04. 대손회계

① 상품 1,000,000원을 외상으로 매출하다.

차 변	대 변	해 답
		외상매출금 1,000,000 / 상품매출 1,000,000

② 위 외상매출금이 회수 불능되다.

차 변	대 변	해 답
		대손상각비 1,000,000 / 외상매출금 1,000,000

③ 현금 1,000,000원을 빌려주다.

차 변	대 변	해 답
		단기대여금 1,000,000 / 현금 1,000,000

④ 위 대여금이 회수 불능되다.

차 변	대 변	해 답
		기타의대손상각비 1,000,000 / 단기대여금 1,000,000

매출채권	외상매출금, 받을어음	대손상각비 - 판매관리비	
기타채권	대여금, 미수금, 선급금	기타의 대손상각비 - 영업외비용	

1. 대손예상

1) 결산 시 외상매출금 10,000,000원에 대해 1% <u>대손예상하다.</u>
   (=대손충당금을 설정하다)

   ① 단, 대손충당금 잔액은 없다.

차 변	대 변	해 답
		대손상각비 100,000 / 대손충당금 100,000

   ② 단, 대손충당금 잔액이 70,000원 있다.

차 변	대 변	해 답
		대손상각비 30,000 / 대손충당금 30,000

   ③ 단, 대손충당금 잔액이 100,000원 있다.

차 변	대 변	해 답
		분개없음

   ④ 단, 대손충당금 잔액이 150,000원 있다.

차 변	대 변	해 답
		대손충당금 50,000 / 대손충당금환입 50,000

2. 대손발생

1) 9/8 외상매출금 100,000원이 회수 불능되다.

   ① 단, 대손충당금 잔액은 없다.

차 변	대 변	해 답
		대손상각비 100,000 / 외상매출금 100,000

   당기(9/8)에 대손처리했던 외상매출금을 현금으로 회수하다.

차 변	대 변	해 답
		현금 100,000 / 대손상각비 100,000

② 단, 대손충당금 잔액이 80,000원 있다.

차 변	대 변	해 답
		대손충당금 80,000 대손상각비 20,000 / 외상매출금 100,000

당기(9/8)에 대손처리했던 외상매출금을 현금으로 회수하다.

차 변	대 변	해 답
		현금 100,000 / 대손충당금 80,000 / 대손상각비 20,000

※ <u>**전기에 대손처리했던**</u> 외상매출금 100,000원을 현금으로 회수하다.

차 변	대 변	해 답
		현금 100,000 / 대손충당금 100,000

● <u>전기에 대손 처리한 금액을 회수한 경우에는 무조건 대변에 "대손충당금"</u>

05. 지분증권

1. 단기매매증권

① 단기매매목적으로 주식회사 SK의 주식 100주(액면단가 500원)를 1,000원에 취득하고 수수료 1% 포함하여 현금지급하다.

차 변	대 변	해 답
		단기매매증권 100,000 수수료비용 1,000 / 현금 101,000

② 결산 시 주식회사 SK의 공정가액은 주당 1,500원이다.

차 변	대 변	해 답
		단기매매증권 50,000 / 단기매매증권평가이익 50,000

③ 보유하고 있던 주식회사 SK의 주식에 대해 배당금 5,000원이 보통예입되다.

차 변	대 변	해 답
		보통예금 5,000 / 배당금수익 5,000

④ 보유하고 있던 주식회사 SK의 주식 모두를 주당 2,000원에 처분하고, 수수료 2,000원차감후 보통예입되다.

차 변	대 변	해 답
		보통예금 198,000 / 단기매매증권 150,000 / 단기매매증권처분이익 48,000

• 단기매매증권 취득 시의 수수료는 "수수료비용"으로 처리하지만, 처분 시의 수수료는 처분손익에 가감한다.

2. 매도가능증권

① 장기투자목적으로 주식회사 SK의 주식 100주(액면단가 500원)를 1,000원에 취득하고 수수료 1% 포함하여 현금지급하다.

차 변	대 변	해 답
		매도가능증권 101,000 / 현금 101,000

② 결산 시 주식회사 SK의 공정가액은 주당 1,500원이다.

차 변	대 변	해 답
		매도가능증권 49,000 / 매도가능증권평가이익 49,000

③ 보유하고 있던 주식회사 SK의 주식에 대해 배당금 5,000원이 보통예입되다.

차 변	대 변	해 답
		보통예금 5,000 / 배당금수익 5,000

06 채무증권

1. 채무증권(사채) 발행 시

사채발행회사		사채취득회사	
현금 100	사 채 100	단기매매증권 100	현금 100
		매도가능증권 100	현금 100
		만기보유증권 100	현금 100

2. 결산 시

사채발행회사		사채취득회사	
이자비용 10	현 금 10	현 금 10	이자수익 10

3. 만기 시

사채발행회사		사채취득회사	
사 채 100	현 금 100	현 금 100	만기보유증권 100

4. 사채발행방법 : 액면발행, 할인발행, 할증발행

1) 액면발행 - 사채액면 100원, 이자율 10%, 만기 3년, 액면발행

	사채발행회사		사채취득회사(만기보유증권으로 가정)	
발행시	현금 100	사 채 100	만기보유증권 100	현금 100
결산시	이자비용 10	현금 10	현금 10	이자수익 10

2) 할인발행 - 사채액면 100원, 이자율 8%, 만기 3년, 91원에 할인발행

	사채발행회사		사채취득회사(만기보유증권으로 가정)	
발행시	현금 91 사채할인발행차금 9	사 채 100	만기보유증권 91	현금 91
결산시	이자비용 11	현금 8 사채할인발행차금 3	현금 8 만기보유증권 3	이자수익 11

* 사채할인발행차금 상각액 : 9원 / 3년 = 3원

3) 할증발행 - 사채액면 100원, 이자율 12%, 만기 3년, 109원에 할증발행

	사채발행회사		사채취득회사(만기보유증권으로 가정)	
발행시	현금 109	사 채 100 사채할증발행차금 9	만기보유증권 109	현금 109
결산시	이자비용 9 사채할증발행차금 3	현금 12	현금 12	이자수익 9 만기보유증권 3

* 사채할증발행차금 환입액 : 9원 / 3년 = 3원

07 유형자산

유형자산	의의	형태가 있으며, 장기간 사용목적인 것으로 시간이 경과됨에 따라 가치가 하락(감가) 하는 자산
	종류	토지, 건물, 구축물, 비품, 차량운반구, 기계장치, 건설중인자산 등.
	비상각자산	토지, 건설중인자산
	투자목적인 토지와 건물	투자자산으로 분류(투자부동산)
	판매목적인 토지와 건물	재고자산으로 분류

1. 취득 시 - 취득세, 등록세, 공채관련비용, 시운전비, 설치비, 운송보험료, 하역비 등 취득 시 제비용은 모두 취득원가에 포함한다.

① 1/1 차량을 9,800,000원에 취득하면서 취득세, 등록세 등 200,000원과 함께 현금 지급하였다.
(내용연수 5년, 잔존가액은 0원)

차 변	대 변	해 답
		차량운반구 10,000,000 / 현금 10,000,000

2. 감가상각비 계산

정액법	(취득원가 - 잔존가액) / 내용연수 = 감가상각비(1년분)
정율법	(취득원가 - 감가상각누계액) × 정율 = 감가상각비(1년분)

① 2차년도 12/31 결산 시 감가상각하다.
(정액법, 내용연수 5년, 잔존가액은 0원)

차 변	대 변	해 답
		감가상각비 2,000,000 / 감가상각누계액 2,000,000

② 2차년도 12/31 결산 시 감가상각하다.
(정액법, 내용연수 5년, 잔존가액은 0원)

차 변	대 변	해 답
		감가상각비 2,000,000 / 감가상각누계액 2,000,000

① 1차년도 12/31 결산 시 감가상각하다(정율법, 정율 0.451).

차 변	대 변	해 답
		감가상각비 4,510,000 / 감가상각누계액 4,510,000

* (10,000,000원 - 0원) × 0.451 = 4,510,000원

② 2차년도 12/31 결산 시 감가상각하다(정율법, 정율 0.451).

차 변	대 변	해 답
		감가상각비 2,475,990 / 감가상각누계액 2,475,990

* (10,000,000원 - 4,510,000원) × 0.451 = 2,475,990원

3. 유형자산의 처분

① 사용하던 차량을 7,000,000원에 처분하고, 대금은 보통예입하다.
   (취득원가 10,000,000원, 감가상각누계액 4,000,000원)

차 변	대 변	해 답
		보통예금 7,000,000 감가상각누계액 4,000,000 / 차량운반구 10,000,000 / 유형자산처분이익 1,000,000

4. 유형자산 수선비

1) 수익적 지출 : 현 상태 유지, 원상회복, 능률유지, 지출효과가 1년 이내에 소멸
    → 즉시 비용(수선비, 차량유지비) 처리
    (Ex) 타이어 교체, 도색비 등

건물 도색비 100,000원을 현금으로 지급하다.

차 변	대 변	해 답
		수선비 100,000 / 현금 100,000

2) 자본적 지출 : 내용연수 연장, 가치증대 → 자산처리
    (Ex) 증축, 엘리베이터 설치, 냉난방기 설치

건물 증축비 100,000원을 현금으로 지급하다.

차 변	대 변	해 답
		건물 100,000 / 현금 100,000

08 무형자산 및 기타비유동자산

1. 무형자산
1) 자산에서 발생하는 미래 경제적 효익이 기업에 유입될 가능성이 매우 높다.
2) 자산의 원가를 신뢰성 있게 측정할 수 있다.

위 두 가지 조건을 모두 충족시켜야 무형자산으로 인식할 수 있으며, 다른 자산으로 부터 식별 가능해야 하고(**식별가능성**), 기업이 통제할 수 있어야 하며(**통제**), 미래 경제적 효익을 창출할 수 있어야 한다(**미래경제적효익**).

무형자산 종류	영업권(초과수익력), 산업재산권(특허권, 실용신안권, 의장권, 상표권), 광업권, 어업권, 차지권, 소프트웨어, 개발비

2. 연구단계 지출 : 연구비 → 판매관리비
제조업을 운영하는 주식회사 서우는 신제품 개발 관련 100,000원을 현금으로 지급하였다. 비용처리하시오.

차 변	대 변	해 답
		연구비 100,000 / 현금 100,000

3. 개발단계 지출 : 개발비 → 무형자산
1/1 제조업을 운영하는 주식회사 서우는 신제품 개발 관련 100,000원을 현금으로 지급하였다. 자산 처리하시오.

차 변	대 변	해 답
		개발비 100,000 / 현금 100,000

12/31 위 개발비를 5년간 상각하시오.

차 변	대 변	해 답
		무형자산상각비 20,000 / 개발비 20,000

※ 무형자산의 상각은 관계법령에서 정해놓은 것을 제외하고는 20년을 초과할 수 없다.

09 유동부채 / 비유동부채

유동부채	① 1년 이내에 상환해야 하는 부채 ② 매입채무 : 외상매입금, 지급어음 ③ 기타채무 : 단기차입금, 미지급금, 선수금, 예수금, 유동성장기부채
비유동부채	① 1년 이후에 상환해야 하는 부채 ② 장기차입금, 사채, 충당부채(퇴직급여충당부채, 반품충당부채, 공사보증충당부채, 제품보증충당부채), 장기성매입채무

1. 유동부채

1) 유동성장기부채 : 장기차입금 中 상환기일이 1년 이내에 도래하는 것

① 20x0. 10/1 10,000,000원을 차입하여 보통예입하다. (만기는 20x3. 9/30).

차 변	대 변	해 답
		보통예금 10,000,000 / 장기차입금 10,000,000

② 20x1. 12/31

차 변	대 변	해 답
		분개없음.

③ 20x2. 12/31 상환기간이 1년 이내 도래하여 장기차입금을 유동성 대체하다.

차 변	대 변	해 답
		장기차입금 10,000,000 / 유동성장기부채 10,000,000

④ 20x3. 9/30 만기가 되어 차입금을 보통예금에서 이체하여 상환하다.

차 변	대 변	해 답
		유동성장기부채 10,000,000 / 보통예금 10,000,000

2. 충당부채

1) 퇴직급여충당부채

① 20x0. 12/31 퇴직금추계액 19,500,000원에 대해 퇴직급여충당부채를 설정하다.

차 변	대 변	해 답
		퇴직급여 19,500,000 / 퇴직급여충당부채 19,500,000

② 20x1. 1/5 홍길동이 퇴사하여 퇴직금 4,500,000원을 보통예금에서 지급하다.

차 변	대 변	해 답
		퇴직급여충당부채 4,500,000 / 보통예금 4,500,000

③ 20x1. 12/31 결산 시 퇴직금추계액 20,000,000원에 대해 퇴직급여충당부채를 설정하다. 단, 퇴직급여충당부채 잔액이 15,000,000원 있다.

차 변	대 변	해 답
		퇴직급여 5,000,000 / 퇴직급여충당부채 5,000,000

3. 퇴직연금제도

1) 확정급여형 퇴직연금 - 회사가 납입한 연금 운용손익의 책임이 회사에 있는 것.

① 확정급여형 퇴직연금 1,000,000원을 현금으로 납부하다.

차 변	대 변	해 답
		퇴직연금운용자산 1,000,000 / 현금 1,000,000

② 종업원이 퇴사하여 확정급여형 퇴직연금 1,000,000원을 해약하여 지급하였다. 단, 퇴직급여충당부채 잔액은 없다.

차 변	대 변	해 답
		퇴직급여 1,000,000 / 퇴직연금운용자산 1,000,000

③ 종업원이 퇴사하여 확정급여형 퇴직연금 1,000,000원을 해약하여 지급하였다. 단, 퇴직급여충당부채 잔액이 5,000,000원 있다.

차 변	대 변	해 답
		퇴직급여충당부채 1,000,000 / 퇴직연금운용자산 1,000,000

2) 확정기여형 퇴직연금 – 회사가 납입한 연금 운용손익의 책임이 종업원에게 있는 것.

① 확정기여형 퇴직연금 1,000,000원을 현금으로 납부하다.

차 변	대 변	해 답
		퇴직급여 1,000,000 / 현금 1,000,000

② 종업원이 퇴사하였다.

차 변	대 변	해 답
		분개없음

10. 자본

1. 개인기업의 자본
1) 현금 100,000원을 출자하여 영업을 개시하다.

차변	대변	해답
		현금 100,000 / 자본금 100,000

2) 현금 10,000원을 사업주가 개인적으로 사용하다.

차변	대변	해답
		인출금 10,000 / 현금 10,000

3) 결산시 인출금 차변잔액 10,000원을 자본금계정에 대체하다.

차변	대변	해답
		자본금 10,000 / 인출금 10,000

개인기업의 사업주가 회사의 현금이나 상품등을 개인적으로 사용하는 것을 인출금이라고 하며, 결산시에는 인출금을 자본금계정에 대체한다.

11 수익과 비용

1. 배당금 수령

① 현금배당금 100,000원을 보통예금으로 수령하다.

차 변	대 변	해 답
		보통예금 100,000 / 배당금수익 100,000

② 주식배당금 100,000원을 주식으로 수령하다.

차 변	대 변	해 답
		분개없음

2. 손익의 이연 – 선급비용과 선수수익

1) 비용의 이연

　　손익계산서 상의 비용은 당기의 비용만 반영되어야 한다. 때문에 아래의 예제처럼 비용 중 차기에 해당하는 금액이 포함된 경우에는 결산 시 정리 분개를 통해서 다음 년도로 넘겨야 하는데, 이를 "**비용의 이연**"이라고 한다.

① 20x0년 10/1 1년분 보험료 120,000원을 현금 지급하였다. **비용(보험료) 처리하시오.**

차 변	대 변	해 답
		보험료 120,000 / 현금 120,000

② 20x0년 12/31 보험료 미경과분(차기분) 90,000원을 계상하다.

차 변	대 변	해 답
		선급비용 90,000 / 보험료 90,000

③ 20x1년 1/1 보험료 (선급비용) 재대체분개를 통해서 다시 비용으로 반영하시오.

차 변	대 변	해 답
		보험료 90,000 / 선급비용 90,000

	아래 예제로 선급금과 선급비용을 혼동하지 말자.
계약금 지급	계약금 100,000원을 현금지급하다. 선급금 100,000 / 현금 100,000
비용 선급액	결산시 보험료 선급분 100,000원을 장부에 계상하다. 선급비용 100,000 / 보험료 100,000

2) 수익의 이연

손익계산서 상의 수익은 당기의 수익만 반영되어야 한다. 때문에 아래의 예제처럼 수익 중 차기에 해당하는 금액이 포함된 경우에는 결산 시 정리 분개를 통해서 다음 년도로 넘겨야 하는데, 이를 **"수익의 이연"**이라고 한다.

① 20x0 10/1 1년분 집세 120,000원을 현금 수령하다.

차 변	대 변	해 답
		현금 120,000 / 임대료 120,000

② 20x0년 12/31 집세선수분(미경과분, 차기분) 90,000원을 계상하다.

차 변	대 변	해 답
		임대료 90,000 / 선수수익 90,000

③ 20x1 1/1 선수수익 재대체분개를 통해서 다시 수익으로 처리하다.

차 변	대 변	해 답
		선수수익 90,000 / 임대료 90,000

	아래 예제로 선수금과 선수수익을 혼동하지 말자.
계약금 수령	계약금 100,000원을 현금수령하다. 현금 100,000 / 선수금 100,000
수익 선수액	결산시 집세 선수액 100,000원을 계상하다. 임대료 100,000 / 선수수익 100,000

3. 손익의 예상

손익의 예상은 손익의 이연과 반대로 당기에 발생한 수익과 비용인데, 받을 권리와 지급할 의무가 확정되지 않은 수익과 비용을 손익계산서에 반영시키는 것이다.

1) 비용의 예상

① 12/31 이자 미지급액 50,000원을 계상하다. 지급일은 다음 연도 1월 10일이다.

차 변	대 변	해 답
		이자비용 50,000 / 미지급비용 50,000

② 12/31 급여 미지급액 50,000원을 계상하다. 지급일은 다음 연도 1월 10일이다.

차 변	대 변	해 답
		급여 50,000 / 미지급비용 50,000

아래 예제로 미지급금과 미지급비용을 혼동하지 말자.	
미지급금	12/31일 급여 미지급액을 장부에 계상하다. (지급일은 매월 말일) 급여 ** / 미지급금 **
미지급비용	12/31일 급여 미지급액을 장부에 계상하다. (지급일은 다음 달 10일) 급여 ** / 미지급비용 **

2) 수익의 예상

① 12/31 이자 미수액 50,000원을 계상하다. 수령일은 다음 연도 1월 10일이다.

차 변	대 변	해 답
		미수수익 50,000 / 이자수익 50,000

② 12/31 임대료 미수액 50,000원을 계상하다. 수령일은 다음 연도 1월 10일이다.

차 변	대 변	해 답
		미수수익 50,000 / 임대료 50,000

미수금	아래 예제로 미수금과 미수수익을 혼동하지 말자.
	12/31일 임대료 미수액을 장부에 계상하다. (수령일은 매월 말일)
	미수금 ** / 임대료 **
미수수익	12/31일 임대료 미수액을 장부에 계상하다. (수령일은 다음 달 10일)
	미수수익 ** / 임대료 **

4. 소모품 정리

1) **자산처리법** : 소모품을 구입 시 소모품의 중요성을 따져 자산(소모품)으로 처리했다가 결산 시 사용액만큼을 소모품비로 대체하는 법.

① 2/10 소모품 50,000원을 구입하고, 현금으로 지급하다. 자산 처리하시오.

차 변	대 변	해 답
		소모품 50,000 / 현금 50,000

② 12/31 결산 시 소모품 미사용액은 30,000원이다(사용액은 20,000원).

차 변	대 변	해 답
		소모품비 20,000 / 소모품 20,000

2) **비용처리법** : 소모품을 구입 시 비용(소모품비)으로 처리했다가 결산 시 미사용액 만큼을 소모품으로 대체하는 법.

① 2/10 소모품 50,000원을 구입하고, 현금으로 지급하다. 비용처리하시오.

차 변	대 변	해 답
		소모품비 50,000 / 현금 50,000

② 12/31 결산 시 소모품 미사용액은 30,000원이다(사용액은 20,000원).

차 변	대 변	해 답
		소모품 30,000 / 소모품비 30,000

3) 일반적으로 자산처리, 비용처리에 대한 언급이 없으면 비용처리법을 사용한다.

III
분개 기출문제 및 해답

chapter 1 분개 기출문제

chapter 2 해답

Chapter 1 분개 기출문제

1회 분개 기출문제

[1] 8월 10일   당사는 거래처 영광산업으로부터 상품을 2,000,000원에 매입하고, 그 대금으로 당좌수표를 발행하여 지급하였다(당좌예금잔액 1,500,000원, 당좌차월 한도 1,000,000원).

[2] 9월 2일   초지전자에서 매입계약(8월 27일) 한 판매용 컴퓨터 5대를 인수받고, 계약금 750,000원을 차감한 잔액은 외상으로 하였다.

1권		2호			거래명세표(거래용)				
2023	년 09 월 02 일			공급자	등록번호	133-22-66643			
					상호	초지전자	성명	우상갑	㊞
안양상사			귀하		사업장소재지	경기도 안산시 단원구 초지로 90			
아래와 같이 계산합니다.					업태	도소매	종목	가전제품	
합계금액			칠백오십만		원정 (₩	7,500,000			)
월일	품 목		규격	수량	단 가		공 급 가 액		세 액
9/2	컴퓨터		펜티엄9이하	5 여백	1,500,000원		7,500,000원		
	계								
전잔금					합 계		7,500,000원		
입금	8/27 계약금 750,000원		잔 금		6,750,000원		인수자	나기동	㊞
비 고									

[3] 9월 11일   당사는 사무실에서 사용하던 비품인 냉난방기의 고장으로 새로운 냉난방기를 설치하기로 하였다. 난방마트㈜에서 새로운 냉난방기를 구입하고 구입대금 500,000원은 이달 20일에 지급하기로 하고 설치비 50,000원은 현금으로 지급하였다.

[4] 9월 12일   영업부 직원들이 사용할 사무용품 700,000원을 동보성문구로부터 구입하고 사업용 신용카드(비씨카드)로 결제하였으며, 비용계정으로 처리하였다.

전자서명전표

비씨카드	신용승인	
회원번호 4906-0302-3245-9958		
유효기간 2023/09/12 13:52:46		
일반		
일시불	금액	700,000원
은행확인 비씨	세금	0원
판매자	봉사료	0원
	합계	700,000원
대표자 이성수		
사업자등록번호 117-09-52793		
가맹점명 동보성문구		
가맹점주소 서울 양천구 신정동 973-12	서명 안양상사	

[5] 9월 28일   관리부 직원이 시내 출장용으로 교통카드를 충전하고, 대금은 현금으로 지급하였다.

[교통카드 충전영수증]

역사명 : 평촌역
장비번호 : 163
카드번호 : 5089346652536693
결제방식 : **현금**
충전일시 : 2023. 09. 28.

충전전잔액 :   500원
충전금액 :   **50,000원**
충전후잔액 :   50,500원

대표자명: 서울메트로 사장
사업자번호: 108-12-16397
주소: 서울특별시 서초구 반포로 23

[6] 10월 17일   추석 명절에 사용할 현금을 확보하기 위하여 주원고무 발행의 약속어음 3,000,000원을 은행에서 할인받고, 할인료 300,000원을 제외한 금액을 당좌예입하다.(단, 매각 거래임.)

[7] 11월 30일   11월 1일에 민영기획과 체결한 광고 대행계약 관련하여 실제 옥외광고가 이뤄졌고, 이에 잔금 900,000원을 보통예금 계좌에서 이체하였다. 계약금 100,000원은 계약일인 11월 1일에 지급하고 선급비용으로 회계처리 하였다.

[8] 12월 30일   사업주 개인용도로 사용하기 위해 신형 카메라 690,000원을 구매하고, 사업용 신용카드(현대카드)로 결제하였다.

[9] 12월 30일   임차료 300,000원을 보통예금 계좌에서 이체하여 지급하였다.

[10] 12월 30일   대한적십자사에 적십지회비 100,000원을 현금으로 납부하였다.

2회 분개 기출문제

전산회계 2급!!

[1] 7월 25일　보관하고 있던 아모레상사가 발행한 당좌수표 5,000,000원을 당사 당좌예금 계좌에 예입하였다.

[2] 10월 4일　창문상사에서 상품 6,000,000원(300개, 1개당 20,000원)을 구입하기로 계약하고, 대금의 20%를 당좌예금 계좌에서 이체하였다.

[3] 10월 10일　호수상사의 외상매입금 5,000,000원을 결제하기 위해 매 출처 일품 컴퓨터에서 받아 보관 중인 약속어음 5,000,000원을 배서양도하였다.

[4] 10월 19일　거제물산에 납품하기 위한 상품의 상차작업을 위해 고용한 일용직 근로자에게 일당 100,000원을 현금으로 지급하였다.

[5] 10월 21일　폭우로 인한 자연재해 피해자를 돕기 위해 현금 500,000원을 동작구청에 기부하였다.

[6] 11월 10일　건강보험료 회사 부담분 120,000원과 직원 부담분 120,000원을 보통예금통장에서 이체하였다.

[7] 11월 16일   다음의 휴대폰 이용요금 청구서를 수령하고 납부해야 할 총 금액을 현금으로 지급하였다.

기본내역	
휴대폰서비스이용요금	29,526원
기본료	26,000원
국내이용료	3,636원
메세지이용료	60원
할인 및 조정	−170원
기타금액	14,764원
당월청구요금	44,290원
미납요금	0원
납부하실 총 금액	44,290원

[8] 12월 27일   업무용 차량에 대한 제2기분 자동차세를 사업용 카드(비씨카드)로 납부하고 다음과 같은 영수증을 수령하였다.

2023년 분 자동차세 세액 신고납부서   납세자 보관용 영수증

납세자	최범락				
주 소	경기도 안양시 동안구 학의로 332				
납세번호	기관번호	제목	납세년월기		과세번호
과세대상	17바 1234 (비영업용, 1998cc)	구 분	자동차세	지방교육세	납부할 세액 합계
		당초산출세액	198,700	(자동차세액 ×30%)	258,310 원
과세기간	2023.07.01. ~2023.12.31.	선납공제액(10%)			
		요일제감면액(5%)			
		납부할세액	198,700	59,610	

〈납부장소〉   위의 금액을 영수합니다.
                                                                2023년   12월   27일

•수납인이 없으면 이 영수증은 무효입니다.   •공무원은 현금을 수납하지 않습니다.

[9] 12월 30일   상품을 매출하면서 운반비 200,000원을 현금으로 지급하다.

[10] 12월 30일 다음과 같은 거래명세표를 수령하고 대금은 보통예금계좌에서 지급하였다(단, 비용으로 처리할 것).

권		호		거래명세표(보관용)				
2023 년 11 월 30 일			공급자	등록번호	123-03-85375			
				상 호	좋은문구	성명	정좋은 ㊞	
청도상사 귀하				사업장소재지	경기 의정부시 의정로 77(의정부동)			
아래와 같이 계산합니다.				업 태	도·소매업	종목	문구류	
합계금액			이십만 원정 (₩ 200,000)					
월일	품 목	규 격	수량	단 가		공 급 가 액		세 액
11/30	A4 용지		10	20,000원		200,000원		
	계							
전잔금				합 계		200,000원		
입 금	200,000원		잔 금			인수자	김동호 ㊞	
비 고								

3회 분개 기출문제

[1] 8월 2일   보통예금 계좌에 2,000,000원이 입금되었으나, 입금자명이 불분명하여 그 내역을 확인할 수 없다.

[2] 8월 21일   당사는 거래처 동백상사로부터 상품 10개(1개당 10,000원)를 매입하고, 그 대금은 당사발행 어음으로 지급하였다.

[3] 9월 5일   8월 25일에 매출계약하고 선수금을 받은 미림전자에 세탁기 5대를 인도하고 계약금을 차감한 잔액을 외상으로 하다. 당사 부담 운반비 150,000원은 현금으로 지급하다(하나의 전표로 입력할 것).

1권		2호		거래명세표(거래용)			
2023년 09월 05일			공급자	등록번호	135-27-40377		
				상호	보은상회	성명	나기동 ㊞
미림전자 귀하				사업장소재지	경기도 안산시 단원구 거미울길 13(선부동)		
아래와 같이 계산합니다.				업태	도소매	종목	가전제품
합계금액		육백만원 원정 (₩ 6,000,000)					
월일	품목		규격	수량	단가	공급대가	비고
9/5	세탁기		15KG	5	1,200,000	6,000,000	
			이하	여백			
	계						
전잔금				합 계		6,000,000	
입금	8/25 계약금 600,000		잔금	5,400,000		인수자	김선태 ㊞
비고	당사부담 운임 150,000원 현금지급						

[4] 9월 7일   당사는 보유하고 있던 토지(취득원가 30,000,000원)를 영동상사에 50,000,000원에 매각하고 대금 중 10,000,000원은 당좌수표로 지급받았으며, 나머지는 다음 달 10일 수령하기로 하였다.

[5] 9월 8일   매출거래처 영아상사에 대한 외상매출금 5,000,000원을 현금으로 회수하고, 다음의 입금 표를 발행하였다.

No. 1	(공급자 보관용) 입금표

영아상사 귀하

공급자	사업자등록번호	135-27-40377		
	상호	보은상회	성명	나기동 (인)
	사업장소재지	경기도 안산시 단원구 거마울길13(선부동)		
	업태	도소매	종목	가전제품

작성일: 2023년 9월 8일
합계: 5,000,000
내용: 외상매출금 현금 입금
위 금액을 정히 영수함

[6] 10월 14일   고객 응대를 위한 접견실을 꾸밀 화분과 꽃 등 소모품을 구입하고 국민카드로 결제하다 (비용처리할 것).

카드매출전표
(공급받는자용)

카드종류 : 국민카드
회원번호 : ****-****-****-0001
거래일시 : 2023.10.14. 13:20:26
거래유형 : 신용승인
매　출 : 200,000원
부가세 :   0원
합　계 : 200,000원
결제방법 : 일시불
승인번호 : 133501449
은행확인 : 국민카드사

가맹점명 : 선부화원
— 이 하 생 략 —

[7] 11월 18일 상품 홍보관을 개설하기 위해 점포를 보증금 10,000,000원에 남촌빌딩으로부터 임차하고, 대금은 현금으로 지급하다.

[8] 11월 30일 회사의 차량을 15,000,000원에 취득하고 취득세 450,000원 및 기타 매입 부대비용 150,000원을 보통예금에서 이체하다.

[9] 12월 30일 보통예금에서 자동 이체되어 출금된 내용은 전기요금 170,000원, 사무실 전화요금 80,000원이다.

[10] 12월 30일 당사는 거래처인 용인상사에 상품 2,000,000원을 외상으로 판매하였다.

4회 분개 기출문제

[1] 7월 5일   무한상사에 상품을 6,000,000원에 판매하기로 계약하고, 계약금(판매금액의 10%)을 현금으로 받다.

[2] 7월 12일   ㈜울산중고나라에서 영업부 비품(에어컨)을 1,100,000원에 구입하고 대금은 다음과 같이 하나카드로 결제하였다.

```
              카드매출전표
   ─────────────────────────
   카드종류 : 하나카드
   회원번호 : 1754-6599-****-9997
   거래일시 : 2023.7.12. 16:05:16
   거래유형 : 신용승인
   금   액 : 1,100,000원
   결제방법 : 일시불
   승인번호 : 71999995
   은행확인 : 하나은행
   ─────────────────────────
   가맹점명 : (주)울산중고나라
            - 이 하 생 략 -
```

[3] 7월 25일   국제상사에서 상품 5,000,000원을 매입하였다. 대금은 7월 15일 계약금으로 지급한 500,000원을 차감하고 나머지 잔액은 1개월 후에 지급하기로 하다. 또한, 상품 매입 시 운임 50,000원은 당사가 부담하기로 하여 현금으로 지급하다.

[4] 8월 4일   관리부 직원의 경리실무 책을 현금으로 구매하였다.

```
                      동래서점
        131-90-67801                    임애숙
    부산 동래구 충렬대로 126번길 5  TEL:507-4683

                  현금(지출증빙)
    구매 2023/08/04/17:06  거래번호 : 0026-0107
        상품명              수량           금액
         도서                1           88,000원
       2043655000009
         합  계                          88,000원
         받은금액                         88,000원
```

[5] 8월 5일   7월분 영업부 사무실의 인터넷 요금 50,000원과 수도요금 30,000원을 보통예금에서 이체하였다.

[6] 9월 25일   영업부 건물 화재보험료(2023년 9월 25일 ~ 2023년 12월 31일 귀속분) 150,000원을 현금으로 납부하였다.

[7] 10월 3일   매출처의 체육행사 지원을 위해 과일 1,000,000원을 구매하고 법인카드(신한카드)로 결제하다.

[8] 10월 18일 강남상사의 단기대여금 8,000,000원과 이자 302,000원이 당사 보통예금계좌에 입금되다.

[9] 12월 30일 업무용 차량을 구입하면서 취득세 100,000원을 현금으로 지급하였다.

[10] 12월 30일 영업부 회식비 200,000원을 현금으로 지급하였다.

5회 분개 기출문제

[1] 10월 2일   2024년 2월 28일 상환 목적으로 거래처 진주상점에서 10,000,000원을 차입하여 보통예금에 입금하였다.

[2] 10월 13일   불특정 다수에게 배포할 목적으로 광고용 휴지를 구입하고 다음의 신용카드 전표를 받았다.

```
국민카드              신용승인
회원번호
4906-0302-3245-9952
거래일자
2023/10/13 13:52:46
일시불               금액    300,000
은행확인             세금     30,000
                    합계    330,000
이성수
사업자등록번호
117-09-52793
가나다마트
```

[3] 10월 18일   대전상사에서 상품 2,800,000원을 매입하고, 8월 30일 기지급한 계약금(300,000원)을 차감한 대금 중 1,000,000원은 보통예금에서 이체하고 잔액은 외상으로 하다.

[4] 11월 15일   북부서점에서 회계부서용으로 필요한 서적을 현금으로 구입하고 현금영수증을 발급받았다(비용으로 처리함).

114-90-80643			남재안
현금(지출증빙)			
구매 2023/11/15/13:06		거래번호 : 0026-0107	
상품명	수량	단가	금액
경리실무	4	20,000	80,000
		과세물품가액	80,000
		부 가 세	
합 계			80,000

[5] 12월 4일   단기매매차익을 얻을 목적으로 보유하고 있는 ㈜사과의 주식 100주를 1주당 10,000원에 처분하고 대금은 수수료 등 10,000원을 차감한 금액이 보통예금계좌에 입금되었다.(단, ㈜사과의 주식 1주당 취득원가는 5,000원이다.)

[6] 12월 9일   관리부에서 영업부 신입사원이 사용할 컴퓨터 5대를 주문하고 계약금으로 견적서 금액의 10%를 보통예금계좌에서 이체하였다.

견 적 서

견적번호 : 동아-01112
아래와 같이 견적서를 발송

2023년 12월 9일

공급자	사업자번호	111-11-12345		
	상 호	동아상사	대 표 자	이강남(인)
	소 재 지	서울시 강남		
	업 태	도소매	종 목	컴퓨터
	담 당 자	이강북	전화번호	1500-2587

품 명	규 격	수 량(개)	단 가(원)	금 액(원)	비 고
컴퓨터 100시리즈	I-7	5	3,000,000	15,000,000	
	이하여백				
합 계 금 액				15,000,000	

유효기간 : 견적 유효기간은 발행 후 15일
납   기 : 발주 후 3일
결제방법 : 현금결제, 카드결제 가능
송금계좌 : 신한은행 / 123456-01-1234534
기   타 : 운반비 별도/

[7] 12월 14일   현금 시재를 확인하던 중 실제 현금이 장부상 현금보다 10,000원 적은 것을 발견하였으나 그 원인을 파악할 수 없다.

[8] 12월 19일   영업부 사원 최지방이 12월 5일부터 12월 7일까지 부산 출장 시 지급받은 가지급금 400,000원에 대해 아래와 같이 사용하고 잔액은 현금으로 정산하다(단, 가지급금에 대한 거래처 입력은 생략한다).

· 왕복교통비 및 숙박비 : 350,000원

[9] 12월 30일   아현상사의 외상대금을 결제하기 위해 보통예금 계좌에서 이체한 금액 1,000,000원에는 송금수수료 12,000원이 포함되어 있다.

[10] 12월 30일 직원 급여 지급 시 징수한 소득세 10,000원을 현금 납부하였다.

6회 분개 기출문제

[1] 8월 16일   아산상점에 상품을 매출하고 받은 약속어음 400,000원을 주거래 은행에서 할인받고 할인료 15,000원을 차감한 나머지 금액은 당좌 예입하다.(단, 관련 비용은 매출채권처분손실로 회계 처리할 것.)

[2] 9월 3일   영업부서의 영업용 휴대폰 이용요금 영수증을 수령하고 납부해야 할 총 금액을 현금으로 지급하다.

기본내역	
휴대폰서비스이용요금	50,730원
기본료	47,000원
국내이용료	23,500원
데이터이용료	4,400원
할인 및 조정	−24,170원
기타금액	8,320원
당월청구요금	59,050원
미납요금	0원
납부하실 총 금액	**59,050원**

[3] 9월 5일   미래상사에 상품을 10,000,000원에 판매하기로 계약하고, 계약금 2,000,000원을 당사 보통예금 계좌로 이체 받다.

[4] 10월 17일   상품을 판매하고 발급한 거래명세서이다. 대금 중 일부는 당좌예금계좌로 입금 받고, 나머지는 외상으로 하였다.

권	호	거래명세표(보관용)			
2023 년 10 월 17 일		등록번호	104-04-11258		
강원컴퓨터 귀하		상호	우현상사	성명	방우현 (인)
		사업장 소재지	서울시 관악구 과천대로 855		
아래와 같이 계산합니다.		업태	도·소매업	종목	컴퓨터부품
합계금액	일천육백오십만 원정 (₩ 16,500,000)				
월일	품목	규격	수량	단가	공급가액	세액
10/17	컴퓨터		11	1,500,000원	16,500,000원	
	계					
전잔금			합 계		16,500,000원
입금	10,000,000원	잔금	6,500,000원	인수자	박차돌 (인)
비고					

[5] 11월 5일   인천상사에서 판매용 컴퓨터 10,000,000원과 업무용 컴퓨터 2,000,000원을 매입하였다. 대금은 당사가 발행한 약속어음 2매(10,000,000원 1매, 2,000,000원 1매)로 지급하였다(단, 하나의 분개로 입력할 것).

[6] 11월 10일   급여 지급 시 공제한 소득세 및 국민연금 250,000원과 회사 부담분 국민연금 150,000원을 보통예금에서 지급하다(회사 부담분 국민연금은 세금과공과로 처리한다).

[7] 12월 20일   신한상사에서 할부로 구입하고 미지급금으로 처리했던 차량할부금 중 500,000원을 현금으로 지급하였다.

[8] 12월 22일   사용 중인 업무용 승용차를 무등상사에 5,000,000원에 처분하고 대금은 1개월 후에 받기로 하였다. 업무용 승용차의 취득원가는 9,000,000원이고 처분 시까지 계상한 감가상각누계액은 3,500,000원이다.

[9] 12월 30일   영업부서의 소모품비 500,000원을 현금으로 지급하였다.

[10] 12월 30일   수진상회로부터 상품을 매입하고 4,500,000원을 보통예금에서 지급하였다. 해당 상품매입에 대한 선지급했던 계약금 500,000원이 있다.

7회 분개 기출문제

[1] 7월 13일 　업무용 오토바이의 주유비를 신용카드(비씨카드)로 결제하고 다음과 같은 신용카드 전표를 수취하였다.

매 출 전 표

단말기번호	3657398	전표번호	134

카드종류	거래종류	결제방법
비씨카드	신용구매	일시불

회원번호(Card No)
9710-****-****-4587

유효기간	거래일시
(**/**)	2023년 7월 13일 09: 13: 57

상품명	단가	수량	금액
무연휘발유	1,443원	13,860L	

전표제출	금　액/AMOUNT	20,000원
	부 가 세/VAT	
전표매입사	봉 사 료/TIPS	
비씨카드사		
(에스원에너지(주)금정주유소)	합　계/TOTAL	20,000원
거래번호　　0487	승인번호/(Approval No.) 98421147	

가맹점	에스원에너지(주)금정주유소	
대표자	최우성	TEL　0515132700
가맹점번호	785250476	사업자번호　621-85-34245
주소	부산 금정구 중앙대로 1972 금정주유소	

서명(Signature) 심유혁

[2] 8월 12일 　주차장으로 사용할 토지를 20,000,000원에 준선상사로부터 매입하고 대금은 당좌수표를 발행하여 지급하다. 토지 취득 시 취득세 920,000원은 현금으로 지급하였다.

[3] 9월 11일 　사업주가 가정에서 사용할 목적으로 컴퓨터를 국민카드로 1,000,000원에 구입하였다.

[4] 10월 1일   금정문구는 소유한 창고를 ㈜민철산업에 임대하기로 하고 임대보증금의 잔금을 ㈜민철산업이 발행한 당좌수표로 받다(단, 계약금은 계약서 작성일인 7월 1일에 현금으로 이미 받았으며 별도의 영수증을 발행하여 주었다).

부동산 임대차 계약서					■월세 □전세	
임대인과 임차인 쌍방은 표기 부동산에 관하여 다음 계약 내용과 같이 임대차계약을 체결한다.						
1. 부동산의 표시						
소재지	부산광역시 금정구 금샘로323(구서동)					
토 지	지 목	대지			면 적	3,242㎡
건 물	구 조	창고	용 도	사업용	면 적	1,530㎡
임대할부분	전체				면 적	3,242㎡
2.계약내용						
제1조(목적) 위 부동산의 임대차에 한하여 임대인과 임차인은 합의에 의하여 임차보증금 및 차임을 아래와 같이 지불하기로 한다.						
보증금	金 10,000,000원정					
계약금	金 1,000,000원정은 계약 시에 지불하고 영수함 영수자( )					(인)
중도금	金 원정은 년 월 일에 지불하며					
잔 금	金 9,000,000원정은 2023 년 10월 1일에 지불한다.					
차 임	金 800,000원정은 매월 20일(후불)에 지급한다.					
제2조(존속기간) 임대인은 위 부동산을 임대차 목적대로 사용할 수 있는 상태로 2023년 10월 1일까지 임차인에게 인도하며 임대차 기간은 인도일로부터 2024년 9월 30일(12개월)까지로 한다.						

[5] 10월 20일 판매용 문서세단기 5,000,000원(5대분)과 업무용 문서세단기 1,000,000원(1대)를 전포문구에서 구입하고, 대금은 이번 달 30일에 모두 지급하기로 하였다(하나의 전표로 회계처리할 것).

[6] 11월 19일 거래처 대전상사에 경영자금 100,000,000원을 보통예금에서 단기대여해주면서 이체수수료 1,500원을 현금으로 지급하다(단, 수수료는 수수료비용(금융비용)으로 회계처리한다).

[7] 12월 12일 일중상사에 외상으로 매출한 상품 중 불량품 200,000원이 반품되어 오다. 반품액은 외상매출금과 상계하기로 하였다.

[8] 12월 15일 상품(100개, 개당 10,000원)을 양촌상사로부터 외상으로 매입하고, 운반비 50,000원

은 현금으로 지급하였다.

[9] 12월 30일   거래처 남산문구로부터 외상매출금 3,000,000원을 약정기일보다 빠르게 회수되어 외상매출금의 1%를 할인한 후의 금액을 보통예금 계좌로 입금 받았다.

[10] 12월 30일   보통예금 계좌로 임대료(904) 300,000원을 수령하였다.

8회 분개 기출문제

전산회계 2급!!

[1] 7월 26일 태풍으로 인한 피해자를 돕기 위해 송파구청에 현금 100,000원을 기부하였다.

[2] 8월 8일 상품 2,000,000원을 지나상사에 판매하고 대금은 지나상사 발행 약속어음으로 받고 판매 시 발생한 운송비 50,000원은 현금으로 지급하였다.

[3] 9월 30일 한일광고와 체결한 광고 대행 계약과 관련하여 9월 30일 잔금 900,000원을 보통예금 계좌에서 이체하였다. 계약금 100,000원은 계약일인 9월 1일에 지급하고 선급비용으로 회계처리 하였다.

[4] 10월 21일 거래처 세종스타일의 외상매출금을 현금으로 회수하고 다음의 입금표를 발행하다.

No. 1													(공급자보관용)			
입 금 표																
													세종스타일 귀하			
공급자	사업자등록번호				106-25-12340											
	상 호			한솔상사				성 명					최한솔 (인)			
	사업장소재지			서울시 송파구 동남로 8길 13(문정동)												
	업 태			도소매				종 목					가전제품			
작성일자				금 액							세 액					
년	월	일	공란수	억	천	백	십	만	천	백	일	천	백	십	만	천	백	일
23	10	21																
합계			억	천	백	십	만	천	백	십	일					
					3	0	0	0	0	0	0					
내용: 외상매출금 회수																
			위 금액을 영수함 영 수 자 (인)													

[5] 11월 20일   신입사원들에게 지급할 소모품을 구입하고 다음과 같은 전표를 받았다(비용 처리할 것).

카드매출전표
(공급받는자용)

카드종류 : 비씨카드
회원번호 : ****-****-****-6553
거래일시 : 2023.11.20. 13:20:26
거래유형 : 신용승인
매   출 : 153,000원
부 가 세 :   0원
합   계 : 153,000원
결제방법 : 일시불
승인번호 : 133501449
카드사확인 : 비씨카드사

가맹점명 : 동산문구
- 이 하 생 략 -

[6] 11월 21일   안양상사에 지급할 외상매입금 3,500,000원을 상환하기 위해 매출거래처인 호수상사로부터 받아 보관 중이던 약속어음 3,500,000원을 배서양도하였다.

[7] 11월 27일   당사는 보유하고 있던 차량운반구(취득원가 8,000,000원, 감가상각누계액 2,000,000원)를 영동상사에 7,000,000원에 매각하고 대금을 자기앞수표로 지급받았다.

[8] 12월 17일   단기간의 매매차익을 얻을 목적으로 황수건설의 주식 100주(1주당 액면금액 20,000원)를 1주당 18,000원에 매입하고 대금은 수수료 100,000원을 포함하여 보통예금 계좌에서 이체하였다.

[9] 12월 30일   장전문구로부터 받은 600,000원은 상품매출 계약금을 자기앞수표로 받은 것이다.

[10] 12월 30일   서울상사로부터 상품 3,000,000원을 매입하고, 선지급한 계약금 300,000원을 제외한 잔금 2,700,000원을 보통예금 계좌에서 이체하였다.

9회 분개 기출문제

전산회계 2급!!

[1] 7월 3일   창고에서 상품의 적재를 위해 고용한 일용직 근로자에게 일당 150,000원을 현금으로 지급하였다.

[2] 8월 6일   경리부서에서 사용할 사무 용품을 다모아문구에서 구입하고 신한카드로 결제하였다(비용으로 회계처리하며 사무용품비 계정과목을 사용하시오).

```
            카드매출전표

    카드종류 : 신한카드
    회원번호 : 5841-4512-****-8858
    거래일시 : 2023.8.6. 16:05:16
    거래유형 : 신용승인
    금    액 : 80,000원
    결제방법 : 일시불
    승인번호 : 71999995
    은행확인 : 신한은행

    가맹점명 : 다모아문구
          - 이 하 생 략 -
```

[3] 9월 25일   승합차 등록비용 205,000원을 자동차 등록 대행업체인 예스카에 현금으로 지급하였다.

영수증

발행일 2023.9.25.
받는이 동백상사 귀하

공급자				
상 호	예스카	대표자	김센타	(인)
등록번호	321-21-00256			
주 소	경기도 구리시 경춘로 125			
전화	031-570-9963	팩스		
받은금액				205,000원
날짜	품목	수량	단가	금액
9/25	차량등록비용			150,000원
	번호판구입외			55,000원
합 계				205,000원

[4] 10월 11일   상품 1,700,000원을 매입하고 대금은 당좌수표를 발행하여 지급하였다(단, 당좌예금 잔액은 300,000원이었고 국민은행과의 당좌차월계약 한도액은 5,000,000원이다).

[5] 11월 8일   영업부 사무실 에어컨이 고장 나서 이를 수리하고 수리비를 현금으로 지급하였다(단, 수익적 지출로 처리한다).

NO.   **영 수 증** (공급받는자용)

동백상사   귀하

공급자	사업자등록번호	126-01-18454		
	상 호	에지서비스	성명	오휘연
	사업장소재지	인천 서구 승학로 57		
	업 태	서비스	종목	수리

작성일자	금액합계	비고
2023. 11. 8.	30,000원	

공급내역				
월/일	품명	수량	단가	금액
11. 8.	수리비			30,000원
합 계				30,000원

[6] 11월 19일   거래처 아사달유통의 상품 매출에 대한 외상대금 3,000,000원을 회수하면서 약정기일
               보다 빠르게 회수하여 2%를 할인해 주고, 대금은 보통예금 계좌로 입금 받다.

[7] 12월 10일   11월분 건강보험료 250,000원(회사부담분 125,000원, 본인 부담분 예수액 125,000
               원)을 현금으로 납부하였다(회사부담분은 복리후생비로 처리하며, 하나의 전표로 입력
               할 것).

[8] 12월 22일   단기 운용 목적으로 ㈜동행 발행주식 1,000주(1주당 액면 5,000원)를 1주당 6,500원
               에 구입하다. 취득 시 수수료 110,000원을 포함한 대금은 보통예금에서 지급하다.

[9] 12월 30일   단기대여금에 대한 이자 170,000원이 국민은행 보통예금계좌에 입금되었다.

[10] 12월 30일   소프트웨어 200,000원을 구입하고, 대금은 보통예금으로 지급하였다.

10회 분개 기출문제

[1] 7월 31일   영업부에서 구독한 신문대금(정기구독료)를 현금으로 지급하였다(도서 인쇄비로 처리할 것).

```
                    영 수 증
                 나리상사   귀하
                 월구독료   15,000원
            위 금액을 7월분 구독료로 영수함.
                    2023.07.31.
                     희망일보
```

[2] 9월 12일   본사 건물에 엘리베이터를 설치하고 13,000,000원을 넥스코에 2개월 후에 지급하기로 하다(건물에 대한 자본적지출로 회계처리).

[3] 9월 21일   삼촌컴퓨터로부터 컴퓨터 11대를 구입(@₩1,750,000원) 하였다. 이 중 10대는 판매용으로 외상 구입했으며, 1대는 업무용으로 현금결제하였다.

[4] 9월 30일   영업사원 김창원의 9월 급여를 다음과 같이 당사 보통예금통장에서 이체하였다.

나리상사 2023년 9월 급여내역			(단위 : 원)
이 름	김창원	지 급 일	2022년 9월 30일
기본급여	3,800,000원	소 득 세	111,000원
직책수당	200,000원	지방소득세	11,100원
상 여 금		고용보험	36,450원
특별수당		국민연금	122,000원
차량유지		건강보험	50,000원
급 여 계	4,000,000원	공제합계	330,550원
노고에 감사드립니다.		지급총액	3,669,450원

[5] 11월 6일   영업부 직원용 유니폼을 600,000원에 삼호패션㈜에서 제작하고 신한카드로 결제하였다.

```
         카드매출전표
─────────────────────────
카드종류 : 신한카드
회원번호 : 2234-2222-****-1767
거래일시 : 2023.11.06.15:07:18
거래유형 : 신용승인
매   출 : 600,000원
부 가 세 :
합   계 : 600,000원
결제방법 : 일시불
승인번호 : 61999998
은행확인 : 신한은행
─────────────────────────

가맹점명 : 삼호패션(주)
      - 이 하 생 략 -
```

[6] 12월 2일   에코상점에 상품 1,000,000원을 매출하고, 대금은 외상으로 하다(단, 부가가치세는 무시한다).

권		호	거래명세표(보관용)			
2023년 12월 2일			공급자	등록번호	135-27-40377	
				상호	나리상사	성명 나은혜 ㊞
에코상점 귀하				사업장소재지	서울 관악구 과천대로 855	
아래와 같이 계산합니다.				업태	도소매	종목 전자제품
합계금액			백만 원정 (₩ 1,000,000)			
월일	품목	규격	수량	단가	공급가액	세액
12/2	상품		10	100,000원	1,000,000원	
	계					
전잔금				합계	1,000,000원	
입금			잔금	1,000,000원	인수자 김영수 ㊞	
비고						

[7] 12월 9일   매출거래처의 야유회 지원을 위해 경품 2,000,000원을 구매하고 사업용 카드(하나카드)로 결제하였다.

[8] 12월 27일   희망은행으로부터 2021년 12월 20일 상환하기로 하고, 30,000,000원을 차입하여 보통예금에 입금하였다.

[9] 12월 30일   매입거래처 장미상사에 보통예금으로 이체하여 외상매입금 320,000원을 상환하였다.

[10] 12월 30일 신용카드로 결제한 저녁식사비(350,000원)는 영업부 판매담당 직원들을 위한 지출이다.

전자서명전표

단말기번호 8002124738	120524128234
카드종류 비씨카드	신용승인
회원번호 4906-0302-3245-9952	
거래일자 2023/12/30 13:52:46	
일반 일시불	금액　　　　　350,000원
은행확인 비씨	세금　　　　　　(무시)
판매자	봉사료　　　　　　0원
	합계　　　　　350,000원
대표자 이학주	
사업자등록번호 117-09-52793	
가맹점명 평화정	
가맹점주소 경기 구리시 경춘로 20	서명
	나리상사

Chapter 2 해답

전산회계2급　1회 분개 기출문제 해답

[1] 8월 10일 일반전표 입력
　　(차) 상품　　　　　　　　　2,000,000원　　(대) 당좌예금　　　　　　　　　1,500,000원
　　　　　　　　　　　　　　　　　　　　　　　　　당좌차월(또는 단기차입금)　　500,000원

[2] 9월 2일 일반전표입력
　　(차) 상품　　　　　　　　　7,500,000원　　(대) 선급금(초지전자)　　　　　　750,000원
　　　　　　　　　　　　　　　　　　　　　　　　　외상매입금(초지전자)　　　6,750,000원

[3] 9월 11일 일반전표입력
　　(차) 비　품　　　　　　　　　550,000원　　(대) 현　금　　　　　　　　　　　50,000원
　　　　　　　　　　　　　　　　　　　　　　　　　미지급금(난방마트㈜)　　　　500,000원

[4] 9월 12일 일반전표입력
　　(차) 사무용품비(판)　　　　　700,000원　　(대) 미지급금(비씨카드)　　　　　700,000원
　　　　또는 소모품비(판)　　　　　　　　　　　　또는 미지급비용(비씨카드)

[5] 9월 28일 일반전표입력
　　(차) 여비교통비(판)　　　　　　50,000원　　(대) 현금　　　　　　　　　　　　50,000원

[6] 10월 17일 일반전표입력
　　(차) 당좌예금　　　　　　　2,700,000원　　(대) 받을어음(주원고무)　　　3,000,000원
　　　　매출채권처분손실　　　　　300,000원

　　　　　　　　　　　　　　　　　　또는

　　(차) 당좌예금　　　　　　　2,200,000원　　(대) 받을어음(주원고무)　　　3,000,000원
　　　　당좌차월　　　　　　　　　500,000원
　　　　매출채권처분손실　　　　　300,000원

[7] 11월 30일 일반전표입력
　　(차) 광고선전비(판)　　　　1,000,000원　　(대) 선급비용(민영기획)　　　　　100,000원
　　　　보통예금　　　　　　　　　900,000원

[8] 12월 30일 일반전표입력
　　(차) 인출금　　　　　　　　　690,000원　　(대) 미지급금(현대카드)　　　　　690,000원
　　　　　　　　　　　　　　　　　　　　　　　　　또는 미지급비용(현대카드)

[9] 12월 30일 일반전표입력
　　(차) 임차료(판)　　　　　　　300,000원　　(대) 보통예금　　　　　　　　　300,000원

[10] 12월 30일 일반전표입력
　　　(차) 기부금　　　　　　　　　100,000원　　　(대) 현금　　　　　　　　　100,000원

전산회계2급　　2회 분개 기출문제 해답

[1] 7월 25일 일반전표입력
　　　(차) 당좌예금　　　　　　　　5,000,000원　　　(대) 현금　　　　　　　　5,000,000원

[2] 10월 4일 일반전표입력
　　　(차) 선급금(창문상사)　　　　1,200,000원　　　(대) 당좌예금　　　　　　1,200,000원

[3] 10월 10일 일반전표입력
　　　(차) 외상매입금(호수상사)　　5,000,000원　　　(대) 받을어음(일품컴퓨터)　5,000,000원

[4] 10월 19일 일반전표입력
　　　(차) 잡급(판)　　　　　　　　 100,000원　　　(대) 현금　　　　　　　　　100,000원

[5] 10월 21일 일반전표입력
　　　(차) 기부금　　　　　　　　　 500,000원　　　(대) 현금　　　　　　　　　500,000원

[6] 11월 10일 일반전표입력
　　　(차) 예 수 금　　　　　　　　 120,000원　　　(대) 보통예금　　　　　　　240,000원
　　　　　복리후생비(판)　　　　　 120,000원

[7] 11월 16일 일반전표입력
　　　(차) 통신비(판)　　　　　　　 44,290원　　　(대) 현금　　　　　　　　　 44,290원

[8] 12월 27일 일반전표입력
　　　(차) 세금과공과(판)　　　　　 258,310원　　　(대) 미지급금(비씨카드)　　 258,310원
　　　　　　　　　　　　　　　　　　　　　　　　　　　또는 미지급비용

[9] 12월 30일 일반전표입력
　　　(차) 운반비(판)　　　　　　　 200,000원　　　(대) 현금　　　　　　　　　200,000원

[10] 12월 30일 일반전표입력
　　　(차) 사무용품비(판)　　　　　 200,000원　　　(대) 보통예금　　　　　　　200,000원
　　　　　또는 소모품비(판)

전산회계2급 3회 분개 기출문제 해답

[1] 8월 2일 일반전표입력
    (차) 보통예금　　　　　　　　2,000,000원　　　(대) 가수금　　　　　　　　　2,000,000원

[2] 8월 21일 일반전표 입력
    (차) 상품　　　　　　　　　　100,000원　　　(대) 지급어음(동백상사)　　　　100,000원

[3] 9월 5일 일반전표입력(8월 25일 일반전표 조회 선수금 600,000원 확인)
    (차) 선수금(미림전자)　　　　　600,000원　　　(대) 상품매출　　　　　　　6,000,000원
        외상매출금(미림전자)　　 5,400,000원
        운반비(판)　　　　　　　　150,000원　　　　　현금　　　　　　　　　　150,000원

[4] 9월 7일 일반전표입력
    (차) 현　금(당좌예금)　　　 10,000,000원　　　(대) 토지　　　　　　　　 30,000,000원
        미수금(영동상사)　　　 40,000,000원　　　　　유형자산처분이익　　　20,000,000원

[5] 9월 8일 일반전표입력
    (차) 현금　　　　　　　　　 5,000,000원　　　(대) 외상매출금(영아상사)　　5,000,000원

[6] 10월 14일 일반전표입력
    (차) 소모품비(판)　　　　　　200,000원　　　(대) 미지급금(국민카드)　　　200,000원
    　　　　　　　　　　　　　　　　　　　　　 또는 미지급비용

[7] 11월 18일 일반전표입력
    (차) 임차보증금　　　　　　10,000,000원　　　(대) 현금　　　　　　　　10,000,000원

[8] 11월 30일 일반전표입력
    (차) 차량운반구　　　　　　15,600,000원　　　(대) 보통예금　　　　　　15,600,000원

[9] 12월 30일 일반전표입력
    (차) 수도광열비(판)　　　　　120,000원　　　(대) 보통예금　　　　　　　 200,000원
        통신비(판)　　　　　　　　80,000원

[10]　12월 30일 일반전표입력
    (차) 외상매출금　　　　　　2,000,000원　　　(대) 상품매출　　　　　　　2,000,000원

전산회계2급   4회 분개 기출문제 해답

[1] 7월 5일 일반전표입력
    (차) 현　　　금　　　600,000원　　　(대) 선 수 금(무한상사)　　　600,000원

[2] 7월 12일 일반전표입력
    (차) 비　　　품　　　1,100,000원　　　(대) 미지급금(하나카드)　　　1,100,000원

[3] 7월 25일 일반전표입력
    (차) 상　　　품　　　5,050,000원　　　(대) 선 급 금(국제상사)　　　500,000원
    　　　　　　　　　　　　　　　　　　　　　　외상매입금(국제상사)　　4,500,000원
    　　　　　　　　　　　　　　　　　　　　　　현　　　금　　　　　　　　50,000원

[4] 8월 4일 일반전표입력
    (차) 도서인쇄비(판)　　　88,000원　　　(대) 현금　　　88,000원

[5] 8월 5일 일반전표입력
    (차) 통신비(판)　　　50,000원　　　(대) 보통예금　　　80,000원
    　　　수도광열비(판)　30,000원

    　　　　　　　　　　또는

    (차) 통신비(판)　　　50,000원　　　(대) 보통예금　　　50,000원
    　　　수도광열비(판)　30,000원　　　　　보통예금　　　30,000원

[6] 9월 25일 일반전표입력
    (차) 보험료 (판)　　　150,000원　　　(대) 현금　　　150,000원

[7] 10월 3일 일반전표입력
    (차) 접대비(판)　　　1,000,000원　　　(대) 미지급금 또는 미지급비용(신한카드)　　　1,000,000원

[8] 10월 18일 일반전표입력
    (차) 보통예금　　　8,302,000원　　　(대) 단기대여금(강남상사)　　　8,000,000원
    　　　　　　　　　　　　　　　　　　　　　이자수익　　　　　　　　302,000원

[9] 12월 30일 일반전표입력
    (차) 차량운반구　　　100,000원　　　(대) 현금　　　100,000원

[10] 12월 30일 일반전표입력
    (차) 복리후생비(판)　　　200,000원　　　(대) 현　　　금　　　200,000원

전산회계2급 5회 분개 기출문제 해답

[1] 10월 2일 일반전표입력
  (차) 보통예금   10,000,000원 (대) 단기차입금(진주상점) 10,000,000원

[2] 10월 13일 일반전표입력
  (차) 광고선전비(판) 330,000원 (대) 미지급금 또는 미지급비용(국민카드) 330,000원

[3] 10월 18일 일반전표입력
  (차) 상품   2,800,000원 (대) 선급금(대전상사)   300,000원
                보통예금   1,000,000원
                외상매입금(대전상사) 1,500,000원

[4] 11월 15일 일반전표입력
  (차) 도서인쇄비(판) 80,000원 (대) 현금   80,000원

[5] 12월 4일 일반전표입력
  (차) 보통예금   990,000원 (대) 단기매매증권   500,000원
                단기매매증권처분이익 490,000원

[6] 12월 9일 일반전표입력
  (차) 선급금(동아상사) 1,500,000원 (대) 보통예금 1,500,000원

[7] 12월 14일 일반전표입력
  (차) 현금과부족   10,000원 (대) 현금 10,000원

[8] 12월 19일 일반전표입력
  (차) 여비교통비(판) 350,000원 (대) 가지급금 400,000원
    현 금   50,000원

[9] 12월 30일 일반전표입력
  (차) 외상매입금(아현상사) 988,000원 (대) 보통예금 1,000,000원
    수수료비용(판)   12,000원

[10] 12월 30일 일반전표입력
  (차) 예 수 금   10,000원 (대) 현금 10,000원

전산회계2급 — 6회 분개 기출문제 해답

[1] 8월 16일 일반전표입력
(차) 당 좌 예 금	385,000원	(대) 받을어음(아산상점)	400,000원
매출채권처분손실	15,000원		

[2] 9월 3일 일반전표입력
(차) 통신비(판)	59,050원	(대) 현금	59,050원

[3] 9월 5일 일반전표입력
(차) 보통예금	2,000,000원	(대) 선 수 금(미래상사)	2,000,000원

[4] 10월 17일 일반전표입력
(차) 당좌예금	10,000,000원	(대) 상품매출	16,500,000원
외상매출금	6,500,000원(강원컴퓨터)		

[5] 11월 5일 일반전표입력
(차) 상품	10,000,000원	(대) 지급어음(인천상사)	10,000,000원
비품	2,000,000원	미지급금(인천상사)	2,000,000원

[6] 11월 10일 일반전표입력
(차) 예수금	250,000원	(대) 보통예금	400,000원
세금과공과	150,000원		

[7] 12월 20일 일반전표입력
(차) 미지급금(신한상사)	500,000원	(대) 현금	500,000원

[8] 12월 22일 일반전표입력
(차) 감가상각누계액(209)	3,500,000원	(대) 차량운반구	9,000,000원
미 수 금(무등상사)	5,000,000원		
유형자산처분손실	500,000원		

[9] 12월 30일 일반전표입력
(차) 소모품비(판관비)	500,000원	(대) 현 금	500,000원

[10] 12월 30일 일반전표입력
(차) 상품	5,000,000원	(대) 보통예금	4,500,000원
		선급금(수진상회)	500,000원

| 전산회계2급 | **7회 분개 기출문제 해답** |

[1] 7월 13일 일반전표입력
    (차) 차량유지비(판) 20,000원   (대) 미지급금 또는 미지급비용(비씨카드) 20,000원

[2] 8월 12일 일반전표입력
    (차) 토지   20,920,000원   (대) 당좌예금   20,000,000원
                                                      현금   920,000원

[3] 9월 11일 일반전표입력
    (차) 인출금   1,000,000원   (대) 미지급금 (국민카드)   1,000,000원

[4] 10월 1일 일반전표입력
    (차) 현금   9,000,000원   (대) 임대보증금((주)민철산업)   10,000,000원
        선수금((주)민철산업)   1,000,000원

[5] 10월 20일 일반전표입력
    (차) 상품   5,000,000원   (대) 외상매입금(전포문구)   5,000,000원
        비품   1,000,000원   미지급금(전포문구)   1,000,000원

[6] 11월 19일 일반전표입력
    (차) 단기대여금(대전상사)   100,000,000원   (대) 보통예금   100,000,000원
    (차) 수수료비용(984)   1,500원   (대) 현금   1,500원

[7] 12월 12일 일반전표입력
    (차) 외상매출금(일중상사)   -200,000원   (대) 상품매출   -200,000원

[8] 12월 15일 일반전표입력
    (차) 상품   1,050,000원   (대) 외상매입금(양촌상사)   1,000,000원
                                                      현 금   50,000원

[9] 8월 11일 일반전표입력
    (차) 보통예금   2,970,000원   (대) 외상매출금(남산문구)   3,000,000원
        매출할인(403)   30,000원

[10] 12월 30일 일반전표입력
    (차) 보통예금   300,000원   (대) 임대료(904)   300,000원

전산회계2급   8회 분개 기출문제 해답

[1] 7월 26일 일반전표입력
    (차) 기부금   100,000원   (대) 현금   100,000원

[2] 8월 8일 일반전표입력
    (차) 받을어음(지나상사)   2,000,000원   (대) 상품매출   2,000,000원
         운반비(판)   50,000원   현금   50,000원

[3] 9월 30일 일반전표입력
    (차) 광고선전비(판)   1,000,000원   (대) 선급비용(한일광고)   100,000원
                                                                  보통예금   900,000원

[4] 10월 21일 일반전표입력
    (차) 현금   3,000,000원   (대) 외상매출금(세종스타일)   3,000,000원

[5] 11월 20일 일반전표입력
    (차) 소모품비(판)   153,000원   (대) 미지급금(비씨카드)   153,000원
         또는 사무용품비(판)   또는 미지급비용

[6] 11월 21일 일반전표입력
    (차) 외상매입금(안양상사)   3,500,000원   (대) 받을어음(호수상사)   3,500,000원

[7] 11월 27일 일반전표입력
    (차) 현 금   7,000,000원   (대) 차량운반구   8,000,000원
         감가상각누계액 (209)   2,000,000원   유형자산처분이익   1,000,000원

[8] 12월 17일 일반전표입력
    (차) 단기매매증권   1,800,000원   (대) 보통예금   1,900,000원
         수수료비용(984)   100,000원

[9] 12월 30일 일반전표입력
    (차) 현금   600,000원   (대) 선 수 금(장전문구)   600,000원

[10] 12월 30일, 일반전표 입력
    (차) 상품   3,000,000원   (대) 선급금(서울상사)   300,000원
                                                        보통예금   2,700,000원

전산회계2급 9회 분개 기출문제 해답

[1] 7월 3일 일반전표 입력
　　(차) 잡급(판)　　　　　　　150,000원　　(대) 현금　　　　　　　　　　150,000원

[2] 8월 6일 일반전표 입력
　　(차) 사무용품비(판)　　　　80,000원　　(대) 미지급금(신한카드)　　　80,000원
　　　　　　　　　　　　　　　　　　　　　　　또는 미지급비용

[3] 9월 25일 일반전표 입력
　　(차) 차량운반구　　　　　　205,000원　　(대) 현　금　　　　　　　　205,000원

[4] 10월 11일 일반전표입력
　　(차) 상품　　　　　　　　1,700,000원　　(대) 당좌예금　　　　　　　300,000원
　　　　　　　　　　　　　　　　　　　　　　　당좌차월(또는 단기차입금)　1,400,000원

[5] 11월 8일 일반전표입력
　　(차) 수선비(판)　　　　　　30,000원　　(대) 현　금　　　　　　　　　30,000원

[6] 11월 19일 일반전표입력
　　(차) 매출할인(403)　　　　 60,000원　　(대) 외상매출금(아사달유통)　3,000,000원
　　　　보통예금　　　　　　2,940,000원

[7] 12월 10일 일반전표입력
　　(차) 예수금　　　　　　　　125,000원　　(대) 현금　　　　　　　　　250,000원
　　　　복리후생비(판)　　　　125,000원

[8] 12월 22일 일반전표입력
　　(차) 단기매매증권　　　　6,500,000원　　(대) 보통예금　　　　　　6,610,000원
　　　　수수료비용(984)　　　110,000원

[9] 12월 30일 일반전표입력
　　(차) 보통예금　　　　　　　170,000원　　(대) 이자수익　　　　　　　170,000원

[10] 12월 30일 일반전표입력
　　(차) 소프트웨어(0227)　　 200,000원　　(대) 보통예금　　　　　　　200,000원

전산회계2급 — 10회 분개 기출문제 해답

[1] 7월 31일 일반전표 입력
    (차) 도서인쇄비(판)   15,000원   (대) 현금   15,000원

[2] 9월 12일 일반전표 입력
    (차) 건물   13,000,000원   (대) 미지급금(넥스코)   13,000,000원

[3] 9월 21일 일반전표 입력
    (차) 상품   17,500,000원   (대) 외상매입금(삼촌컴퓨터)   17,500,000원
        비품   1,750,000원   현금   1,750,000원

[4] 9월 30일 일반전표 입력
    (차) 급여(판)   4,000,000원   (대) 예수금   330,550원
                                                                         보통예금   3,669,450원

[5] 11월 6일 일반전표 입력
    (차) 복리후생비(판)   600,000원   (대) 미지급금 또는 미지급비용(신한카드) 600,000원

[6] 12월 2일 일반전표 입력
    (차) 외상매출금(에코상점)   1,000,000원   (대) 상품매출   1,000,000원

[7] 12월 9일 일반전표 입력
    (차) 접대비(판)   2,000,000원   (대) 미지급금(하나카드)   2,000,000원
                                                                                            또는 미지급비용(하나카드)

[8] 12월 27일 일반전표 입력
    (차) 보통예금   30,000,000원   (대) 단기차입금(희망은행)   30,000,000원

[9] 12월 30일 일반전표입력
    (차) 외상매입금(장미상사)   320,000원   (대) 보통예금   320,000원

[10] 12월 30일 일반전표입력
    (차) 복리후생비(판)   350,000원   (대) 미지급금(비씨카드)   350,000원

강선생 전산회계 2급

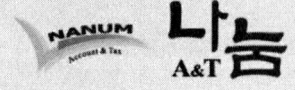

www.nanumant.com

IV
결산분개 문제 및 해답

chapter 1 결산분개 문제

chapter 2 해답

Chapter 1 결산분개 문제

[1] 4월 1일에 당사 소유 차량에 대한 보험료(보험기간 2023년 4월 1일 ~ 2024년 3월 31일) 360,000원을 지급하면서 자산으로 회계처리 하였다. 기말결산분개를 수행하시오(단, 월할계산할 것).

[2] 결산일 현재 장부에 계상되지 않은 당기분 임대료(영업외수익)는 300,000원이다.

[3] 10월 1일 우리은행으로부터 50,000,000원을 연 이자율 6%로 12개월간 차입(차입 기간: 2023.10.1. ~ 2024.9.30.) 했고, 이자는 12개월 후 차입금 상환시 일시에 지급하기로 하였다. 결산분개를 하시오(단, 월할계산할 것).

[4] 3월 1일에 12개월분 사무실 임차료(임차 기간 : 2023. 3. 1. ~ 2024. 2. 29.) 12,000,000원을 보통예금 계좌에서 이체하면서 전액 자산계정인 선급비용으로 처리하였다. 기말 수정 분개를 하시오(단, 월할계산할 것).

[5] 결산일 현재 현금과부족 계정으로 처리되어 있는 현금 부족액 60,000원에 대한 원인이 밝혀지지 않고 있다.

[6] 단기대여금에 대한 기간미경과분 이자 410,000원이 이자수익으로 계상되어 있다.

[7] 당기분 감가상각비는 비품 900,000원, 차량운반구 2,000,000원이다.

[8] 8월 31일에 구입하여 자산(취득원가 470,000원)으로 회계 처리한 소모품 중 기말까지 사용하고 남은 금액은 210,000원이다.

[9] 기말 현재 단기차입금에 대한 이자 미지급액 300,000원을 계상하다.

[10] 12월 1일에 12개월분 화재보험료(보험계약기간: 2023. 12. 1. ~ 2024. 11. 30.) 3,000,000원을 보통예금 계좌에서 이체하면서 전액 보험료(판)로 처리하였다. 기말 수정 분개를 하시오(단, 월할계산할 것).

[11] 결산일 현재 장부상 현금 잔액이 현금 실제 액보다 30,000원 많은 것으로 확인되었으나, 그 원인은 밝혀지지 않았다.

[12] 기말 합계잔액시산표의 가지급금 잔액 711,000원은 거래처 보석상사에 이자를 지급한 것으로 판명되다.

[13] 영업부서의 소모품비로 계상된 금액 중 결산일 현재 미사용된 소모품이 120,000원 있다.

[14] 2021년 10월 1일에 아래와 같이 보험에 가입하고 전액 당기비용으로 처리하였다. 기말수정분개를 하시오(단, 월할 계산하고, 음수로 입력하지 말 것).

- 보험회사 : ㈜울산보험
- 보험금납입액 : 600,000원
- 보험적용기간 : 2023년 10월 1일 ~ 2024년 9월 30일

[15] 기말 외상매출금 중에는 미국 abc의 외상매출금 12,000,000원(미화 $10,000)이 포함되어 있으며, 결산일 환율에 의해 평가하고 있다. 결산일 현재의 적용환율은 미화 1$ 당 1,100원이다.

[16] 12월분 영업부 직원 급여 3,000,000원은 다음 달 4일에 지급될 예정이다.

[17] 기말합계잔액시산표의 가지급금 잔액 500,000원은 거래처 대연상사에 대한 외상매입금 상환액으로 판명되다.

[18] 7월 1일   우리은행으로부터 10,000,000원을 연 이자율 6%로 12개월간 차입(차입 기간: 2023.7.1. ~ 2024.6.30.) 하고, 이자는 12개월 후 차입금 상환 시 일시에 지급하기로 하였다. 월할 계산하여 결산분개하시오.

[19] 우현상사에서 사용하고 있는 자산에 대한 당기분 감가상각비(판)는 건물 1,500,000원, 차량운반구 2,500,000원, 비품 1,100,000원이다.

[20] 결산일 현재 별이상사의 단기대여금 5,000,000원에 대한 기간 경과분 미수이자 62,500원을 계상하다.

[21] 하나은행의 보통예금통장은 마이너스 통장으로 개설된 것이다. 기말 현재 하나은행의 보통예금통장 잔액은 -6,352,500원이다(단기차입금으로 대체하는 회계 처리를 하시오).

[22] 당기분 차량운반구 감가상각비는 250,000원이며, 비품 감가상각비는 150,000원이다.

[23] 기말 현재 현금과부족 50,000원은 대표자가 개인적인 용도로 사용한 금액으로 판명되었다.

[24] 기중에 미국 ABCtech Corp.에 판매한 외상매출금 11,500,000원(미화 $10,000)의 결산일 현재 적용환율이 미화 1$ 당 1,200원이다. 기업회계기준에 따라 외화환산손익을 인식한다.

[25] 11월 2일   지급 시 전액 비용 처리한 보험료 지급분 중 당기 기간미경과분은 200,000원이다.

[26] 3년 전 취득하였던 차량운반구(취득원가 20,000,000원, 잔존가액 4,000,000원, 내용연수 5년, 정액법)의 당기분 감가상각비를 계상하다.

[27] 2023년 4월 1일에 본사 영업부 운영차량에 대해 아래와 같이 보험에 가입하고 전액 당기비용으로 처리하였다. 기말 수정 분개를 하시오(단, 월할 계산하고, 음수로 입력하지 말 것).

- 보험회사 : ㈜만세보험
- 보험료납입액 : 1,200,000원
- 보험적용기간 : 2023년 4월 1일 ~ 2024년 3월 31일

[28] 결산일 현재 장부에 계상되지 않은 당기분 임대료(영업외수익)는 500,000원이다.

[29] 결산일 현재 현금실제액이 현금 장부 잔액보다 51,000원 많고 차이원인은 확인되지 않았다.

[30] 결산일 현재 단기대여금에 대한 이자수익 중 기간 미경과분이 300,000원이다.

Chapter 2 해답

[1] 12월 31일 일반전표입력
(차) 보험료(판) 270,000원   (대) 선급비용 270,000원
※ 보험료 = 360,000원 × 9개월/12개월 = 270,000원

[2] 12월 31일 일반전표입력
(차) 미수수익 300,000원   (대) 임대료(904) 300,000원

[3] 12월 31일 일반전표입력
(차) 이자비용 750,000원   (대) 미지급비용 750,000원
※ 미지급이자 = 50,000,000원 × 6% × 3개월/12개월 = 750,000원

[4] 12월 31일 일반전표입력
(차) 임차료(판) 10,000,000원   (대) 선급비용 10,000,000원

[5] 12월 31일 일반전표입력
(차) 잡손실 60,000원   (대) 현금과부족 60,000원

[6] 12월 31일 일반전표입력
(차) 이자수익 410,000원   (대) 선수수익 410,000원

[7] 12월 31일 일반전표입력
(차) 감가상각비(판) 2,900,000원   (대) 감가상각누계액(비품) 900,000원
                                    감가상각누계액(차량운반구) 2,000,000원

[8] 12월 31일 일반전표입력
(차) 소모품비(판) 260,000원   (대) 소모품 260,000원

[9] 12월 31일 일반전표입력
(차) 이자비용 300,000원   (대) 미지급비용 300,000원

[10] 12월 31일 일반전표입력
(차) 선급비용 2,750,000원   (대) 보험료(판) 2,750,000원

[11] 12월 31일 일반전표입력
(차) 잡손실 30,000원   (대) 현 금 30,000원

[12] 12월 31일 일반전표입력
(차) 이자비용 711,000원   (대) 가지급금 711,000원

[13] 12월 31일 일반전표입력
(차) 소모품 120,000원 (대) 소모품비(판) 120,000원

[14] 12월 31일 일반전표입력
(차) 선급비용 450,000원 (대) 보험료(판) 450,000원

[15] 12월 31일 일반전표 입력
(차) 외화환산손실 1,000,000원 (대) 외상매출금 1,000,000원(미국 abc)

[16] 12월 31일 일반전표입력
(차) 급여(판) 3,000,000원 (대) 미지급비용 3,000,000원

[17] 12월 31일 일반전표입력
(차) 외상매입금(대연상사) 500,000원 (대) 가지급금 500,000원

[18] 12월 31일 일반전표입력
(차) 이자비용 300,000원 (대) 미지급비용 300,000원
※ 미지급이자 = 10,000,000원 × 6% × 6개월/12개월 = 300,000원

[19] 12월 31일 일반전표입력
(차) 감가상각비(판) 5,100,000원 (대) 감가상각누계액(건물) 1,500,000원
 감가상각누계액(차량운반구) 2,500,000원
 감가상각누계액(비품) 1,100,000원

[20] 12월 31일 일반전표입력
(차) 미수수익 62,500원 (대) 이자수익 62,500원

[21] 12월 31일 일반전표입력
(차) 보통예금 6,352,500원 (대) 단기차입금(하나은행) 6,352,500원

마이너스 통장에서 인출 또는 이체액은 보통예금의 잔액이 있어서 인출 또는 이체하는 것이 아니라, 단기차입금을 인출 또는 이체하는 것이므로 '단기차입금(부채)' 계정으로 처리한다.

[22] 12월 31일 일반전표입력
(차) 감가상각비 400,000원 (대) 감가상각누계액 (차량운반구) 250,000원
 감가상각누계액 (비품) 150,000원

[23] 12월 31일 일반전표입력
(차) 인출금(자본금) 50,000원 (대) 현금과부족 50,000원

[24] 12월 31일 일반전표입력
(차)외상매출금(미국 ABCtech Corp.) 500,000원 (대) 외화환산이익 500,000원

[25] 12월 31일 일반전표입력
(차) 선급비용 200,000원 (대) 보험료(판) 200,000원

[26] 12월 31일 일반전표입력
　　　(차) 감가상각비(판)　　　　3,200,000원　　　(대) 감가상각누계액(차량운반구)　3,200,000원

[27] 12월 31일 일반전표입력
　　　(차) 선급비용　　　　　　　300,000원　　　(대) 보험료(판)　　　　　　300,000원
　　　보험료 미경과분 계산 1,200,000×3/12 = 300,000원

[28] 12월 31일 일반전표입력
　　　(차) 미수수익　　　　　　　500,000원　　　(대) 임대료(904)　　　　　500,000원

[29] 12월 31일 일반전표입력
　　　(차) 현금　　　　　　　　　51,000원　　　(대) 잡이익　　　　　　　　51,000원

[30] 12월 31일 일반전표입력
　　　(차) 이자수익　　　　　　　300,000원　　　(대) 선수수익　　　　　　300,000원

V
이론 기출문제 및 해답

chapter 1 이론 기출문제

chapter 2 해답

Chapter 1 이론 기출문제

1회 이론 기출문제

01 다음 중 재무상태표에 표시되는 계정과목이 아닌 것은?

① 개발비 ② 차입금
③ 광고선전비 ④ 자본금

02 다음 중 당좌자산에 해당하는 것은?

① 상품 ② 매출채권
③ 비품 ④ 장기투자증권

03 다음 중 단기금융상품에 대한 설명으로 가장 틀린 것은?

① 단기매매증권은 주로 단기간 내의 매매차익을 목적으로 취득한 유가증권으로서 매수와 매도가 적극적이고 빈번하게 이루어지는 것을 말한다.
② 단기금융상품은 만기가 1년 이내에 도래하는 금융상품으로 현금성자산이 아닌 것을 말한다.
③ 만기가 1년 이내에 도래하는 양도성예금증서, 종합자산관리계좌, 환매채는 단기금융상품이다.
④ 단기매매증권은 다른 범주로 재분류할 수 있고 다른 범주의 유가증권의 경우에도 단기매매증권으로 재분류할 수 있다.

04 재고자산의 매입원가에 가산하는 항목에 해당하지 않는 것은?

① 매입운임 ② 매입보험료
③ 매입에누리 ④ 매입하역료

05 다음 중 재고자산의 단가결정방법 중 선입선출법에 대한 설명으로 적절하지 않은 것은?

① 물가 상승 시 기말재고자산이 과소평가된다.
② 물량흐름과 원가흐름이 대체적으로 일치한다.
③ 기말재고자산이 현행원가에 가깝게 표시된다.
④ 물가 상승 시 이익이 과대계상된다.

06 다음 자료를 토대로 당기 중 외상으로 매출한 금액으로 옳은 것은?

·외상매출금 기초잔액 : 500,000원	·외상매출금 당기회수액 : 600,000원
·외상매출금 중 에누리액 : 10,000원	·외상매출금 기말잔액 : 300,000원

① 200,000원
② 390,000원
③ 410,000원
④ 790,000원

07 다음 중 유형자산 취득 후 수익적지출을 자본적지출로 처리한 경우 자산, 비용, 당기순이익에 미치는 영향으로 바르게 표시한 것은?

① (자산) : 과대계상, (비용) : 과소계상, (당기순이익) : 과대계상
② (자산) : 과소계상, (비용) : 과소계상, (당기순이익) : 과대계상
③ (자산) : 과소계상, (비용) : 과대계상, (당기순이익) : 과소계상
④ (자산) : 과대계상, (비용) : 과소계상, (당기순이익) : 과소계상

08 다음 중 계정잔액의 표시로 옳지 않은 것은?

09 다음 중 받을어음계정 대변에 기록되는 거래에 해당하는 것은?

① 상품 2,000,000원을 매출하고 매출처 발행 약속어음을 받다.
② 매입처에 발행한 약속어음 2,000,000원이 만기가 되어 현금으로 지급하다.
③ 외상매출금 2,000,000원을 매출처 발행 약속어음으로 받다.
④ 외상매입금 지급을 위하여 소지하고 있던 매출처 발행 약속어음 2,000,000원을 배서양도하여 외상매입금을 지급하다.

10 다음 설명 중 밑줄 친 (나)와 관련 있는 계정으로만 나열된 것은?

> 부채는 타인 자본을 나타내는 것으로 미래에 기업 외부의 권리자에게 현금이나 서비스를 지급해야 할 채무를 말하며, (가)유동 부채와 (나)비유동 부채로 분류한다.

① 외상매입금, 지급어음   ② 사채, 장기차입금
③ 선수금, 미지급금   ④ 예수금, 단기차입금

11 다음 항목 중 수익과 비용의 이연항목으로 바르게 짝지어진 것은?

① 선수수익 - 선급비용   ② 선수수익 - 미수수익
③ 미수수익 - 선급비용   ④ 미수수익 - 미지급비용

12 2022년 1월 1일에 구입한 영업용 건물(단, 취득원가 60,000,000원, 잔존가액 0원, 내용연수 10년, 결산 연 1회)에 대한 2023년 12월 31일 결산 시 정액법에 의한 감가상각비는 얼마인가?

① 5,000,000원   ② 5,500,000원
③ 6,000,000원   ④ 12,000,000원

13 다음 자료를 토대로 2023년 말 손익계산서에 보고할 대손상각비는 얼마인가?

> · 2023년 1월 1일 현재 대손충당금 잔액은 150,000원이다.
> · 2023년 5월 10일 거래처의 파산으로 매출채권 200,000원이 회수 불능 되었다.
> · 기말 매출채권 잔액 7,500,000원에 대해 1%의 대손을 설정하다.

① 25,000원   ② 75,000원
③ 105,000원   ④ 125,000원

14 다음 자료를 이용하여 당기순이익을 계산하면 얼마인가?

> · 매출액 : 10,000,000원   · 매출원가 : 5,000,000원   · 직원급여 : 1,500,000원
> · 이자비용 : 100,000원   · 접대비 : 200,000원

① 5,000,000원   ② 3,500,000원
③ 3,300,000원   ④ 3,200,000원

15 결산의 절차 중 결산 준비를 위한 예비 절차에 해당하는 것은?

① 재무상태표의 작성
② 시산표의 작성
③ 총계정원장의 마감
④ 포괄손익계산서의 작성

전산회계 2급!!

2회 이론 기출문제

01 다음 중 일정 시점 현재 기업이 보유하고 있는 경제적 자원인 자산과 경제적 의무인 부채, 그리고 자본에 대한 정보를 제공하는 재무보고서는 무엇인가?

① 손익계산서 ② 자본변동표
③ 재무상태표 ④ 현금흐름표

02 다음 중 비유동자산으로 볼 수 없는 것은?

① 단기대여금 ② 장기매출채권
③ 건물 ④ 기계장치

03 다음 자료에 의해 현금및현금성자산을 구하면 얼마인가?

| · 당좌예금 : 200,000원 | · 우표 : 100,000원 |
| · 만기도래한 사채이자표 : 120,000원 | · 배당금지급통지표 : 300,000원 |

① 500,000원 ② 620,000원
③ 600,000원 ④ 420,000원

04 선수수익으로 계상한 임대수익에 대하여 기말 결산을 수행하지 않았다. 이로 인한 영향으로 옳은 것은?

① 비용의 과대계상 ② 자산의 과소계상
③ 부채의 과소계상 ④ 수익의 과소계상

05 다음은 유형자산에 관한 설명이다. 옳지 않은 것은?

① 미래 경제적 효익이 유입될 가능성이 매우 높고 그 원가를 신뢰성 있게 측정할 수 있어야 한다.
② 토지, 건물, 구축물, 기계장치, 건설 중인 자산 등은 유형자산의 대표적인 항목이다.
③ 판매를 목적으로 보유하고 있는 자산이다.
④ 장기적으로 사용할 목적으로 물리적 형체가 있는 자산이다.

06 기계장치를 구입하면서 구입대금 250,000원, 구입한 기계장치를 운반하기 위해 지불한 비용 50,000원, 구입 후 설치비 30,000원이 발생하였다. 이후 시제품을 생산하는데 5,000원이 발생하였으며, 이 시제품을 7,000원에 판매하였다. 기계장치의 취득원가는 얼마인가?

① 328,000원
② 330,000원
③ 335,000원
④ 337,000원

07 다음은 감가상각누계액의 변화 추이에 따른 감가상각방법을 나타낸 그래프이다. (가)와 (나)에 대한 설명으로 옳은 것을 모두 고른 것은?

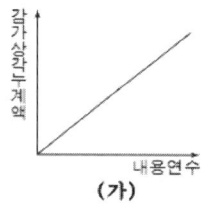
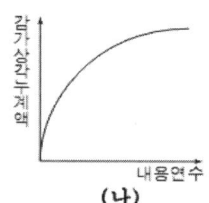

ㄱ. (가)는 자산의 예상조업도 혹은 생산량에 근거하여 감가상각액을 인식하는 방법이다.
ㄴ. (가)는 자산의 내용연수 동안 일정액의 감가상각액을 인식하는 방법이다.
ㄷ. (나)는 자산의 내용연수 동안 감가상각액이 매기간 감소하는 방법이다.

① ㄱ
② ㄴ
③ ㄱ, ㄴ
④ ㄴ, ㄷ

08 다음 중 총계정원장의 잔액이 항상 대변에 나타나는 계정은?

① 보통예금
② 수수료비용
③ 임대료
④ 외상매출금

09 다음 중 재고자산에 해당되는 것으로 올바르게 묶은 것은?

a. 사무실에서 사용하는 컴퓨터
b. 판매용 상품
c. 당사가 제조한 제품
d. 공장에서 사용하는 기계장치

① a, b
② b, c
③ c, d
④ b, d

10 2023년 12월 31일 장부를 조사하여 다음과 같은 자료를 얻었다. 기초자본은 얼마인가?

- 자산총액 : 1,500,000원
- 부채총액 : 600,000원
- 수익총액 : 400,000원
- 비용총액 : 350,000원

① 800,000원 ② 750,000원
③ 850,000원 ④ 900,000원

11 다음 중 손익계산서상 판매비와관리비에 포함될 수 없는 것은?

① 이자비용 ② 복리후생비
③ 접대비   ④ 광고선전비

12 다음은 미래상사의 상품거래와 관련된 내용이다. 판매가능금액으로 옳은 것은?

- 총매출액 : 1,000,000원
- 총매입액 : 800,000원
- 매출에누리액 : 100,000원
- 기초상품재고액 : 400,000원
- 매입에누리액 : 40,000원
- 기말상품재고액 : 450,000원

① 50,000원   ② 760,000원
③ 900,000원   ④ 1,160,000원

13 다음 중 회계의 순환 과정 순서로 올바른 것은?

a. 분개   b. 시산표작성   c. 결산수정분개
d. 거래의 발생   e. 총계정원장의 마감   f. 결산보고서 작성 절차
g. 전기(총계정원장)

① a→b→c→d→e→f→g   ② b→a→d→g→c→e→f
③ d→a→g→b→c→e→f   ④ d→a→g→c→b→f→e

14 다음 중 거래의 종류를 연결한 것으로 틀린 것은?

① 이자수익 10,000,000원을 현금으로 받다 - 손익거래
② 영업용 비품을 1,000,000원에 구입하고 대금은 현금으로 지급하다 - 교환거래
③ 보험료 2,000,000원을 현금으로 지급하다 - 손익거래
④ 영업용 건물을 10,000,000원에 구입하고 대금 중 일부는 현금으로 지급하고, 나머지 잔액은 나중에 지급하기로 하다 - 혼합거래

15 다음 계정 기입에 대한 설명으로 가장 옳은 것은?(단, 반드시 아래에 표시된 계정만으로 판단할 것.)

받을어음
8/3 현금 500,000원

① 상품 500,000원을 현금으로 매입하다.
② 받을어음 500,000원을 현금으로 회수하다.
③ 지급어음 500,000원을 현금으로 지급하다.
④ 상품 500,000원을 매출하고 거래처 발행 약속어음으로 받다.

전산회계 2급!! **3회 이론 기출문제**

01 다음 중 자산, 부채, 자본의 개념에 대한 설명으로 틀린 것은?

① 자산은 미래의 경제적 효익으로 미래 현금흐름 창출에 기여하는 잠재력을 말한다.
② 자본은 자산 총액에서 부채 총액을 차감한 잔여액 또는 순자산으로서 자산에 대한 소유주의 잔여청구권이다.
③ 부채는 과거의 거래나 사건의 결과로 미래에 자원의 유입이 예상되는 의무이다.
④ 복식부기를 적용 시 대차평균의 원리가 사용된다.

02 다음 중 비유동자산과 영업외수익으로 짝지은 것으로 옳지 않은 것은?

① 투자자산, 이자수익
② 재고자산, 기부금
③ 유형자산, 배당금수익
④ 무형자산, 임대료

03 다음 중 회계상 현금으로 처리하는 것은?

| (가) 타인발행수표 | (나) 주식 | (다) 가계수표 |
| (라) 수입인지 | (마) 약속어음 | (바) 자기앞수표 |

① (가), (다), (바)
② (가), (라), (마)
③ (가), (나), (라)
④ (가), (나), (다)

04 다음 중 손익계산서에 포함되어야 할 거래는 어떤 것인가?

① 거래처로부터 계약금을 현금수령하다.
② 전기요금을 현금으로 지급하다.
③ 토지를 매입하고 당좌수표를 지급하다.
④ 현금을 보통예금통장에 입금하다.

05 11월 5일 현금과부족계정 대변 잔액 20,000원의 원인이 단기대여금 이자수입 누락으로 판명되었다. 분개로 맞는 것은?

① 11/5 (차) 현금   20,000원   (대) 이자수익 20,000원
② 11/5 (차) 현금과부족 20,000원   (대) 현금   20,000원
③ 11/5 (차) 현금과부족 20,000원   (대) 잡이익   20,000원
④ 11/5 (차) 현금과부족 20,000원   (대) 이자수익 20,000원

06 다음은 매출채권계정에 대한 설명이다. 당기에 매출액 중에서 현금으로 회수한 금액이 300,000원 이라면 발생주의에 의한 당기매출액은 얼마인가? (매출거래는 모두 외상거래로 이루어짐.)

```
              매출채권
1/1 전기이월 200,000원 │
                      │ 12/31 차기이월 240,000원
```

① 260,000원　　　　　　　　② 340,000원
③ 440,000원　　　　　　　　④ 300,000원

07 다음은 당사의 당기 재고자산과 관련된 자료이다. 원가 흐름의 가정을 선입선출법을 적용한 경우와 총 평균법을 적용한 경우의 기말재고자산 가액의 차이는 얼마인가?

	수량	단가
기초재고(1월 1일)	10개	100원
매입(3월 10일)	20개	200원
매입(7월 25일)	30개	300원
매입(8월 20일)	40개	400원
매출(9월 15일)	30개	700원

① 3,000원　　② 4,000원　　③ 5,000원　　④ 6,000원

08 다음 중 부채계정이 아닌 것은?

① 예수금　　　　　　　　② 미지급비용
③ 단기차입금　　　　　　④ 임차보증금

09 상품을 보관하는 과정에서 파손, 마모, 도난, 분실 등으로 인하여 실제 재고수량이 장부상의 재고수량보다 적은 경우에 발생하는 손실을 처리하기 위한 계정과목으로 적절한 것은?

① 대손상각비　　　　　　② 재고자산감모손실
③ 재해손실　　　　　　　④ 잡손실

10 다음 중 거래 결합관계에서 성립할 수 없는 것은?

① (차변) 부채의 증가　(대변) 부채의 감소　　② (차변) 자산의 증가　(대변) 자본의 증가
③ (차변) 자산의 증가　(대변) 수익의 발생　　④ (차변) 비용의 발생　(대변) 자산의 감소

11 다음 자료에 의해 순매출액을 구하면 얼마인가?

- 총매출액 : 2,000,000원
- 매출에누리 : 100,000원
- 매출환입 : 300,000원
- 매출할인 : 200,000원
- 매입환출 : 50,000원

① 1,950,000원　② 1,550,000원　③ 1,500,000원　④ 1,400,000원

12 다음 중 계정기입의 설명으로 옳은 것은?

상품
현금 400,000원

① 상품을 400,000원 매출하고, 대금은 약속어음으로 받다.
② 상품을 400,000원 매출하고, 대금은 동점발행 수표로 받다.
③ 상품을 400,000원 매입하고, 대금은 현금으로 지급하다.
④ 상품을 400,000원 매입하고, 대금은 외상으로 하다.

13 다음 자료에 따라 영업이익을 계산한 것으로 옳은 것은?

- 매출액 : 5,000,000원
- 접대비 : 300,000원
- 복리후생비 : 200,000원
- 매출원가 : 2,000,000원
- 유형자산 처분손실 : 100,000원
- 이자비용 : 100,000원

① 2,300,000원　② 2,400,000원　③ 2,500,000원　④ 2,800,000원

14 다음 (가)와 (나)에 해당하는 계정과목을 〈보기〉에서 바르게 짝지은 것은?

손익의 이연	수익의 이연	(가)
	비용의 이연	(나)

〈보 기〉
ㄱ. 미수수익　ㄴ. 미지급비용　ㄷ. 선급비용　ㄹ. 선수수익

	(가)	(나)
①	ㄱ	ㄴ
②	ㄴ	ㄱ
③	ㄷ	ㄹ
④	ㄹ	ㄷ

15 아래 거래의 기입이 필요한 보조부로 올바르게 묶인 것은?

> 방탕상사에 원가 500,000원의 상품을 600,000원에 판매하고, 대금 중 400,000원은 현금으로 받고, 잔액 200,000원은 약속어음으로 받았다.
> [a. 매입장   b. 매출장   c. 현금출납장   d. 매입처원장   e. 받을어음기입장]

① b, c, e   ② a, c, e   ③ c, d, e   ④ a, b, e

전산회계 2급!! 4회 이론 기출문제

01 다음 중 자산, 부채, 자본에 대한 설명 중 틀린 것은?

① 자본은 기업실체의 자산총액에서 부채총액을 차감한 순자산을 말한다.
② 기업의 자금조달 방법에 따라 타인자본과 자기자본으로 구분하며, 부채는 자기자본에 해당한다.
③ 자산은 과거의 거래나 사건의 결과로서 현재 기업실체에 의해 지배되고 미래에 경제적 효익을 창출할 것으로 기대되는 자원을 말한다.
④ 자본은 기업실체의 자산에 대한 소유주의 잔여청구권이다.

02 다음 중 시산표 등식으로 올바른 것은?

① 기말자산 + 총수익 = 기말부채 + 기초자본 + 총비용
② 기말자산 + 총수익 = 기말부채 + 기말자본 + 총비용
③ 기말자산 + 총비용 = 기말부채 + 기초자본 + 총수익
④ 기말자산 + 총비용 = 기말부채 + 기말자본 + 총수익

03 다음 중 일반기업회계기준에서 정하고 있는 재무제표가 아닌 것은?

① 주석　　② 현금흐름표　　③ 자본변동표　　④ 합계잔액시산표

04 다음 중 물가하락 시 당기순이익이 가장 높게 계상되는 재고자산 원가 결정 방법은? (단, 재고자산의 기초재고수량과 기말재고수량이 동일하다고 가정함)

① 선입선출법　　② 이동평균법　　③ 총평균법　　④ 후입선출법

05 다음은 건물 처분과 관련된 자료이다. 건물의 처분가액은 얼마인가?

- 취득가액 : 100,000,000원
- 감가상각누계액 : 50,000,000원
- 유형자산처분이익 : 40,000,000원

① 10,000,000원　　② 80,000,000원　　③ 90,000,000원　　④ 100,000,000원

06 다음 자료에서 재무상태표에 단기투자자산 항목으로 표시되는 금액은?

| • 현금 : 50,000원 | • 보통예금 : 500,000원 | • 당좌예금 : 200,000원 |
| • 단기매매증권 : 150,000원 | • 받을어음 : 100,000원 | • 단기대여금 : 180,000원 |

① 330,000원 ② 430,000원 ③ 480,000원 ④ 1,180,000원

07 상품 매출에 대한 계약금을 거래처로부터 현금으로 받고 대변에 "상품매출"계정으로 분개하였다. 이로 인해 재무상태표와 손익계산서에 미치는 영향으로 옳은 것은?

① 자산이 과소계상 되고, 수익이 과소계상 된다.
② 자산이 과대계상 되고, 수익이 과소계상 된다.
③ 부채가 과소계상 되고, 수익이 과대계상 된다.
④ 부채가 과대계상 되고, 수익이 과대계상 된다.

08 다음 자료에 기초한 장보고회사의 매출원가와 매출 총이익은 얼마인가? (단 재고의 흐름은 선입선출법을 적용하고 있다.)

| • 기초상품 : 100개(@₩2,000) | • 당기상품매입 : 900개(@₩3,000) |
| • 당기상품판매 : 800개(@₩4,000) | |

	매출원가	매출총이익		매출원가	매출총이익
①	1,600,000원	1,600,000원	②	2,300,000원	900,000원
③	2,400,000원	800,000원	④	2,400,000원	0원

09 다음 중 재무상태표에 표시되는 매입채무 계정에 해당하는 것은?

① 외상매입금, 지급어음　　② 미수금, 미지급금
③ 외상매출금, 받을어음　　④ 가수금, 가지급금

10 다음 중 재무상태표상 당좌자산에 속하는 계정과목이 아닌 것은?

① 받을어음　　② 투자부동산　　③ 보통예금　　④ 현금

11 다음의 설명과 관련한 계정과목은?

상품 매입대금을 조기에 지급함에 따라 약정한 일정 대금을 할인받는 것.

① 매입할인　　　　　　　② 매입환출
③ 매출채권처분손실　　　④ 매입에누리

12 다음 자료에 의해 정액법으로 계산할 경우, 2023년 12월 31일 결산 이후 기계장치 장부가액은 얼마인가?

- 기계장치 취득원가 : 20,000,000원
- 잔존 가치 : 2,000,000원
- 전기 말 감가상각누계액 : 7,200,000원
- 취득 시기 : 2021년 1월 1일
- 내용 연수 : 5년

① 3,600,000원 ② 4,000,000원 ③ 9,200,000원 ④ 10,800,000원

13 다음의 상품과 관련된 지출 금액 중 상품의 취득원가에 포함할 수 없는 것은?

① 상품매입시 하역료
② 상품매입시 수수료비용
③ 상품을 수입함에 따라 발생하는 관세
④ 상품매출시 운반비

14 다음 자료에서 개인기업의 12월 31일 현재 자본금은 얼마인가?

1월 1일 현금 5,000,000원을 출자하여 영업을 개시하였다.
10월 5일 사업주가 개인사용을 목적으로 1,500,000원을 인출하였다.
12월 31일 기말 결산 시 사업주가 인출한 금액을 자본금계정으로 대체하였다.
12월 31일 기말 결산 시 당기순이익 5,000,000원이다.

① 10,000,000원 ② 8,500,000원 ③ 6,500,000원 ④ 5,000,000원

15 다음 중 연결이 바르지 않은 것은?

① 신입사원 명함인쇄비용 - 복리후생비
② 거래처 직원과의 식사비용 - 접대비
③ 직원들에 대한 컴퓨터 교육에 대한 강사비 지출 - 교육훈련비
④ 단기차입금에 대한 이자 지급 - 이자비용

5회 이론 기출문제

01 다음 거래를 분개할 경우 (가), (나)의 계정과목이 올바르게 짝지어진 것은?

> 우현상사는 거래처에서 컴퓨터 10대(@₩800,000)를 8,000,000원에 매입하고 당사 발행 약속어음으로 지급하였다(단, 5대는 판매용, 5대는 영업부의 업무용으로 구입 함).
> (차변) 상   품 4,000,000원   (대변)   (가)   4,000,000원
> (차변) 비   품 4,000,000원   (대변)   (나)   4,000,000원

① (가) - 지급어음, (나) - 지급어음
② (가) - 미지급금, (나) - 미지급금
③ (가) - 미지급금, (나) - 지급어음
④ (가) - 지급어음, (나) - 미지급금

02 다음 중 계정의 증가, 감소, 발생, 소멸을 나타낸 것으로 잘못된 것은?

① 외상매입금
   감소 | 증가

② 외상매출금
   감소 | 증가

③ 차입금
   감소 | 증가

④ 이자수익
   소멸 | 발생

03 다음 중 현금및현금성자산 항목에 해당되지 않는 것은?

① 보통예금
② 타인발행수표
③ 취득당시 만기가 5개월인 채권
④ 배당금지급통지서

04 다음 중 총계정원장의 기록이 오류가 있는지 여부를 파악하는 검증기능을 갖는 것은?

① 시산표   ② 재무상태표   ③ 분개장   ④ 현금출납장

05 다음 중 재무상태표에 관한 설명으로 가장 적절한 것은?

① 일정기간동안 기업의 경영성과에 대한 정보를 제공하는 재무보고서이다.
② 기업 자본의 크기와 그 변동에 관한 정보를 제공하는 재무보고서이다.
③ 일정기간동안 기업의 현금유입과 현금유출에 대한 정보를 제공하는 재무보고서이다.
④ 일정시점 현재 기업이 보유하고 있는 자산과 부채, 그리고 자본에 대한 정보를 제공하는 재무보고서이다.

06 2023년 4월 1일에 구입한 시설 장치(단, 취득원가 30,000,000원, 잔존가액 0원, 내용연수 10년, 결산 연 1회)에 대한 2023년 12월 31일 결산 시 정액법으로 계산한 감가상각비는 얼마인가?

① 2,250,000원　② 3,000,000원　③ 4,500,000원　④ 6,000,000원

07 다음 중 재무상태표에 표시되는 계정과목이 아닌 것은?

① 기부금　② 영업권　③ 개발비　④ 자본금

08 다음 중 당좌자산에 해당하지 않는 것은?

① 단기투자자산　② 매출채권　③ 선급비용　④ 재공품

09 다음 자료를 이용하여 8월 31일 현재 월말상품재고액을 선입선출법에 의해 계산하면 얼마인가?

> A상품에 대한 거래 내역(단, 월초 A상품 재고는 없다.)
> · 8월 2일 : 매입 800개(550원/개)
> · 8월 20일 : 매입 350개(540원/개)
> · 8월 25일 : 매출 900개(750원/개)

① 110,000원　② 135,000원　③ 187,500원　④ 189,000원

10 다음은 한국상사의 자료이다. 당기 총수익으로 옳은 것은?

> · 기초자본 : 200,000원　· 기말자본 : 1,000,000원
> · 추가출자액 : 100,000원　· 총비용 : 3,000,000원

① 3,500,000원　② 3,600,000원　③ 3,700,000원　④ 3,800,000원

11 다음 설명의 (Ⓐ), (Ⓑ)의 내용으로 옳은 것은?

> 정상적인 영업과정에서 판매할 목적으로 자산을 취득하면 (Ⓐ)으로, 시세차익을 목적으로 자산을 취득하면 (Ⓑ)으로 처리한다.

	Ⓐ	Ⓑ		Ⓐ	Ⓑ
①	투자자산	유형자산	②	재고자산	투자자산
③	무형자산	당좌자산	④	유형자산	비유동자산

12 손익계산서상의 계정과목 중 영업외비용에 해당하는 항목은?

① 접대비　　　② 복리후생비　　　③ 기부금　　　④ 세금과공과

13 다음 거래 중 8월 3일 거래 분개 시 차변에 올 수 있는 계정과목은?

> 1월 1일 : 현금 10,000,000원을 출자하여 영업을 개시하였다.
> 8월 3일 : 사업주가 사업주 자녀 등록금 납입을 위해 3,500,000원을 인출하였다.
> 12월 31일 : 기말 결산시 사업주가 인출한 금액을 자본금계정으로 대체하였다.

① 단기대여금　　　② 단기차입금　　　③ 자본금　　　④ 인출금

14 자산과 자본이 다음과 같을 때 부채총액은 얼마인가?

> ・상품 : 400,000원　・건물 : 500,000원　・차량운반구 : 150,000원　・자본금 : 500,000원

① 400,000원　　　② 550,000원　　　③ 650,000원　　　④ 900,000원

15 다음은 부채에 대한 설명이다. 가장 옳지 않은 것은?

① 외상매입금은 일반적 상거래에서 발생하는 채무이다.
② 선수금은 상품을 주문받고 대금의 일부를 계약금으로 수취하였을 때 처리하는 계정과목이다.
③ 가지급금은 미래에 특정한 사건에 의해 외부로 지출하여야 할 금액을 기업이 급여 등을 지급 시 종업원등으로부터 미리 받아 일시적으로 보관하는 금액을 처리하는 계정과목에 해당한다.
④ 가수금은 현금의 수입이 발생하였으나 처리할 계정과목이나 금액이 확정되지 않은 경우 계정과목이나 금액이 확정될 때까지 일시적으로 처리하는 계정과목이다.

chapter 1. 이론 기출문제

전산회계 2급!! 6회 이론 기출문제

01 다음 중 계정잔액의 표시가 틀린 것은?

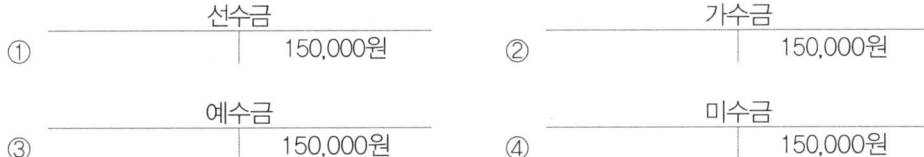

02 다음 자료는 12월 31일 현재 재무상태표의 각 계정의 잔액이다. 단기차입금은 얼마인가?

• 미 수 금 : 550,000원	• 외상매출금 : 250,000원	• 단기차입금 : ?
• 미지급비용 : 150,000원	• 선 급 금 : 130,000원	• 자 본 금 : 300,000원

① 540,000원   ② 500,000원   ③ 480,000원   ④ 460,000원

03 다음 자료에서 유동성배열법에 의한 자산 계정의 배열 순서가 옳은 것은?

(가) 비품   (나) 상품   (다) 현금   (라) 영업권

① (다) - (나) - (가) - (라)   ② (다) - (가) - (라) - (나)
③ (다) - (가) - (나) - (라)   ④ (다) - (나) - (라) - (가)

04 다음 중 경영성과에 영향을 미치는 거래는?

① 미지급금을 보통예금으로 지급하다.   ② 미지급금을 약속어음을 발행하여 지급하다.
③ 예수금을 현금으로 지급하다.   ④ 차입금에 대한 이자를 현금으로 지급하다.

05 다음 자료를 기초로 판매비와관리비를 계산하면 얼마인가?

• 기부금 : 400,000원	• 급여 : 2,500,000원
• 복리후생비 : 600,000원	• 소모품비 : 300,000원

① 2,900,000원   ② 3,400,000원   ③ 3,500,000원   ④ 3,800,000원

06 다음 중 분개 시 차변에 기입해야 하는 계정과목은?

> 기중 현금시재액이 5,000원 부족한 것을 발견하였다.

① 잡이익　　② 현금　　③ 잡손실　　④ 현금과부족

07 다음 중 유동부채 계정과목만 짝지어진 것은?

① 미수금, 선수금, 외상매입금, 받을어음
② 미지급금, 선수금, 외상매입금, 지급어음
③ 미수금, 선급금, 외상매출금, 받을어음
④ 미지급금, 선급금, 외상매출금, 지급어음

08 재화의 생산, 용역의 제공, 타인에 대한 임대 또는 자체적으로 사용할 목적으로 보유하는 물리적 형체가 있는 자산으로서, 1년을 초과하여 사용할 것이 예상되는 자산은?

① 건설중인 자산　　② 상품
③ 투자부동산　　④ 산업재산권

09 다음 거래에 대한 기말 분개로 가장 옳은 것은?

> 12월 31일 결산 시 외상매출금 잔액 10,000,000원에 대해 2%의 대손을 예상하였다.
> 단, 당사는 보충법을 사용하고 있으며 기말 분개 전 대손충당금 잔액은 100,000원이 계상되어 있다.

① (차) 대손충당금 100,000원　(대) 대손상각비 100,000원
② (차) 대손상각비 50,000원　(대) 대손충당금 50,000원
③ (차) 대손상각비 100,000원　(대) 외상매출금 100,000원
④ (차) 대손상각비 100,000원　(대) 대손충당금 100,000원

10 다음 중 일반 기업회계기준의 손익계산서 작성기준에 대한 설명으로 가장 잘못된 것은?

① 수익과 비용은 순액으로 기재함을 원칙으로 한다.
② 수익은 실현시기를 기준으로 인식한다.
③ 비용은 관련 수익이 인식된 기간에 인식한다.
④ 수익과 비용의 인식기준은 발생주의를 원칙으로 한다.

11 다음 자료에 의하여 기말부채(가)와 기말자본(나)을 계산하면 얼마인가?

| ・기초자산 : 1,000,000원 | ・기말자산 : 900,000원 | ・기초부채 : 400,000원 |
| ・총수익 : 500,000원 | ・총비용 : 700,000원 | |

① (가) 100,000원 (나) 800,000원   ② (가) 500,000원 (나) 400,000원
③ (가) 400,000원 (나) 300,000원   ④ (가) 600,000원 (나) 300,000원

12 다음 중 비용의 이연에 해당하는 계정과목은?

① 선수수익   ② 미수수익   ③ 선급비용   ④ 미지급비용

13 다음 자료에 의하여 매출원가를 구하면 얼마인가?

| ・기초상품재고액 : 900,000원 | ・당기총매입액 : 2,000,000원 | ・기말상품재고액 : 300,000원 |
| ・상품매입시운반비 : 50,000원 | ・매입환출 및 에누리 : 100,000원 | ・매입할인 : 50,000원 |

① 2,300,000원   ② 2,400,000원   ③ 2,500,000원   ④ 2,600,000원

14 다음 중 통화대용증권으로 분류할 수 없는 것은?

① 자기앞수표   ② 당점발행수표   ③ 국공채만기이자표   ④ 송금수표

15 다음 거래 내용 중 발생할 수 있는 계정과목이 아닌 것은?

기업에서 사용 중이던 차량을 5,000,000원에 매각하고 전액 한 달 뒤에 받기로 하였다.
이 차량의 취득원가는 20,000,000원이며, 그 동안의 감가상각누계액은 16,000,000원이다.

① 외상매출금   ② 감가상각누계액   ③ 유형자산처분이익   ④ 차량운반구

7회 이론 기출문제

01 다음 중 장부를 기록하는 방법에 대한 설명이 틀린 것은?

① 부기는 기록, 계산하는 방법에 따라 단식부기와 복식부기로 분류된다.
② 복식부기는 일정한 원리나 원칙에 따라 현금이나 재화의 증감은 물론 손익의 발생을 조직적으로 계산하는 부기이다.
③ 복식부기는 대차평균의 원리에 의하여 오류를 자동으로 검증하는 자기검증기능이 있다.
④ 복식부기는 일정한 원리원칙이 없이 재산의 증가 감소를 중심으로 기록하며 손익의 원인을 계산하지 않는 부기이다.

02 다음 중 외상대금의 조기 회수로 인한 매출할인을 당기 총매출액에서 차감하지 않고 영업 외 비용으로 처리하였을 경우 손익계산서상 매출 총이익과 당기순이익에 미치는 영향으로 옳은 것은?

	매출총이익	당기순이익		매출총이익	당기순이익
①	과소계상	과대계상	②	과소계상	불 변
③	과대계상	불 변	④	과대계상	과소계상

03 다음 중 현금 및 현금성자산에 포함되는 것은?

① 매출채권 ② 우표
③ 타인발행수표 ④ 선일자수표

04 다음 거래의 회계처리에 대한 설명으로 옳은 것은?

• 장기 보유 목적으로 ㈜문정의 주식(1주당 액면금액 1,000원) 100주를 액면금액으로 매입하고 수수료 10,000원과 함께 자기앞수표로 지급하다.

① 영업외비용이 10,000원 증가한다. ② 투자자산이 110,000원 증가한다.
③ 만기보유증권이 110,000원 증가한다. ④ 유동자산이 10,000원 감소한다.

05 합계잔액시산표상 혼합 상품계정에 대한 자료는 다음과 같다. 상품매출원가는 얼마인가?

- 차변 : 5,000,000원
- 기말상품재고액 : 750,000원

① 3,250,000원　　　　　　　　② 4,250,000원
③ 4,500,000원　　　　　　　　④ 5,000,000원

06 다음 중 재고자산의 취득원가에 가산되는 항목은?

① 매입에누리　　　　　　　　② 매입환출
③ 매입할인　　　　　　　　　④ 매입운임

07 2023년 7월 1일에 구입한 영업용 건물(취득원가 70,000,000원, 잔존가액 20,000,000원, 내용연수 10년, 결산 연 1회)에 대한 2023년 12월 31일 결산 시 정액법에 의한 감가상각비는 얼마인가?(단, 감가상각은 월할상각한다.)

① 2,500,000원　　　　　　　　② 3,500,000원
③ 5,000,000원　　　　　　　　④ 7,000,000원

08 다음 내용을 모두 포함하는 계정과목은 무엇인가?

- 기업의 영업활동에 장기간 사용되며, 기업이 통제하고 있다.
- 물리적 형체가 없으나 식별 가능하다.
- 미래의 경제적 효익이 있다.

① 실용신안권　　　　　　　　② 선수금
③ 기계장치　　　　　　　　　④ 재고자산

09 다음과 같은 결합관계에 해당하는 거래로 옳지 않은 것은?

　　　　　　(차변) 부채의 감소　　　(대변) 자산의 감소

① 현금 2,000,000원을 단기간 차입하다.
② 미지급금 100,000원을 현금으로 지급하다.
③ 외상매입금 500,000원을 현금으로 상환하다.
④ 예수금 200,000원을 보통예금 계좌에서 이체하여 지급하다.

10 전자부품을 도소매하는 회사의 경우, 다음의 계정과목들 중 (　)에 들어올 수 없는 항목은?

| (차) 차량운반구　20,000,000원　　(대) (　　　)　20,000,000원 |

① 현금　　　　　　　　　　　　② 미지급금
③ 보통예금　　　　　　　　　　④ 외상매입금

11 다음과 같은 자료에서 당기의 추가출자액은 얼마인가?

- 기초자본금 : 10,000,000원
- 기말자본금 : 10,000,000원
- 기업주의 자본인출액 : 4,000,000원
- 당기순이익 : 2,000,000원

① 2,000,000원　　　　　　　　② 4,000,000원
③ 6,000,000원　　　　　　　　④ 10,000,000원

12 다음 자료를 토대로 2023년 말 손익계산서에 보고할 대손상각비는 얼마인가?

- 2023년 1월 1일 현재 대손충당금 잔액은 150,000원이다.
- 2023년 7월 10일 거래처의 파산으로 매출채권 200,000원이 회수불능 되었다.
- 기말 매출채권 잔액 7,500,000원에 대해 1%의 대손을 설정하다.

① 25,000원　　　　　　　　　② 75,000원
③ 105,000원　　　　　　　　　④ 125,000원

13 다음 중 기말결산 수정정리사항이 아닌 것은?

① 미지급비용의 인식　　　　　② 기타채권에 대한 대손의 추정
③ 유가증권 처분에 따른 손익 인식　　④ 건물의 감가상각

14 다음 중 손익계산서에 표시되는 항목으로 옳은 것은?

① 유동자산　　　　　　　　　　② 자본금
③ 매출원가　　　　　　　　　　④ 비유동부채

15 다음 등식 중 잘못된 것은?

① 기초부채 + 기초자본 = 기초자산　　② 기말자산 - 기초자본 = 순손익
③ 총비용 + 순손익 = 총수익　　　　　④ 자산 + 비용 = 부채 + 자본 + 수익

chapter 1. 이론 기출문제

전산회계 2급!! 8회 이론 기출문제

01 다음 자료에 의한 기말부채(가)와 기말자본금(나)을 계산하면 얼마인가?

- 기초자산 : 600,000원
- 기말자산 : 800,000원
- 기초부채 : 200,000원
- 총수익 : 900,000원
- 총비용 : 700,000원

① (가) 600,000원 (나) 200,000원 ② (가) 200,000원 (나) 600,000원
③ (가) 400,000원 (나) 300,000원 ④ (가) 600,000원 (나) 300,000원

02 다음 중 재무상태표에 포함되어야 하는 사항이 아닌 것은?

① 기업명   ② 금액단위   ③ 보고통화   ④ 회계기간

03 다음 계정과목들 중 그 성격이 다른 것은?

① 가지급금   ② 미지급금   ③ 선수금   ④ 외상매입금

04 다음과 같이 주어진 자료에서 당기의 외상매출금 현금회수액은 얼마인가?

- 외상매출금 기초잔액 : 5,000,000원
- 당기에 발생한 외상매출액 : 13,000,000원
- 외상매출금 기말잔액 : 3,000,000원
- 당기에 외상매출금을 받을어음으로 대체한 금액 : 10,000,000원

① 13,000,000원   ② 10,000,000원   ③ 5,000,000원   ④ 3,000,000원

05 결산 결과 당기순이익 500,000원이 발생하였으나, 기말 정리 사항이 다음과 같이 누락되었다. 수정 후의 당기순이익은 얼마인가?

- 임대료 미수분 50,000원을 계상하지 않았다.
- 단기차입금에 대한 이자 미지급액 10,000원을 계상하지 않았다.

① 460,000원   ② 495,000원   ③ 505,000원   ④ 540,000원

06 다음 자료를 활용하여 기초상품 재고액을 바르게 계산한 것은? (단, 주어진 자료만 고려한다)

- 매출원가 : 540,000원
- 총매출액 : 1,000,000원
- 총매입액 : 550,000원
- 매출에누리 : 100,000원
- 매입할인 : 50,000원
- 기말상품재고액 : 120,000원

① 100,000원   ② 160,000원   ③ 500,000원   ④ 900,000원

07 다음은 사용하던 업무용 차량의 처분과 관련된 자료이다. 가장 거리가 먼 것은?

- 취득가액 : 25,000,000원
- 감가상각누계액 : 14,000,000원
- 매각대금 : 10,000,000원
- 매각대금결제 : 전액 외상

① 이 차량의 장부가액은 25,000,000원이다.
② 매각대금 10,000,000원의 처리계정은 미수금이다.
③ 감가상각누계액 14,000,000원은 이전에 비용처리 되었다.
④ 이 차량의 매각으로 1,000,000원의 유형자산처분손실이 발생했다.

08 다음과 같은 비유동자산들의 특징을 틀리게 설명한 것은?

- 토지   · 건물   · 비품   · 차량운반구   · 기계장치   · 구축물

① 보고기간 종료일로부터 1년 이상 장기간 사용가능한 자산
② 판매 목적의 자산
③ 물리적형태가 있는 자산
④ 타인에 대한 임대 또는 자체적으로 사용할 목적의 자산

09 다음 중 재고자산의 매입원가에 가산하는 항목에 해당하지 않는 것은?

① 매입운임   ② 매입보험료   ③ 매입하역료   ④ 매입할인

10 우진상사의 기말 재무상태표에 계상되어 있는 미지급된 보험료는 10,000원이며(기초 미지급된 보험료는 없음), 당기 발생되어 기말 손익계산서에 계상되어 있는 보험료가 40,000원일 때 당기에 지급한 보험료는 얼마인가?

① 12,000원   ② 20,000원   ③ 30,000원   ④ 40,000원

11 다음 중 자본금계정이 차변에 나타나는 것은?

① 현금 5,000,000원을 출자하여 영업을 개시하다.
② 기중에 현금 5,000,000원 추가 출자하다.
③ 기말 결산 시 인출금 3,000,000원을 정리하다.
④ 기말 결산 시 당기순이익 300,000원을 자본금계정으로 대체하다.

12 다음 중 비용의 이연에 해당하는 계정과목은?

① 선수수익 ② 미지급비용 ③ 미수수익 ④ 선급비용

13 다음과 같은 거래 요소의 결합관계로 이루어지는 거래는?

| (차변) 자산의 증가 | (대변) 자산의 감소 |

① 거래처 경조사비로 200,000원을 보통예금에서 계좌이체하다.
② 보통예금 50,000,000원을 출자하여 영업을 개시하다.
③ 사무실 임차보증금 3,000,000원을 보통예금에서 지급하다.
④ 사무실에서 사용할 컴퓨터를 1,000,000원에 구매하고 신용카드로 결제하다.

14 다음 거래와 관련이 있는 계정과목은?

기말 현재, 미국 하이사의 외상매출금 $1,000에 대하여 외화평가를 하다. (매출 시 환율 1,300원/$, 기말 평가 시 환율 1,000원/$)

① 외환차손 ② 외화환산손실
③ 외환차익 ④ 외화환산이익

15 다음 중 대여금에 대한 대손상각비를 판매비와 관리비 항목에 포함하여 처리하였을 경우 일반 기업회계기준으로 판단할 때, 손익계산서에 미치는 영향으로 옳은 것은?

① 영업이익은 과소계상 되었으나 당기순이익에는 변함없다.
② 기업의 매출 활동 결과인 매출 총이익에 영향을 미친다.
③ 기업회계기준에 따라 정상 처리되었다.
④ 당기순이익 계산에 영향을 미친다.

9회 이론 기출문제

01 다음은 재무상태표 작성기준에 대한 설명이다. 틀린 것은?

① 재무상태표의 계정과목은 유동성이 낮은 순서대로 배열한다.
② 재무상태표에서 자산·부채·자본은 총액 표시를 원칙으로 한다.
③ 자본 항목 중 잉여금은 자본잉여금과 이익잉여금으로 구분하여 표시한다.
④ 자산과 부채는 원칙적으로 결산일 현재 1년을 기준으로 유동항목과 비유동항목으로 구분하여 표시한다.

02 다음 중 회계 상 거래를 모두 고른 것은?

· 영미실업은 ㉠ 종업원을 추가로 채용하고 ㉡ 건물을 추가로 사용하기 위해 임대차계약을 체결하였으며 ㉢ 영업용 자동차 1대를 현금으로 매입하였다. 또한, ㉣ 1천만 원의 상품을 추가로 주문하였고, ㉤ 바른은행에서 현금 2천만 원을 3년간 차입하였다.

① ㉢, ㉤   ② ㉠, ㉣   ③ ㉠, ㉡   ④ ㉣, ㉤

03 다음 중 회계정보의 내부 이용자에 속하는 이해관계자로 옳은 것은?

① 고객   ② 정부   ③ 경영자   ④ 채권자

04 다음 거래에서 표시될 수 없는 계정과목은?

· 11월 30일 상품 1,100,000원을 지니상사에 외상으로 판매하고 운송비 140,000원을 국민은행 보통예금으로 지급하였다.

① 외상매출금   ② 상품매출   ③ 보통예금   ④ 외상매입금

05 다음 자료에 의하여 재무상태표에 표시되는 당좌자산을 계산하면 얼마인가?

· 현　금 : 200,000원　　· 보통예금 : 300,000원　　· 외상매출금 : 600,000원
· 예수금 : 50,000원　　· 지급어음 : 100,000원　　· 단기대여금 : 180,000원

① 1,100,000원   ② 1,230,000원   ③ 1,280,000원   ④ 1,330,000원

06 다음에서 설명하고 있는 자산에 해당하지 않는 것은?

> 1. 한국은행에서 발행된 지폐나 주화
> 2. 통화와 언제든지 교환할 수 있는 통화 대용 증권

① 자기앞수표 ② 우편환증서
③ 배당금지급통지표 ④ 수입인지

07 기말재고자산을 과소평가한 경우 나타나는 현상으로 옳은 것은?

	매출원가	당기순이익		매출원가	당기순이익
①	과대계상	과대계상	②	과대계상	과소계상
③	과소계상	과대계상	④	과소계상	과소계상

08 다음 거래 내용에서 기록되어야 할 보조부가 아닌 것은?

> • 상품을 600,000원에 매출하고, 대금은 동점 발행 당좌수표로 회수하다.

① 매출장 ② 당좌예금출납장
③ 현금출납장 ④ 상품재고장

09 다음의 자산 중 감가상각의 대상이 아닌 것은?

① 건물 ② 차량운반구 ③ 기계장치 ④ 임차보증금

10 자본적 지출을 수익적 지출로 잘못 회계 처리한 경우, 이로 인해 발생하는 영향으로 바른 것은?

① 자산은 증가하고 이익은 감소한다. ② 자산은 증가하고 이익은 증가한다.
③ 자산은 감소하고 이익은 감소한다. ④ 자산은 감소하고 이익은 증가한다.

11 다음 계정과목 중 재무제표상 분류 기준 항목이 다른 것은?

① 예수금 ② 미지급금 ③ 미수수익 ④ 미지급비용

12 다음 거래를 회계 처리 시 차변 계정과목으로 옳은 것은?

> 기업주가 매출처로부터 외상매출금 1,000,000원을 현금으로 회수하여 개인적 용도로 사용하다.

① 보통예금 ② 인출금 ③ 단기차입금 ④ 외상매출금

13 다음 중 수익의 이연에 해당하는 계정과목은?

① 미수수익　　　② 선수수익　　　③ 미지급비용　　　④ 선급비용

14 다음 중 세금과공과 계정으로 처리할 수 없는 것은?

① 적십자 회비
② 회사 소유 건물에 대한 재산세
③ 업무용 승용차에 대한 자동차세
④ 건물 구입 시 지급한 취득세

15 다음 자료에 의하여 2023년 말 손익계산서에 계상될 감가상각비는 얼마인가?

- 기계장치 취득원가 : 11,000,000원
- 잔존가치 : 1,000,000원
- 감가상각방법 : 정액법
- 취득시기 : 2023년 1월 1일
- 내용연수 : 5년

① 2,000,000원　　② 2,200,000원　　③ 4,510,000원　　④ 4,961,000원

10회 이론 기출문제

전산회계 2급!!

01 다음 설명 중 잘못된 것은?

① 자산은 과거의 거래나 사건의 결과로서 현재 기업실체에 의해 지배되고 미래에 경제적 효익을 창출할 것으로 기대되는 자원이다.
② 기업의 자금조달 방법에 따라 타인자본과 자기자본으로 구분된다. 부채는 자기자본에 해당되며, 타인으로부터 빌린 빚을 말한다.
③ 자본은 기업실체의 자산총액에서 부채총액을 차감한 잔여액 또는 순자산을 말한다.
④ 비용은 기업실체의 경영활동과 관련된 재화의 판매 또는 용역의 제공 등에 따라 발생하는 자산의 유출이나 사용 또는 부채의 증가이다.

02 다음 중 회계의 순환과정을 올바르게 나열한 것은?

| ㉠ 시산표 작성 | ㉡ 재무제표 작성 | ㉢ 거래의 발생 |
| ㉣ 총계정원장 기입 | ㉤ 분개장 기입 | |

① ㉠ → ㉢ → ㉤ → ㉣ → ㉡
② ㉢ → ㉣ → ㉤ → ㉠ → ㉡
③ ㉢ → ㉤ → ㉠ → ㉣ → ㉡
④ ㉢ → ㉠ → ㉤ → ㉣ → ㉡

03 다음 중 잔액시산표에서 잔액이 대변에 나타나는 계정과목으로 옳은 것은?

① 개발비　　② 영업권　　③ 자본금　　④ 장기대여금

04 다음 중 결산 절차 (가)에 해당하는 내용으로 옳은 것은?

결산 예비 절차 → 결산 본 절차 → (가)

① 시산표 작성　　　　② 분개장 마감
③ 총계정원장 마감　　④ 재무상태표 작성

05 다음은 유동자산의 분류이다. (ㄱ)에 해당하는 계정과목으로 적절한 것은?

> • 유동자산은 (ㄱ)과 재고자산으로 구성된다.

① 상품
② 장기금융상품
③ 외상매출금
④ 토지

06 다음 자료에 의하여 당기 외상매출금 기말잔액을 계산한 금액은 얼마인가?

> • 외상매출금 기초잔액 : 500,000원
> • 당기 외상매출액 : 700,000원
> • 외상매출금 중 환입액 : 30,000원
> • 외상매출금 당기 회수액 : 300,000원

① 800,000원 ② 870,000원 ③ 900,000원 ④ 930,000원

07 유형자산의 취득 또는 완성 후의 지출이 유형자산으로 인식되기 위한 조건을 충족한 자본적 지출로 처리해야 하는 경우가 아닌 것은?

① 내용연수 연장
② 상당한 원가절감
③ 생산능력 증대
④ 수선유지를 위한 지출

08 판매용 TV 10대(@₩1,000,000원)를 구입하면서 어음을 발행(3개월 후 지급조건) 하여 교부하였을 경우, 올바른 분개(계정과목)는?

① (차) 비품 10,000,000원   (대) 지급어음 10,000,000원
② (차) 비품 10,000,000원   (대) 미지급금 10,000,000원
③ (차) 상품 10,000,000원   (대) 지급어음 10,000,000원
④ (차) 상품 10,000,000원   (대) 미지급금 10,000,000원

09 다음 중 유형자산으로 분류할 수 없는 것은?

① 전화기 생산업체가 보유하고 있는 조립용 기계장치
② 생수업체가 사용하고 있는 운반용 차량운반구
③ 핸드폰 판매회사가 사용하는 영업장 건물
④ 자동차 판매회사가 보유하고 있는 판매용 승용 자동차

10 2023년 10월 1일에 구입한 영업용 차량(단, 취득원가 25,000,000원, 잔존가액 1,000,000원, 내용연수 10년, 결산 연 1회)에 대한 2023년 12월 31일 결산 시 정액법으로 계산한 감가상각비는 얼마인가?

① 600,000원 ② 625,000원 ③ 1,875,000원 ④ 2,400,000원

11 다음 계정과목 중 성격(소속구분)이 다른 하나는?

① 매입채무 ② 미지급금
③ 장기차입금 ④ 유동성장기부채

12 다음 자료에서 A 개인기업의 2023년 12월 31일 현재 자본금은 얼마인가?

- 1월 1일 현금 51,000,000원을 출자하여 영업을 개시하였다.
- 9월 15일 사업주가 개인사용을 목적으로 1,910,000원을 인출하였다.
- 12월 31일 기말 결산 시 사업주가 인출한 금액을 자본금계정으로 대체하였다.
- 12월 31일 기말 결산 시 당기순이익 6,200,000원이다.

① 49,090,000원 ② 51,000,000원 ③ 55,290,000원 ④ 57,200,000원

13 다음의 계정과목 중 영업이익에 영향을 주지 않는 것은?

① 접대비 ② 감가상각비 ③ 유형자산처분손실 ④ 대손상각비

14 다음 자료를 참고로 적절한 회계처리는?

- 4월 2일 매출처 A사의 부도로 매출채권 2,000,000원이 회수 불가능하여 대손처리하였다(대손충당금 잔액은 930,000원으로 확인됨).

① (차) 대손상각비 2,000,000원   (대) 매출채권 2,000,000원

② (차) 대손충당금   930,000원   (대) 매출채권 2,000,000원
     대손상각비 1,070,000원

③ (차) 대손충당금   930,000원   (대) 매출채권   930,000원

④ (차) 대손상각비 1,070,000원   (대) 매출채권 1,070,000원

15 다음 자료에 의하여 영업 외 비용을 계산하면 얼마인가?

| ·이자비용 : 100,000원 | ·복리후생비 : 120,000원 | ·통신비 : 150,000원 |
| ·잡 손 실 : 170,000원 | ·임 차 료 : 210,000원 | ·기부금 : 110,000원 |

① 270,000원　　② 380,000원　　③ 480,000원　　④ 650,000원

Chapter 2 해답

전산회계2급   1회 이론 기출문제 해답

01	02	03	04	05	06	07	08	09	10	11	12	13	14	15
3	2	4	3	1	3	1	1	4	2	1	3	4	4	2

1. ③ 비용은 손익계산서에 표시되는 계정과목이다.

2. ② 매출채권은 당좌자산에 해당한다. 한편, 상품은 재고자산, 비품은 유형자산, 매도가능증권은 투자자산에 해당한다.

3. ④ 단기매매증권은 다른 범주로 재분류할 수 없다.

4. ③ 재고자산의 매입원가는 매입금액에 매입운임, 하역료 및 보험료 등 취득과정에서 정상적으로 발생한 부대원가를 가산한 금액이다. 매입과 관련된 할인, 에누리 및 기타 유사한 항목은 매입원가에서 차감한다.

5. ① 후입선출법에 대한 설명이다.

6. ③

외상매출금	
기초잔액 500,000원	당기 회수액 600,000원 에 누 리 액 10,000원 기 말 잔 액 300,000원

7. ① 비용의 과소계상은 당기순이익의 과대계상 또한 비용을 자산으로 인식하였으므로 자산 과대계상(자산: 과대계상, 비용: 과소계상, 당기순이익: 과대계상)

8. ① 건물은 자산계정으로서 잔액이 차변에 남고, ②, ③, ④는 부채계정으로서 잔액이 대변에 남는다.

9. ④ *받을어음의 할인, 받을어음 금액 회수, 받을어음 배서양도는 받을어음계정 대변에 회계 처리한다.
   *① (차) 받을어음   2,000,000원   (대) 상품매출   2,000,000원
    ② (차) 지급어음   2,000,000원   (대) 현금   2,000,000원
    ③ (차) 받을어음   2,000,000원   (대) 외상매출금 2,000,000원
    ④ (차) 외상매입금 2,000,000원   (대) 받을어음   2,000,000원

10. ② 회계에서는 1년 또는 정상 영업주기 내에 현금으로 결제할 부채를 유동부채, 그 외의 부채를 비유동부채라고 한다. 비유동부채는 사채, 장기차입금, 퇴직급여충당부채, 이연법인세부채 등이 있다.

11. ① 수익의 이연은 선수수익, 비용의 이연은 선급비용, 수익의 발생은 미수수익, 비용의 발생은 미지급비용

12. ③ *정액법에 의한 당기 감가상각비 계산
    정액법 = (취득원가 - 잔존가액) ÷ 내용연수
          = (60,000,000원 - 0) ÷ 10
          = 6,000,000원 (1년간 감가상각비)

13. ④ 5월 10일 회계처리 :
    (차) 대손충당금   150,000원   (대) 매출채권   200,000원
    (차) 대손상각비   50,000원

    기말 회계처리 :
    (차) 대손상각비   75,000원   (대) 대손충당금   75,000원
    2023년 말 손익계산서에 보고할 대손상각비는 50,000원 + 75,000원 = 125,000원

14. ④ 당기순이익 = 매출액 - 매출원가 - 판매비와관리비 + 영업외수익 - 영업외비용
    10,000,000원 - 5,000,000원 -(1,500,000원 + 200,000원) + 0원 - 100,000원 = 3,200,000원이다.

15. ② 예비절차: 시산표 작성, 재고조사표 작성, 결산정리, 정산표 작성

전산회계2급 2회 이론 기출문제 해답

01	02	03	04	05	06	07	08	09	10	11	12	13	14	15
3	1	2	4	3	1	4	3	2	3	1	4	3	4	2

1. ③ 재무상태표는 일정 시점 현재 기업이 보유하고 있는 경제적 자원인 자산과 경제적 의무인 부채, 그리고 자본에 대한 정보를 제공하는 재무보고서로서, 정보이용자들이 기업의 유동성, 재무적 탄력성, 수익성과 위험 등을 평가하는 데 유용한 정보를 제공한다.

2. ① 단기대여금은 유동자산에 해당한다.

3. ② 당좌예금(200,000원) + 만기도래한사채이자표(120,000원) + 배당금지급통지표(300,000원) = 620,000원

4. ④ 임대수익을 계상하지 않았으므로 수익의 과소계상이 발생

5. ③ 재고자산에 관한 설명이다.

6. ① 유형자산의 취득원가는 구입가격과 구입 시부터 사용 가능한 상태가 될 때까지 획득에 직접 관련된 추가적 지출도 포함한다.
   취득원가(328,000원) = 250,000원 + 50,000원 + 30,000원 - (7,000원 - 5,000원)

7. ④ ㄱ은 생산량비례법에 의한 감가상각액을 의미하며, (가)는 정액법에 의한 감가상각방법, (나)는 체감잔액법과 연수합계법에 의한 감가상각방법을 의미한다.

8. ③ *계정 잔액은 증가, 발생하는 계정계좌에 남는다.
   *대변에 잔액이 남는 계정은 부채계정, 자본계정, 수익계정이다.

9. ② b, c (상품, 제품) 재고자산임

10. ③ · 기말자본(900,000원) = 기말자산(1,500,000원) - 기말부채(600,000원)
    · 총수익(400,000원) - 총비용(350,000원) = 당기순이익(50,000원)
    · 기말자본(900,000원) = 기초자본(x) + 당기순이익(50,000원)
    ∴기초자본 = 850,000원

11. ① 이자비용은 판매비와관리비가 아니라 영업외비용에 해당한다.

12. ④ 판매가능금액이란 기초상품재고액 + 당기상품순매입액을 가산하여 산출
    400,000원 + (800,000원 - 40,000원) = 1,160,000원임.

13. ③ 거래의 발생 → 분개(분개장) → 전기(총계정원장) → 결산예비절차(시산표작성 → 결산수정분개) → 결산본절차(총계정원장 마감) → 결산보고서 작성 절차(손익계산서와 재무상태표 작성)

14. ④ 혼합거래란 하나의 거래에서 교환거래와 손익거래가 동시에 발생하는 거래를 말한다.

15. ② *분개 추정: 8/3 (차) 현금 500,000원 (대) 받을어음 500,000원
    *거래 추정: 8/3 받을어음 500,000원을 현금으로 회수하다.

전산회계2급 — 3회 이론 기출문제 해답

01	02	03	04	05	06	07	08	09	10	11	12	13	14	15
3	2	1	2	4	2	2	4	2	1	4	3	3	4	1

1. ③ 부채는 과거의 거래나 사건의 결과로 현재 기업실체가 부담하고 있고 미래에 자원의 유출 또는 사용이 예상되는 의무이다.

2. ② 비유동자산의 항목에는 투자자산, 유형자산, 무형자산, 기타비유동자산
   영업외수익 항목에는 이자수익, 배당금수익, 임대료 등

3. ① 통화대용증권: 통화와 언제든지 교환 가능한 것으로 타인발행수표, 가계수표, 자기앞수표, 송금수표, 우편환증서, 일람출급어음, 공·사채 만기이자표, 배당금영수증, 만기도래어음 등을 말한다.

4. ② 전기요금은 비용항목으로 손익계산서에 표시되는 계정과목이다.

5. ④ *기중거래에서 현금과부족계정 대변 잔액은 현금과잉의 경우로 원인 규명시 수익으로 판명된다.

6. ② 당기매출액(340,000원) = 현금회수액(300,000원) + 기말매출채권(240,000원) - 기초매출채권(200,000원)

7. ② 선입선출법 : (30개 × 300원) + (40개 × 400원) = 25,000원
   평균법 : 총평균단가(30,000원) / 100개 = 300원, 300원 × 70개 = 21,000원
   ∴ 25,000원 - 21,000원 = 4,000원

8. ④ 임차보증금은 자산계정이다.

9. ②

10. ① *거래의 8요소에서 차변요소는 차변에, 대변요소는 대변에 반드시 회계처리 한다.

11. ④ 순매출액 1,400,000원 = 총매출액 - 매출에누리 및 환입 - 매출할인(2,000,000원 - 100,000원 - 300,000원 - 200,000원)

12. ③ 분개를 하면 (차변) 상품 400,000 (대변) 현금 400,000으로 상품을 매입하고 대금은 현금으로 지급한 거래이다.

13. ③ (매출액 - 매출원가 = 매출이익) - 판관비 = 영업이익
    (5,000,000원 - 2,000,000원 = 3,000,000원) - 500,000원 = 2,500,000원

14. ④ 수익의 이연 : 선수수익, 비용의 이연 : 선급비용
    수익의 발생 : 미수수익, 비용의 발생 : 미지급비용

15. ① b, c, e 현금 및 현금성자산 → 현금출납장
           약속어음 중 받을어음은 매출채권 → 받을어음기입장
           상품판매 → 매출장

| 전산회계2급 | 4회 이론 기출문제 해답 |

01	02	03	04	05	06	07	08	09	10	11	12	13	14	15
2	3	4	4	3	1	3	2	1	2	1	3	4	2	1

1. ② 기업의 자금조달 방법에 따라 타인자본과 자기자본으로 구분하며, 부채는 타인자본에 해당한다.

2. ③

3. ④ 재무상태표, 손익계산서, 자본변동표, 현금흐름표, 주석이다.

4. ④ 물가하락시에 후입선출법은 나중에 매입한 단가 낮은 상품이 매출원가를 구성하므로 이익이 가장 높게 계상된다.

5. ③ 유형자산처분이익 = 처분가액 - (취득가액 - 감가상각누계액)
∴ 처분가액은 90,000,000원이다. *40,000,000원 = 처분가액 - (100,000,000원 - 50,000,000원)

6. ① 현금, 보통예금, 당좌예금은 '현금 및 현금성자산', 받을어음은 '매출채권', 단기매매증권과 단기대여금은 '단기투자자산'으로 표시한다. 150,000원 + 180,000원 = 330,000원

7. ③ 정상적 처리된 분개는 "(차)현 금 ××× / (대)선 수 금 ×××"
잘 못 처리된 분개는 "(차)현 금 ××× / (대)상품매출 ×××"
부채가 과소계상 되고, 수익이 과대계상 되게 된다.

8. ② 매출원가는 (100개 × 2,000원) + (700개 × 3,000원) = 2,300,000원이고 매출총이익 = 매출액 3,200,000원(판매수량 800개 × 판매가격 4,000원) - 매출원가 2,300,000원 = 900,000원이 된다.

9. ① 매입채무는 외상매입금과 지급어음의 통합계정이다.

10. ② 투자부동산은 투자자산에 해당된다.

11. ①

12. ③ 9,200,000원
(취득가액 20,000,000원 - 잔존가치 2,000,000원) / 내용연수 5년
= 2021년 12월 31일 감가상각비 3,600,000원
2022년 12월 31일 감가상각비 3,600,000원
2023년 12월 31일 감가상각비 3,600,000원
2023년 12월 31일 감가상각누계액 10,800,000원
취득가액 20,000,000원 - 2023년 12월 31일 감가상각누계액 10,800,000원 = 9,200,000원

13. ④ 상품 매출 시 운반비는 자산(상품)으로 처리하지 않고 비용(운반비)으로 처리한다.

14. ② 8,500,000원
자본금(5,000,000원) - 인출금(1,500,000원) + 당기순이익(5,000,000원) = 8,500,000원

15. ① 신입사원 명함인쇄비용 - 도서인쇄비

전산회계2급 5회 이론 기출문제 해답

01	02	03	04	05	06	07	08	09	10	11	12	13	14	15
4	2	3	1	4	1	1	4	2	3	2	3	4	2	3

1. ④ 당사가 발행한 약속어음 중에 상거래 경우 지급어음계정으로, 상거래가 아닌 경우 미지급금계정으로 회계처리함.

2. ② 외상매출금은 차변 증가 항목이다.

3. ③ 취득일부터 만기가 3개월 이내에 도래되는 채권

4. ① 시산표는 총계정원장의 기록이 정확한지 여부를 검증하는 계정잔액목록표이다.

5. ④ ① 손익계산서에 대한 설명이다. ② 자본변동표에 대한 설명이다. ③ 현금흐름표에 대한 설명이다.

6. ① 정액감가상각비 = (취득원가 - 잔존가액) ÷ 내용연수
   = (30,000,000원 - 0) ÷ 10 × 9/12
   = 2,250,000원

7. ① 손익계산서 항목이다.

8. ④ 당좌자산에는 현금 및 현금성자산, 단기투자자산, 매출채권, 선급비용, 이연법인세자산 등이 있다. 재공품은 재고자산에 해당한다.

9. ② (1,150개 - 900개) × 540원/개 = 135,000원

10. ③ ·기말자본 = 기초자본 + 추가출자액 + 당기순이익(총수입 - 총비용)
    1,000,000원 = 200,000원 + 100,000원 + (X - 3,000,000원)
    ∴ X = 3,700,000원

11. ② 영업활동이나 경영활동의 판매목적으로 자산 취득하면 재고자산이며, 시세차익을 목적으로 자산 취득하면 투자자산계정으로 인식한다.

12. ③ 접대비, 복리후생비, 세금과공과는 영업 관련 비용이다.

13. ④ 인출금

14. ② 자산 - 자본 = 부채이므로 자산 1,050,000원(상품 400,000원 + 건물 500,000원 + 차량운반구 150,000원) - 자본금 500,000원 = 550,000원이 계산된다.

15. ③ 예수금에 대한 설명이다. 미래에 특정한 사건에 의해 외부로 지출하여야 할 금액을 기업이 급여 지급 시 종업원으로부터 미리 받아 일시적으로 보관하는 금액을 처리하는 계정과목을 말한다.

전산회계2급 6회 이론 기출문제 해답

01	02	03	04	05	06	07	08	09	10	11	12	13	14	15
4	3	1	4	2	4	2	1	4	1	2	3	3	2	1

1. ④ 미수금은 자산이므로 잔액은 차변, 선수금, 가수금, 예수금은 부채이므로 잔액은 대변

2. ③ 자산총계(930,000원) = 미수금(550,000원) + 외상매출금(250,000원) + 선급금(130,000원)
      부채총계(630,000원) = 자산총계(930,000원) - 자본금(300,000원)
      단기차입금(480,000원) = 부채총액(630,000원) - 미지급비용(150,000원)

3. ① 현금(당좌자산), 상품(재고자산), 비품(유형자산), 영업권(무형자산) 순으로 배열

4. ④ 손익거래(이자비용), ①, ②, ③ 교환거래

5. ② 판매비와관리비 = 급여(2,500,000원) + 복리후생비(600,000원) + 소모품비(300,000원) = 3,400,000원

6. ④

7. ② 미수금, 선급금, 외상매출금, 받을어음은 자산계정 이다.

8. ①

9. ④ 결산일 대손추산액 : 외상매출금 10,000,000원 × 대손율 2% = 200,000원
      대손추산액 200,000원 - 대손충당금 100,000원 = 100,000원(추가설정)

10. ① 수익과 비용은 총액으로 기재함을 원칙으로 한다(총액주의).

11. ② 기초자산(1,000,000원) = 기초부채(400,000원) + 기초자본(600,000원)
       기말자산(900,000원) = 기말부채(500,000원) + 기말자본(600,000원 + 500,000원 - 700,000원 = 400,000원)

12. ③ 선수수익은 수익의 이연, 미수수익의 수익의 계상, 미지급비용은 비용의 계상, 선급비용은 비용의 이연에 해당된다.

13. ③ 기초상품재고액 900,000원 + (당기총매입액 2,000,000원 + 상품매입운반비 50,000원 - 매입환출 및 에누리 100,000원 - 매입할인 50,000원) - 기말상품재고액 300,000원 = 2,500,000원

14. ② 당점발행수표는 당좌예금으로 처리한다.

15. ① 차) 미수금   5,000,000원   대) 차량운반구   20,000,000원
          감가상각누계액 16,000,000원   유형자산처분이익   1,000,000원

전산회계2급   7회 이론 기출문제 해답

01	02	03	04	05	06	07	08	09	10	11	12	13	14	15
4	3	3	2	2	4	1	1	1	4	1	4	3	3	2

1. ④ 단식부기는 일정한 원리원칙이 없이 재산의 증가 감소를 중심으로 기록하며 손익의 원인을 계산하지 않는 기장 방법이다.

2. ③ 매출액의 과대계상으로 매출총이익이 과대계상
   매출총이익 - 판매비와관리비 = 영업이익 과대계상
   영업이익 + 영업외수익 - 영업외비용 = 당기순이익

3. ③ 타인발행수표는 현금에 해당한다.

4. ② (차변) 매도가능증권 110,000원 (대변) 현금 110,000원으로 영업외비용과 만기보유증권은 관련이 없으며 투자자산(매도가능증권)은 110,000원 증가한다. 또한 유동자산은 자기앞수표의 지급으로 인해 110,000원 감소한다.

5. ② 합계잔액시산표상 상품계정 차변 금액은 기초상품재고액 + 당기상품매입액을 의미한다.
   · 상품매출원가 : (기초상품재고액 + 당기상품매입액 - 기말상품재고액)
                    = (5,000,000원 - 750,000원) = 4,250,000원

6. ④ 매입에누리, 매입환출, 매입할인은 재고자산의 취득원가에서 차감한다.

7. ① *정액법에 의한 당기 감가상각비 계산
   정액법 = (취득원가 - 잔존가액) ÷ 내용연수
          = (70,000,000원 - 20,000,000원) ÷ 10년 × 6/12
          = 2,500,000원

8. ① 무형자산에 대한 설명이다. 실용신안권은 무형자산이다.

9. ① (차변) 현금 2,000,000원(자산의 증가)   (대변) 단기차입금 2,000,000원(부채의 증가)

10. ④ 외상매입금은 일반적인 상거래에서 발생하는 계정이다. 전자부품을 도소매하는 회사이므로 차량운반구는 상품이 아니다.

11. ① 인출액 + 기말자본금 = 기초자본금 + 추가출자액 + 당기순이익
    4,000,000원 + 10,000,000원 = 10,000,000원 + 추가출자액 + 2,000,000원

12. ④ 〈7월 10일 회계처리〉
    (차) 대손충당금 150,000원   (대) 매출채권 200,000원
    (차) 대손상각비 50,000원

    〈기말 회계처리〉
    (차) 대손상각비 75,000원   (대) 대손충당금 75,000원

2023년 말 손익계산서에 보고할 대손상각비는 50,000원 + 75,000원 = 125,000원

13. ③ 유가증권 처분에 따른 손익 인식 - 처분 시 인식한다. 결산 정리와는 관계없다.

14. ③ 매출원가는 비용이기 때문에 손익계산서에 표시가 되며 ①,②,④는 재무상태표에 표시되는 항목이다.

15. ② 순손익 = 기말자본 - 기초자본이다.

전산회계2급   8회 이론 기출문제 해답

01	02	03	04	05	06	07	08	09	10	11	12	13	14	15
2	4	1	3	4	2	1	2	4	3	3	4	3	2	1

1. ②   기초자산(600,000원) - 기초부채(200,000원) = 기초자본(400,000원)
   총수익(900,000원) - 총비용(700,000원) = 당기순이익(200,000원)
   기초자본(400,000원) + 당기순이익(200,000원) = 기말자본(600,000원)
   기말자산(800,000원) - 기말자본(600,000원) = 기말부채(200,000원)

2. ④   회계기간은 손익계산서에 포함되어야 하는 사항이며 재무상태표에는 '보고기간종료일'이 표시되어야 한다.

3. ①   가지급금은 자산계정에 속한다(임시계정).

4. ③   외상 매출금 현금회수액 = 기초잔액(5,000,000원) + 당기외상매출액(13,000,000원) - 받을어음(10,000,000원) - 기말잔액(3,000,000원) = 5,000,000원

5. ④   수정 후 당기순이익(540,000원) = 당기순이익(500,000원) + 임대료 미수분(50,000원) - 이자 미지급액(10,000 원)

6. ②   당기상품매입액(500,000원) = 총매입액(550,000원) - 매입할인(50,000원)
   매출원가(540,000원) = 기초상품재고액 + 당기상품매입액(500,000원) - 기말상품재고액(120,000원)
   ∴ 기초상품재고액 = 160,000원

7. ①   이 차량의 장부가액은 취득가액에서 감가상각누계액을 차감한 11,000,000원이다.

8. ②   유형자산은 재화의 생산, 용역의 제공, 타인에 대한 임대 또는 자체적으로 사용할 목적으로 보유하는 물리적 형체가 있는 자산으로서, 1년을 초과하여 사용할 것이 예상되는 자산을 말한다.

9. ④   재고자산의 매입원가는 매입금액에 매입운임, 하역료 및 보험료 등 취득과정에서 정상적으로 발생한 부대원가를 가산한 금액이다. 매입과 관련된 할인, 에누리 및 기타 유사한 항목은 매입원가에서 차감한다.

10. ③   당기발생보험료(40,000원) - 기말미지급보험료(10,000원) = 당기지급보험료(30,000원)

11. ③

     ① (차) 현금   5,000,000원   (대) 자본금 5,000,000원
     ② (차) 현금   5,000,000원   (대) 자본금 5,000,000원
     ③ (차) 자본금 3,000,000원   (대) 인출금 3,000,000원
     ④ (차) 손익   300,000원   (대) 자본금 300,000원

12. ④   선수수익은 수익의 이연, 미지급비용은 비용의 계상, 미수수익은 수익의 계상에 해당된다.

13. ③

     ① (차) 접대비(비용의 발생) 200,000원   (대) 보통예금(자산의 감소) 200,000원

② (차) 보통예금(자산의 증가) 50,000,000원 (대) 자본금(자본의 증가) 50,000,000원
③ (차) 임차보증금(자산의 증가) 3,000,000원 (대) 보통예금(자산의 감소) 3,000,000원
④ (차) 비품(자산의 증가) 1,000,000원 (대) 미지급금(부채의 증가) 1,000,000원

14. ② 기말에 외화자산, 부채에 대한 평가를 하였을 때의 원화금액과 장부상에 기입되어 있는 원화금액과의 사이에서 발생하는 차액은 외화환산손익으로 회계 처리한다. 위 경우는 장부상에 기입되어 있는 원화금액보다 평가 시 금액이 하락했기 때문에 외화환산손실 계정과목으로 회계 처리한다.

15. ① 대여금에 대한 대손상각비는 기타대손상각비 계정으로 영업외비용에 속하며, 보고식 손익계산서에서 영업이익에 영향을 미치나 당기순이익에는 같아진다. 그리고, 매출총이익은 매출액과 매출원가의 관계이므로 기타대손상각비는 관련이 없다.

전산회계2급   9회 이론 기출문제 해답

01	02	03	04	05	06	07	08	09	10	11	12	13	14	15
1	1	3	4	3	4	2	2	4	3	3	2	2	4	1

1. ① 유동성배열법: 재무상태표의 계정과목은 유동성이 높은 순서대로 배열한다.

2. ① 회계상의 거래는 회사 재산상 증감을 가져오는 사건을 의미한다. 종업원 채용, 임대차계약의 체결, 상품의 주문은 회계상 거래에 해당하지 않는다.

3. ③ 회계정보이용자 중 내부이용자는 경영자와 종업원이 해당되며, 외부이용자에는 투자자, 채권자, 주주, 정부, 거래처 등이 있다.

4. ④ 외상매입금
    차) 외상매출금   1,100,000원   대) 상품매출   1,100,000원
        운반비   140,000원   보통예금   140,000원

5. ③ 당좌자산 = 현금(200,000원) + 보통예금(300,000원) + 외상매출금(600,000원) + 단기대여금(180,000원) = 1,280,000원

6. ④ 수입인지는 세금과공과로 회계처리한다.

7. ② 기초상품재고액 + 당기매입액 − 기말상품재고액(⇩) = 매출원가(⇧)
    순매출액 − 매출원가(⇧) = 당기순이익(⇩)

8. ② (차) 현금 600,000원 (대) 상품매출 600,000원
    현금 → 현금출납장
    상품매출 → 상품재고장, 매출장

9. ④ 임차보증금은 기타비유동자산으로 분류되며 감가상각대상 자산이 아니다.

10. ③ 자본적 지출(자산)을 수익적 지출(비용)로 처리하였으므로 자산은 감소, 비용이 증가하여 이익은 감소하게 된다.

11. ③ 미수수익은 자산항목이다.

12. ② 분개 (차) 인출금 1,000,000원 (대) 외상매출금 1,000,000원

13. ② 선수수익
    선수수익은 수익의 이연, 선급비용은 비용의 이연, 미수수익의 수익의 계상, 미지급비용은 비용의 계상에 해당된다.

14. ④ 자산 구입 시 취득세는 자산의 취득원가이므로 해당 자산계정으로 처리한다.

15. ① (취득가액 11,000,000원 − 잔존가치 1,000,000원) / 내용연수 5년
    = 2023년 12월 31일 감가상각비 2,000,000원

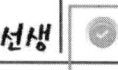

전산회계2급 — 10회 이론 기출문제 해답

01	02	03	04	05	06	07	08	09	10	11	12	13	14	15
2	2	3	4	3	2	4	3	4	1	3	3	3	2	2

1. ② 부채는 타인자본에 해당한다.

2. ② 회계의 순환과정 : 거래의 발생 → 분개(분개장 기입) → 전기(총계정원장 기입) → 수정전시산표 작성 → 결산분개 → 수정후시산표 작성 → 재무제표 작성

3. ③ 잔액시산표에서 잔액이 차변에 나타나는 것은 자산 계정과목이며, 대변에 나타나는 것은 부채와 자본금이다.

4. ④ (가)는 결산의 재무제표 작성 절차에 해당한다. 따라서 재무상태표 작성이 결산의 재무제표의 작성 절차이다.

5. ③ (ㄱ)은 당좌자산이다. 외상매출금은 매출채권으로서 당좌자산에 해당한다.

6. ②

외상매출금			
기초 잔액	500,000원	매출환입	30,000원
외상매출액	700,000원	회 수 액	300,000원
		기말잔액	(870,000원)
	1,200,000원		1,200,000원

7. ④ 일반기업회계기준 10.14에 의거 유형자산의 취득 또는 완성 후의 지출이 문단 10.5의 인식 기준을 충족하는 경우(예: 생산능력 증대, 내용연수 연장, 상당한 원가절감 또는 품질 향상을 가져오는 경우)에는 자본적 지출로 처리하고, 그렇지 않은 경우(예: 수선유지를 위한 지출)에는 발생한 기간의 비용으로 인식한다.

8. ③

9. ④ 판매회사가 보유하고 있는 판매용 승용자동차는 재고자산(상품)이다.

10. ① 600,000원
    정액법에 의한 감가상각비 = (취득원가 - 잔존가액) ÷ 내용연수
    = ((25,000,000원 - 1,000,000원) ÷ 10년) × 3/12 = 600,000원

11. ③ 장기차입금은 비유동부채이고, 나머지는 유동부채이다.

12. ③ 자본금 51,000,000원 - 인출금 1,910,000원 + 당기순이익 6,200,000원 = 55,290,000원

13. ③ 유형자산처분손실은 영업외비용에 해당하므로 영업이익에 영향을 미치지 않는다. 다른 항목들은 판매관리비에 해당하며 영업이익을 감소시킨다.

14. ② (차) 대손충당금   930,000원   (대) 매출채권 2,000,000원
       대손상각비 1,070,000원

15. ② 영업외비용 = 이자비용 + 잡손실 + 기부금
       380,000원 = 100,000원 + 170,000원 + 110,000원

강선생 전산회계 2급

www.nanumant.com

VI 실기 기초 흐름 및 데이터 설치

1 실기 기초 흐름

2 기출문제 데이터 설치

01 실기 기초 흐름

[문제1] 다음은 신라상사의 사업자등록증이다. 사업자등록증을 참고하여 회사등록메뉴에 등록하시오. 회사코드는 [1005]으로 등록하고, 회계기간은 제6기 2023년 1월 1일부터 2023년 12월 31일이다. 신라상사는 개인기업에 해당한다.

사 업 자 등 록 증
(개인사업자용)
등록번호 : 135-08-63345

① 회사명(단체명) : 신라상사
② 대　　표　　자 : 정상호
③ 개 업 년 월 일 : 2018년 1월 15일
④ 법 인 등 록 번 호 :
⑤ 사업장　소재지 : 경기도 의정부시 의정로 77(의정부동)
⑥ 자 택 소 재 지 : 경기도 용인시 수지구 포은대로 313번길 7-10(풍덕천동)
⑦ 사 업 의 종 류 : 업태 : 도소매　　　종목 : 의료기기

2018년 1월 20일
동수원세무서장

1. 실기 기초 흐름

코드	회사명	구분	미사용
1005	신라상사	개인	사용

기본사항 | 추가사항

1.회계연도	제 6 기 2023 년 01 월 01 일 ~ 2023 년 12 월 31 일
2.사업자등록번호	135-08-63345 3.과세유형 일반과세 과세유형전환일 __-__-__
4.대표자명	정상호 대표자거주구분 거주자
5.대표자주민번호	_____-_____ 주민번호 구분
6.사업장주소	경기도 의정부시 의정로 77 (의정부동) 신주소 여
7.자택주소	경기도 용인시 수지구 포은대로 313번길 7-10 (풍덕천동) 신주소 여
8.업태	도소매 9.종목 의료기기
10.주업종코드	
11.사업장전화번호	( ) - 12.팩스번호 ( ) -
13.자택전화번호	( ) - 14.공동사업장여부 부
15.소득구분	16.중소기업여부 여
17.개업연월일	2018-01-15 18.폐업연월일 __-__-__
19.사업장동코드	
20.주소지동코드	
21.사업장관할세무서	135 동수원 22.주소지관할세무서
23.지방소득세납세지	24.주소지지방소득세납세지

[문제2] 신라상사의 거래처는 다음과 같다. 거래처를 등록하시오.

코드	상호명	대표자명	사업자등록번호	업태	종목	주소
101	사랑상사	김사랑	106-86-49737	도소매	전자제품	생략
102	허수상사	김택원	153-07-00467	도매	전자제품	생략
103	동호상사	최동호	494-34-00272	도매	전자제품	생략
104	청수상사	박청수	110-14-76288	도매	전자제품	생략
105	맛나푸드	정혜자	114-86-94567	음식	한식	생략
106	일성전자	김일성	104-04-06207	도매	전자제품	생략
107	미니전기	박미니	204-23-54903	도매	전자제품	생략
108	강원상사	연지훈	204-02-56075	도매	전자제품	생략
109	수진상사	김수진	129-16-84919	도매	전자제품	생략
110	구월주차장	모구월	209-04-48730	서비스	주차장	생략
98001	우리은행	계좌번호 : 123-4545-1234567 유형 : 보통예금				
99600	하나카드	유형: 매입, 카드번호 : 9874-4561-1234-5656, 카드구분 : 사업용카드				
99601	신한카드	유형: 매출, 가맹점번호 : 6000				

1. 일반거래처

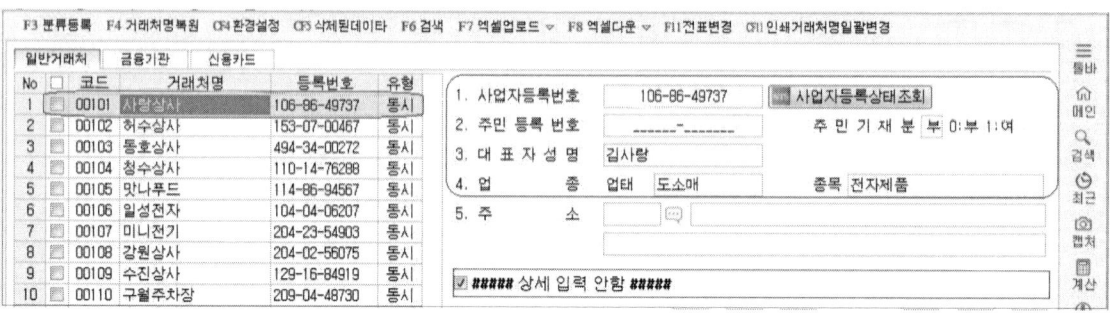

2. 금융기관거래처

3. 신용카드거래처

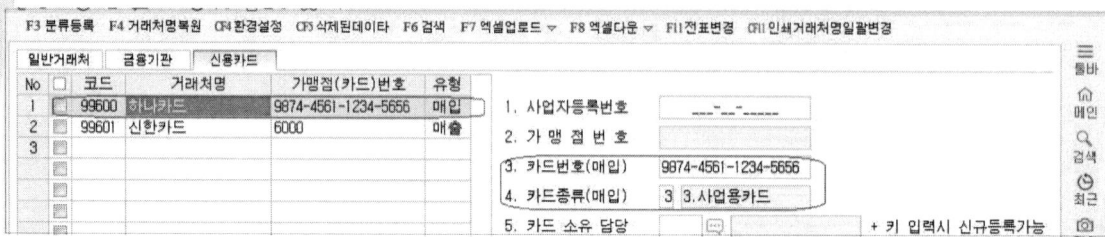

4. 신용카드거래처

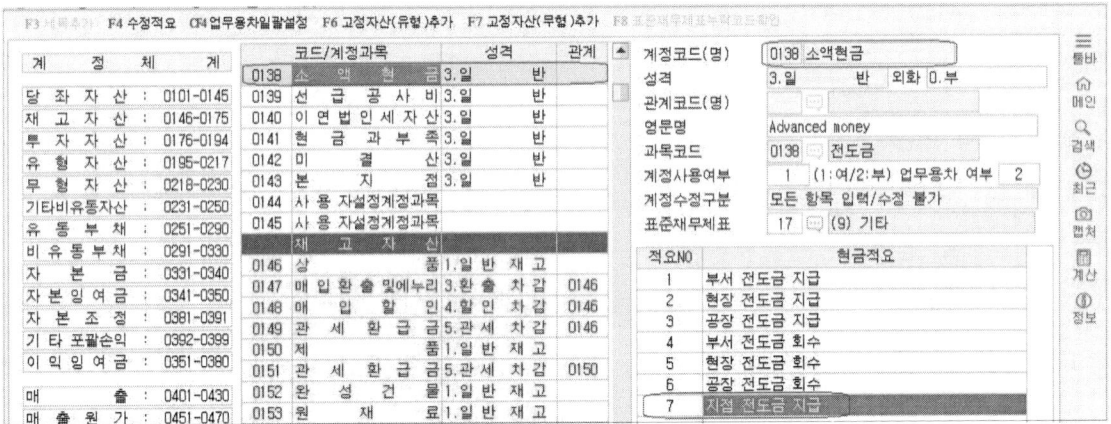

[문제3] 계정과목 및 적요등록메뉴에서 다음 자료를 수정 또는 추가 등록하시오.

구 분	내 용
계 정 과 목 코 드	138
계 정 과 목	소액현금
성 격	일 반
적 요	현금적요 : 7. 지점전도금지급

☞ 적색계정과목은 Ctrl + F2를 누른 후 수정한다.

[문제4] 전기분 재무상태표는 다음과 같다. [전기분재무제표등]메뉴에 입력하시오.

재무상태표

신라상사   2022.12.31 현재   (단위: 원)

과 목	금 액		과 목	금액
자 산			부 채	
Ⅰ. 유동자산		279,000,000	Ⅰ. 유 동 부 채	100,000,000
1. 당좌자산		199,000,000	외 상 매 입 금	60,000,000
현 금		9,730,000	지 급 어 음	30,000,000
당 좌 예 금		50,000,000	선 수 금	10,000,000
보 통 예 금		40,000,000	Ⅱ. 비 유 동 부 채	
외 상 매 출 금	70,000,000		부 채 총 계	100,000,000
대 손 충 당 금	(700,000)	69,300,000	자 본	
받 을 어 음	30,000,000		Ⅰ. 자 본 금	225,000,000
대 손 충 당 금	(30,000)	29,970,000	자 본 금	225,000,000
2. 재 고 자 산		80,000,000	(당기순이익: 15,000,000)	
상 품		80,000,000		
Ⅱ. 비유동자산		46,000,000		
1. 투 자 자 산				
2. 유 형 자 산				
차 량 운 반 구	30,000,000			
감가상각누계액	(3,000,000)	27,000,000		
비 품	20,000,000			
감가상각누계액	(1,000,000)	19,000,000		
3. 무 형 자 산				
4. 기타비유동자산				
자 산 총 계		325,000,000	부채와 자본총계	325,000,000

1. 실기 기초 흐름

자산		
코드	계정과목	금액
0101	현금	9,730,000
0102	당좌예금	50,000,000
0103	보통예금	40,000,000
0108	외상매출금	70,000,000
0109	대손충당금	700,000
0110	받을어음	30,000,000
0111	대손충당금	30,000
0146	상품	80,000,000
0208	차량운반구	30,000,000
0209	감가상각누계액	3,000,000
0212	비품	20,000,000
0213	감가상각누계액	1,000,000
	차변합계	325,000,000

부채 및 자본		
코드	계정과목	금액
0251	외상매입금	60,000,000
0252	지급어음	30,000,000
0259	선수금	10,000,000
0331	자본금	225,000,000
	대변합계	325,000,000

계정별 합계

1. 유동자산	279,000,000
①당좌자산	199,000,000
②재고자산	80,000,000
2. 비유동자산	46,000,000
①투자자산	
②유형자산	46,000,000
③무형자산	
④기타비유동자산	
자산총계(1+2)	325,000,000
3. 유동부채	100,000,000
4. 비유동부채	
부채총계(3+4)	100,000,000
5. 자본금	225,000,000
6. 자본잉여금	
7. 자본조정	
8. 기타포괄손익누계액	
9. 이익잉여금	
자본총계(5+6+7+8+9)	225,000,000
부채 및 자본 총계	325,000,000
대 차 차 액	

[문제5] 전기분손익계산서는 다음과 같다. [전기분재무제표등] 메뉴에 입력하시오.

손 익 계 산 서

제 5기 2022.1.1~2022.12.31

신라상사 (단위: 원)

계 정 과 목	금 액	
Ⅰ. 매　　출　　　　액		252,854,000
상 품 매 출	252,854,000	
Ⅱ. 상 품 매 출 원 가		158,004,780
기 초 상 품 재 고 액	12,500,000	
당 기 상 품 매 입 액	225,504,780	
기 말 상 품 재 고 액	80,000,000	
Ⅲ. 매 출 총 이 익		94,849,220
Ⅳ. 판 매 비 와 관 리 비		79,499,220
급　　　　　　　　여	28,500,000	
복 리 후 생 비	3,854,000	
여 비 교 통 비	1,950,000	
접　　대　　　　비	9,540,500	
통　　신　　　　비	2,540,700	
수 도 광 열 비	3,710,500	
세 금 과 공 과	3,450,000	
감 가 상 각 비	1,500,000	
임　　차　　　　료	5,500,000	
보　　험　　　　료	3,500,000	
차 량 유 지 비	10,548,400	
운　　반　　　　비	250,000	
소 모 품 비	3,450,120	
수 수 료 비 용	1,205,000	
Ⅴ. 영 업 이 익		15,350,000
Ⅵ. 영 업 외 수 익		4,500,000
이 자 수 익	500,000	
임　　대　　　　료	3,500,000	
잡　　이　　　　익	500,000	
Ⅶ. 영 업 외 비 용		4,550,000
이 자 비 용	2,500,000	
기　　부　　　　금	2,000,000	
잡　　손　　　　실	50,000	
Ⅷ. 소 득 세 차 감 전 순 이 익		15,300,000
Ⅸ. 소　　득　　　　세		300,000
소 득 세 비 용	300,000	
Ⅹ. 당 기 순 이 익		15,000,000

1. 실기 기초 흐름

코드	계정과목	금액
0401	상품매출	252,854,000
0451	상품매출원가	158,004,780
0801	급여	28,500,000
0811	복리후생비	3,854,000
0812	여비교통비	1,950,000
0813	접대비	9,540,500
0814	통신비	2,540,700
0815	수도광열비	3,710,500
0817	세금과공과	3,450,000
0818	감가상각비	1,500,000
0819	임차료	5,500,000
0821	보험료	3,500,000
0822	차량유지비	10,548,400
0824	운반비	250,000
0830	소모품비	3,450,120
0831	수수료비용	1,205,000
0901	이자수익	500,000
0904	임대료	3,500,000
0930	잡이익	500,000
0951	이자비용	2,500,000
0953	기부금	2,000,000
0980	잡손실	50,000
0999	소득세비용	300,000

계정별합계

1.매출	252,854,000
2.매출원가	158,004,780
3.매출총이익(1-2)	94,849,220
4.판매비와관리비	79,499,220
5.영업이익(3-4)	15,350,000
6.영업외수익	4,500,000
7.영업외비용	4,550,000
8.소득세비용차감전순이익(5+6-7)	15,300,000
9.소득세비용	300,000
10.당기순이익(8-9)	15,000,000
11.주당이익(10/주식수)	

매출원가

기초상품재고액		12,500,000
당기상품매입액	+	225,504,780
매입환출및에누리	−	
매입할인	−	
타계정에서대체액	+	
타계정으로대체액	−	
관세환급금	−	
상품평가손실	+	
상품평가손실환입	−	
기말상품재고액	−	80,000,000
매출원가	=	158,004,780

확인(Tab)

[문제6] 거래처별 채권·채무의 잔액은 다음과 같다. 거래처별 초기이월메뉴에 등록하시오.

계정과목	거래처	금액
외상매출금	사랑상사	10,600,000
	허수상사	27,499,600
	동호상사	12,900,400
	일성전자	19,000,000
받을어음	미니전기	1,000,000
	강원상사	8,000,000
	수진상사	21,000,000
외상매입금	허수상사	10,000,000
	동호상사	20,000,000
	청수상사	30,000,000
지급어음	사랑상사	15,000,000
	강원상사	5,000,000
	수진상사	10,000,000
보통예금	우리은행	40,000,000

1. 외상매출금입력

코드	계정과목	재무상태표금액	코드	거래처	금액
0108	외상매출금	70,000,000	00101	사랑상사	10,600,000
0110	받을어음	30,000,000	00102	허수상사	27,499,600
0251	외상매입금	60,000,000	00103	동호상사	12,900,400
0252	지급어음	30,000,000	00106	일성전자	19,000,000
0103	보통예금	40,000,000			

2. 받을어음입력

코드	계정과목	재무상태표금액	코드	거래처	금액
0108	외상매출금	70,000,000	00107	미니전기	1,000,000
0110	받을어음	30,000,000	00108	강원상사	8,000,000
0251	외상매입금	60,000,000	00109	수진상사	21,000,000
0252	지급어음	30,000,000			
0103	보통예금	40,000,000			

3. 외상매입금입력

코드	계정과목	재무상태표금액	코드	거래처	금액
0108	외상매출금	70,000,000	00102	허수상사	10,000,000
0110	받을어음	30,000,000	00103	동호상사	20,000,000
0251	외상매입금	60,000,000	00104	청수상사	30,000,000
0252	지급어음	30,000,000			
0103	보통예금	40,000,000			

4. 지급어음입력

코드	계정과목	재무상태표금액	코드	거래처	금액
0108	외상매출금	70,000,000	00101	사랑상사	15,000,000
0110	받을어음	30,000,000	00108	강원상사	5,000,000
0251	외상매입금	60,000,000	00109	수진상사	10,000,000
0252	지급어음	30,000,000			
0103	보통예금	40,000,000			

5. 보통예금입력

코드	계정과목	재무상태표금액	코드	거래처	금액
0108	외상매출금	70,000,000	98001	우리은행	40,000,000
0110	받을어음	30,000,000			
0251	외상매입금	60,000,000			
0252	지급어음	30,000,000			
0103	보통예금	40,000,000			

[문제7] 다음의 거래자료를 일반전표입력 메뉴에 추가 입력하시오.

<u>일반전표입력시 주의사항</u>

① 채권채무에는 거래처코드를 반드시 입력해야 한다.
　채권 : 외상매출금, 받을어음, 미수금, 선급금, 대여금, 임차보증금, 가지급금
　채무 : 외상매입금, 지급어음, 미지급금, 선수금, 차입금, 유동성 장기 부채

② 전표종류
　입금전표 : 현금 **/
　출금전표 : 　　　　/ 현금 **
　대체전표 : 현금과 관련없는 전표 또는 계정과목이 3개이상 나올 때 사용.
실제 입력시에는 입금전표, 출금전표도 모두 대체전표로 입력해도 무방하다.

③ 적요입력
　적요입력은 생략해도 되나 상품을 목적 외로 사용시에는 "<u>적요 8번의 타계정대체</u>"를 반드시 선택해야 한다.

1월 거래

(1) 1월 2일   판매용의료기기 20,000,000원을 매출하고 대금은 현금으로 수령하였다.

일	번호	구분	계정과목	거래처	적요	차변	대변
2	00001	입금	0401 상품매출			(현금)	20,000,000

현금잔액: 29,730,000

(2) 1월 5일   폭설로 피해를 입은 농가를 돕기위해 현금 500,000원을 한국방송공사에 기부하였다.

일	번호	구분	계정과목	거래처	적요	차변	대변
5	00001	출금	0953 기부금			500,000	(현금)

현금잔액: 29,230,000

(3) 1월 18일   본사 사무실에서 사용할 소모품을 2,000,000원에 구입하고, 대금은 현금으로 지급하였다.(비용처리할 것.)

일	번호	구분	계정과목	거래처	적요	차변	대변
18	00001	출금	0830 소모품비			2,000,000	(현금)

현금잔액: 27,230,000

(4) 1월 20일   거래처인 수진상사로부터 받은 받을어음 2,000,000원을 거래은행에서 할인하고 할인료 150,000원을 제외한 금액은 보통예금에 입금하였다.(매각거래로 회계처리 할 것)

일	번호	구분	계정과목	거래처	적요	차변	대변
20	00001	차변	0956 매출채권처분손실			150,000	
20	00001	차변	0103 보통예금			1,850,000	
20	00001	대변	0110 받을어음	00109 수진상사			2,000,000

현금잔액: 27,230,000

(5) 1월 23일   당사는 매출거래처인 허수상사에 선물하기 위해 하나로마트에서 갈비셋트를 350,000원에 구입하고, 전액 당사의 하나카드로 결제하였다.

일	번호	구분	계정과목	거래처	적요	차변	대변
23	00001	차변	0813 접대비			350,000	
23	00001	대변	0253 미지급금	99600 하나카드			350,000

(6) 1월 25일   영업사원 배영민에게 출장비 명목으로 500,000원을 현금으로 지급하였다.(거래처 코드: 201 신규등록 하시오)

일	번호	구분	계정과목	거래처	적요	차변	대변
25	00001	출금	0134 가지급금	00201 배영민		500,000	(현금)

(7) 1월 28일   자동차에 대한 보험료 1,200,000원을 현금으로 납부하고 비용처리 하였다.

일	번호	구분	계정과목	거래처	적요	차변	대변
28	00001	출금	0321 보험료			1,200,000	(현금)

2월 거래

(8) 2월 1일   1월 25일에 영업사원 배영민이 인출해간 500,000원의 가지급금 중에서 450,000원은 출장비였음이 확인되었고, 나머지 차액은 현금으로 반환받았다.

일	번호	구분	계정과목	거래처	적요	차변	대변
1	00001	차변	0812 여비교통비			450,000	
1	00001	차변	0101 현금			50,000	
1	00001	대변	0134 가지급금	00201 배영민			500,000

(9) 2월 9일   동호상사에 의료기기를 50,000,000원에 매출하고, 대금중 20,000,000원은 동호상사발행 당좌수표로 받고, 잔액은 외상으로 하였다.

일	번호	구분	계정과목	거래처	적요	차변	대변
9	00001	차변	0101 현금			20,000,000	
9	00001	차변	0108 외상매출금	00109 동호상사		30,000,000	
9	00001	대변	0401 상품매출				50,000,000

(10) 2월 11일   허수상사에 의료기기를 판매하기로 하고 계약금으로 5,000,000원을 현금으로 수령하였다.

일	번호	구분	계정과목	거래처	적요	차변	대변
11	00001	입금	0259 선수금	00102 허수상사		(현금)	5,000,000

(11) 2월 18일   종업원 2월분 급여를 당사 보통예금계좌에서 이체하였다.

구분	급여	건강보험	국민연금	소득세	지방소득세	차감지급액
사무직	2,500,000	16,000	19,000	22,000	2,200	2,440,800

일	번호	구분	계정과목	거래처	적요	차변	대변
18	00001	차변	0801 급여			2,500,000	
18	00001	대변	0254 예수금				59,200
18	00001	대변	0103 보통예금				2,440,800

3월 거래

(12) 3월 5일   서울주유소에서 공장 소형승용차(2,000cc)에 주유를 하고 유류대 150,000원을 하나카드로 결제하였다.

일	번호	구분	계정과목	거래처	적요	차변	대변
5	00001	차변	0822 차량유지비			150,000	
5	00001	대변	0253 미지급금	99600 하나카드			150,000

(13) 3월 10일 2월 급여지급시 원천징수한 소득세등, 본인부담분 건강보험료, 국민연금예수금과 회사부담금 건강보험료, 국민연금을 현금으로 납부하였다.(건강보험료 회사부담금은 복리후생비, 국민연금회사부담금은 세금과공과로 처리하시오)

일	번호	구분	계정과목	거래처	적요	차변	대변
10	00001	차변	0254 예수금			59,200	
10	00001	차변	0811 복리후생비			16,000	
10	00001	차변	0817 세금과공과			19,000	
10	00001	대변	0101 현금				94,200

(14) 3월 13일 동호상사로부터 구입한 상품의 외상매입금 2,000,000원 중 50,000원은 사전약정에 의해 할인받고 잔액은 약속어음을 발행 지급하였다.

일	번호	구분	계정과목	거래처	적요	차변	대변
13	00001	차변	0251 외상매입금	00103 동호상사		2,000,000	
13	00001	대변	0148 매입할인				50,000
13	00001	대변	0252 지급어음	00103 동호상사			1,950,000

(15) 3월 20일 본사 전기요금 320,000원을 현금으로 납부하였다.

일	번호	구분	계정과목	거래처	적요	차변	대변
20	00001	출금	0815 수도광열비			320,000	(현금)

(16) 3월 25일 판매용의료기기를 20,000,000에 구입하고, 대금은 수표를 발행하여 지급하였다.

일	번호	구분	계정과목	거래처	적요	차변	대변
25	00001	차변	0146 상품			20,000,000	
25	00001	대변	0102 당좌예금				20,000,000

(17) 3월 31일   판매용 상품을 불우이웃돕기로 기부하였다.
         (원가 5,000,000, 시가 8,000,000)

일	번호	구분	계정과목	거래처	적요	차변	대변
31	00001	차변	0953 기부금			5,000,000	
31	00001	대변	0146 상품		8 타계정으로 대체액 손익		5,000,000

[문제8] 다음은 결산정리사항이다. 해당메뉴에 입력하시오.

1. 수동결산

(1) 당기말 현재까지 발생한 사원 급여(지급기일 : 2024년 1월 10일)가 미지급된 금액이 900,000원이 있다.

일	번호	구분	계정과목	거래처	적요	차변	대변
31	00001	차변	0801 급여			900,000	
31	00001	대변	0262 미지급비용				900,000

(2) 보험료 지급액중 기간미경과분 1,000,000원이 있다.

31	00002	차변	0133 선급비용			1,000,000	
31	00002	대변	0821 보험료				1,000,000

(3) 비용처리한 소모품중 미사용액이 300,000원이 있다.

31	00004	차변	0122 소모품			300,000	
31	00004	대변	0830 소모품비				300,000

2. 자동결산 - 결산자료입력 01월 ~ 12월 입력후 아래 자료입력

(4) 상품의 기말재고액은 60,000,000이다.

0146	⑩ 기말 상품 재고액			60,000,000	60,000,000

(5) 다음의 감가상각비를 결산에 반영한다.

계 정 과 목	구 분	금 액
차량운반구	판 매 비 와 관 리 비	2,000,000
비 품	판 매 비 와 관 리 비	1,000,000

0818	4). 감가상각비			3,000,000	3,000,000
0208	차량운반구			2,000,000	2,000,000
0212	비품			1,000,000	1,000,000

(6) 당사는 기말에 매출채권 잔액의 3%를 대손추산액으로 산정하고 있다. 당사는 보충법에 의하여 대손충당금을 설정한다.

대손율(%) 3.00

코드	계정과목명	금액	설정전 충당금 잔액			추가설정액(결산반영) [(금액×대손율)-설정전충당금잔액]	유형
			코드	계정과목명	금액		
0108	외상매출금	100,000,000	0109	대손충당금	700,000	2,300,000	판관
0110	받을어음	28,000,000	0111	대손충당금	30,000	810,000	판관
	대손상각비 합계					3,110,000	판관

0835	5). 대손상각			3,110,000	3,110,000
0108	외상매출금			2,300,000	2,300,000
0110	받을어음			810,000	810,000

3. 일반전표 12월 31일 조회

일	번호	구분	계 정 과 목	거 래 처	적 요	차 변	대 변
31	00002	차변	0133 선급비용			1,000,000	
31	00002	대변	0821 보험료				1,000,000
31	00004	차변	0122 소모품			300,000	
31	00004	대변	0830 소모품비				300,000
31	00016	결차	0451 상품매출원가		1 상품매출원가 대체	34,950,000	
31	00016	결대	0146 상품		2 상품 매입 부대비용		34,950,000
31	00017	결차	0818 감가상각비			3,000,000	
31	00017	결대	0209 감가상각누계액				2,000,000
31	00017	결대	0213 감가상각누계액				1,000,000
31	00018	결차	0835 대손상각비			3,110,000	
31	00018	결대	0109 대손충당금				2,300,000
31	00018	결대	0111 대손충당금				810,000

[문제9] 장부를 조회하고 다음 물음에 답하시오.

(1) 당해 1월부터 3월까지 받을어음 중 회수한 금액은 얼마인가?
   기간 : 2023년 01월 01일 ~ 2023년 03월 31일 입력

(2) 당해 1월부터 3월까지 현금지출액은 얼마인가?
   기간 : 2023년 01월 01일 ~ 2023년 03월 31일 입력

(3) 3월 말 현재 받을어음 잔액이 가장 많은 거래처 코드와 금액은 얼마인가?
   기간 : 2023년 01월 01일 ~ 2023년 03월 31일 입력

(4) 기말현재 현금 및 현금성자산 금액은 얼마인가?
   기간 : 2023년 12월 31일 입력

2. 기출문제 데이터 설치

 기출문제 데이터 설치

- http://www.webhard.co.kr
- 아이디 : ant6545
- 비밀번호 : 1234
- 2023년 기초데이터 및 정오표 → 전산세무회계(한국세무사회)
  → 강선생 전산회계2급(기출문제집)

전산회계 2급

1. 데이터를 실행하면 내컴퓨터 – C드라이브 – Kclep DB – Kclep 폴더에 데이터가 생성됩니다.

2. 프로그램 실행

- 케이랩 프로그램 실행

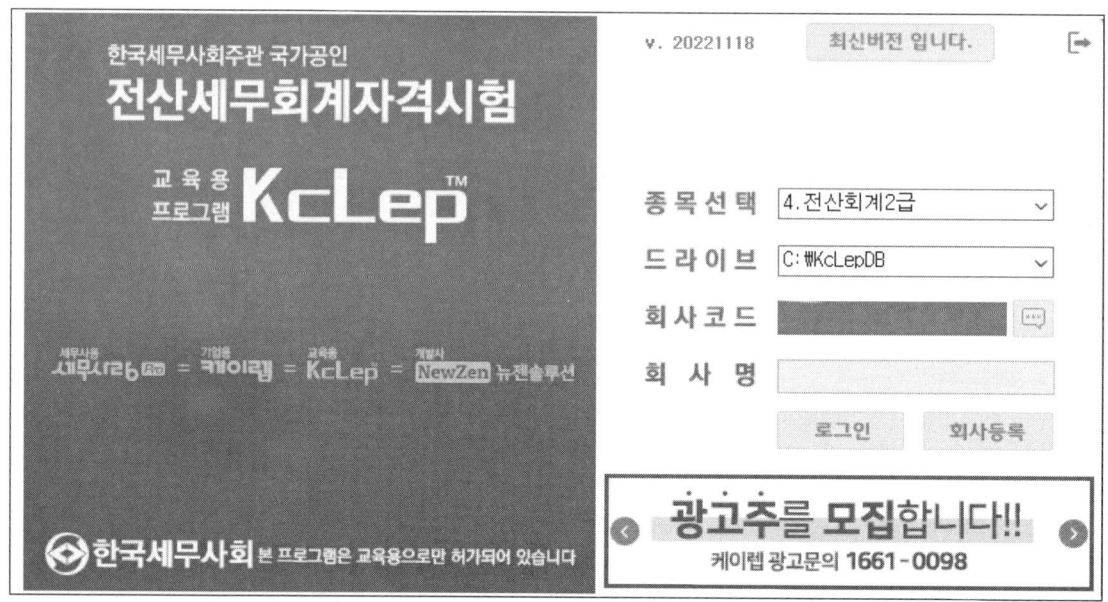

3. 회사등록메뉴에서 회사코드 재생성

- 회사등록메뉴 클릭.
- F4 회사코드재생성 클릭해서 기출데이터를 불러온다.

2. 기출문제 데이터 설치

4 회사코드 확인

- 회사코드 재생성 후 아래 실행화면 회사 코드에서 F2번을 누른 후 회사를 선택합니다.

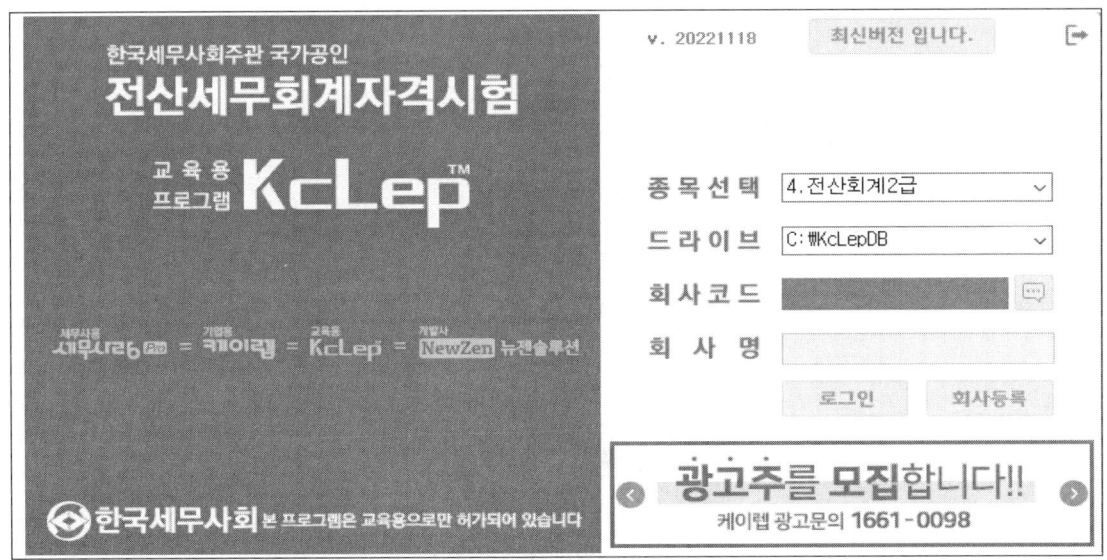

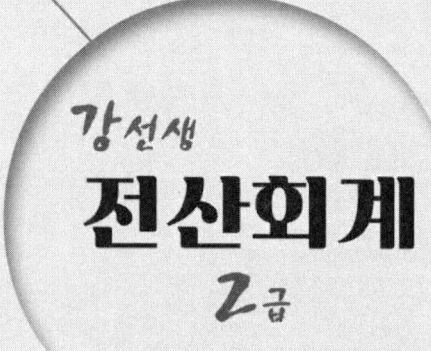

강선생
전산회계
2급

www.nanumant.com

VII 기출문제 및 해답

- 전산회계 2급 기출문제
- 해답

제100회 전산회계2급 기출

이론시험

다음 문제를 보고 알맞은 것을 골라 [이론문제 답안작성] 메뉴에 입력하시오.(객관식 문항당 2점)

―【 기 본 전 제 】―
문제에서 한국채택국제회계기준을 적용하도록 하는 전제조건이 없는 경우, 일반기업회계기준을 적용한다.

01. 다음 중 거래내용에 대해 거래요소의 결합관계를 바르게 표시한 것은?

	거래내용	거래요소의 결합관계
①	현금 1,000,000원을 출자하여 영업을 개시하다.	자산의 증가 – 자산의 증가
②	외상매입금 2,000,000원을 현금으로 지급하다.	부채의 증가 – 자산의 감소
③	예금이자 300,000원을 보통예금통장으로 받다.	자산의 증가 – 수익의 발생
④	비품 500,000원을 사고 대금은 미지급하다.	자산의 증가 – 수익의 발생

02. 다음 중 일정기간 동안 기업의 경영성과를 나타내는 재무보고서의 계정과목으로만 짝지어진 것은?

① 매출원가, 미지급비용　　② 매출액, 미수수익
③ 매출원가, 기부금　　　　④ 상품, 기부금

03. 다음 중 재무상태표상 유동자산으로 분류되는 계정과목에 해당하지 않는 것은?

① 외상매출금　　② 선급비용　　③ 차량운반구　　④ 상품

04. 다음 중 계정별원장의 잔액이 항상 대변에 나타나는 것은?

① 미수금   ② 선수수익   ③ 선급비용   ④ 미수수익

05. 다음 중 손익계산서에 관한 설명으로 옳지 않은 것은?

① 손익계산서는 일정 기간 동안 기업의 경영성과에 대한 정보를 제공하는 재무보고서이다.
② 손익계산서에 보고되는 비용은 수익을 창출하기 위해 희생된 경제적 효익의 감소분을 뜻한다.
③ 손익계산서에 보고되는 수익은 한 회계기간 동안에 발생한 경제적 효익의 증가액을 뜻한다.
④ 손익계산서에 보고되는 당기순이익은 현금주의에 의해 작성될 때보다 항상 크게 보고되는 특징이 있다.

06. 다음 중 손익계산서상 계정과목에 대한 설명으로 가장 적절하지 않은 것은?

① 통신비 : 업무에 관련되는 전화요금, 휴대폰요금, 인터넷요금, 등기우편요금 등
② 수도광열비 : 업무와 관련된 가스요금, 전기요금, 수도요금, 난방비
③ 접대비 : 상품 등의 판매촉진을 위하여 불특정다수인에게 선전하는 데에 소요되는 비용
④ 임차료 : 업무와 관련된 토지, 건물, 기계장치, 차량운반구 등을 빌리고 지급하는 사용료

07. 다음 자료를 이용하여 상품의 매출원가를 계산하면 얼마인가?

| · 상품 전기이월액 350,000원 | · 당기매입액 770,000원 | · 매출채권 500,000원 |
| · 매출액 1,200,000원 | · 기말재고액 370,000원 | · 매입채무 300,000원 |

① 700,000원   ② 750,000원
③ 830,000원   ④ 900,000원

08. 2022년 1월 1일에 취득한 기계장치(취득가액 20,000,000원, 정액법, 내용연수 5년, 잔존가액 500,000원)를 2023년 1월 1일에 처분하고 유형자산처분손실 300,000원을 인식하였다. 동 기계장치의 처분금액은 얼마인가? (해당 유형자산은 결산 시에 정액법으로 감가상각한다.)

① 15,400,000원   ② 15,800,000원
③ 16,100,000원   ④ 16,400,000원

09. 다음의 자료에서 설명하고 있는 (㉠), (㉡), (㉢)에 각각 들어갈 계정과목으로 바르게 연결된 것은?

> 판매용 건물은 (㉠), 본사 건물로 사용할 영업용 건물은 (㉡), 투자 목적으로 보유하고 있는 건물은 (㉢)(으)로 각각 회계 처리한다.

	(㉠)	(㉡)	(㉢)
①	건물	건물	투자부동산
②	상품	건물	투자부동산
③	상품	투자부동산	토지
④	투자부동산	건물	건물

10. 다음 중 그 성격이 다른 계정과목은 무엇인가?

① 이자비용   ② 외환차손   ③ 감가상각비   ④ 기타의 대손상각비

11. 다음 중 아래의 자료에서 설명하고 있는 성격의 자산으로 분류할 수 없는 것은?

> • 보고기간종료일로부터 1년 이상 장기간 사용 가능한 자산
> • 물리적 형태가 있는 자산
> • 타인에 대한 임대 또는 자체적으로 사용할 목적의 자산

① 화장품을 판매하는 회사의 영업장 건물
② 휴대폰을 판매하는 회사가 보유하고 있는 판매용 휴대폰
③ 가구를 판매하는 회사가 사용하고 있는 운반용 차량운반구
④ 자동차 판매회사가 보유하고 있는 영업용 토지

12. 다음 중 유형자산을 처분하고 대금을 미회수했을 경우 처리하는 계정과목으로 올바른 것은?

① 미수수익   ② 선수수익   ③ 미수금   ④ 매출채권

13. 다음 중 외상매입금을 조기 지급함에 따라 매입할인을 받고 이를 영업외수익으로 회계처리 하였을 경우 손익계산서에 미치는 영향으로 옳지 않은 것은?

① 매출원가 과대계상   ② 매출총이익 과소계상
③ 영업이익 과소계상   ④ 당기순이익 과소계상

14. 아래에 제시된 전표의 분개 내용을 계정별원장에 전기한 것으로 적절한 것은?

거래일	계정과목	차변	대변
12월 31일	소 모 품 비	1,000,000원	
	미 지 급 금		500,000원
	현 금		500,000원
	소 계	1,000,000원	1,000,000원

① ─────── 현금 ───────
   12/31 소모품비   500,000 |

② ─────── 미지급금 ───────
                      | 12/31   현금   500,000

③ ─────── 미지급금 ───────
   12/31 소모품비   500,000 |

④ ─────── 미지급금 ───────
                      | 12/31   소모품비   500,000

15. 다음의 자료에 의한 기초자본, 기말자본, 기말부채는 얼마인가?

- 기초자산 : 500,000원
- 기말자산 : 800,000원
- 기초부채 : 300,000원
- 총수익 : 1,000,000원
- 총비용 : 800,000원

	기초자본	기말자본	기말부채
①	400,000원	200,000원	400,000원
②	200,000원	600,000원	300,000원
③	200,000원	400,000원	400,000원
④	600,000원	300,000원	200,000원

실무시험

큰산상사(코드번호:1004)는 금속제품을 판매하는 개인기업이다. 당기(제9기) 회계기간은 2023.1.1.~2023.12.31.이다. 전산세무회계 수험용 프로그램을 이용하여 다음 물음에 답하시오.

─【 기 본 전 제 】─
- 문제에서 한국채택국제회계기준을 적용하도록 하는 전제조건이 없는 경우, 일반기업회계기준을 적용하여 회계처리 한다.
- 문제의 풀이와 답안작성은 제시된 문제의 순서대로 진행한다.

문제 1 다음은 큰산상사의 사업자등록증이다. [회사등록] 메뉴에 입력된 내용을 검토하여 누락분은 추가입력하고 잘못된 부분은 정정하시오(주소 입력 시 우편번호는 입력하지 않아도 무방함). (6점)

사 업 자 등 록 증
(일반과세자)

등록번호 130-47-50505

상 호 명 : 큰산상사
대 표 자 명 : 이시진
개 업 연 월 일 : 2015. 5. 1.
사 업 장 소 재 지 : 경기도 부천시 경인옛로 111 (괴안동)
사업자의 종류 : 업태 도소매   종목 금속제품
교 부 사 유 : 신규

사업자 단위 과세 적용사업자 여부 : 여( ) 부(✔)
전자세금계산서 전용 전자우편주소 :

2015년 5월 1일

남부천세무서장

문제 2 | 다음은 큰산상사의 전기분 손익계산서이다. 입력되어 있는 자료를 검토하여 오류 부분은 정정하고 누락된 부분은 추가 입력하시오. (6점)

손 익 계 산 서

회사명 : 큰산상사　　　제8기 2022.1.1.~2022.12.31.　　　(단위 : 원)

과　　　목	금　　액	과　　　목	금　　액
Ⅰ 매　　　　　출　　　　　액	300,000,000	Ⅴ 영　업　이　익	44,200,000
상　품　매　출	300,000,000	Ⅵ 영　업　외　수　익	5,800,000
Ⅱ 매　　출　　원　　가	191,200,000	이　자　수　익	2,200,000
상　품　매　출　원　가	191,200,000	임　　대　　료	3,600,000
기　초　상　품　재　고　액	13,000,000	Ⅶ 영　업　외　비　용	7,500,000
당　기　상　품　매　입　액	180,000,000	이　자　비　용	4,500,000
기　말　상　품　재　고　액	1,800,000	기　　부　　금	3,000,000
Ⅲ 매　출　총　이　익	108,800,000	Ⅷ 소득세차감전순이익	42,500,000
Ⅳ 판　매　비　와　관　리　비	64,600,000	Ⅸ 소　　득　　세　등	0
급　　　　　　　　　여	34,300,000	Ⅹ 당　기　순　이　익	42,500,000
복　　리　　후　　생　　비	5,700,000		
여　　비　　교　　통　　비	2,440,000		
임　　　　　차　　　　　료	12,000,000		
차　　량　　유　　지　　비	3,500,000		
소　　　모　　　품　　　비	3,400,000		
광　　고　　선　　전　　비	3,260,000		

문제 3 | 다음 자료를 이용하여 입력하시오. (6점)

[1] 큰산상사는 상품매출 시 상품을 퀵 서비스로 운반하는 횟수가 증가하고 있다. 이에 상품이 매출처에 도착한 후에 퀵 서비스 요금을 보통예금 계좌에서 이체하기로 하였다. 다음의 적요를 [824.운반비] 계정과목에 추가 등록하시오. (3점)

대체적요　　　4. 퀵 서비스 요금 보통예금 이체 지급

[2] 다음 자료를 이용하여 [기초정보관리]의 [거래처등록] 메뉴에서 신용카드를 추가로 등록하시오(주어진 자료 외의 다른 항목은 입력할 필요 없음). (3점)

- 코드 : 99871
- 거래처명 : 믿음카드
- 유형 : 매입
- 카드번호 : 1234-5678-9012-3452
- 카드종류(매입) : 3.사업용카드

전산회계 2급

문제 4 다음 거래 자료를 [일반전표입력] 메뉴에 추가 입력하시오. (24점)

―――――――――【 입력 시 유의사항 】―――――――――
- 적요의 입력은 생략한다.
- 부가가치세는 고려하지 않는다.
- 채권·채무와 관련된 거래는 별도의 요구가 없는 한 반드시 기등록된 거래처코드를 선택하는 방법으로 거래처명을 입력한다.
- 회계처리 시 계정과목은 별도의 제시가 없는 한 등록된 계정과목 중 가장 적절한 과목으로 한다.

[1] 07월 02일 푸른상사에서 광고전단지를 제작하고, 제작대금 3,300,000원은 어음(만기일 2023.12.31.)을 발행하여 지급하다. (3점)

[2] 07월 26일 좌동철강으로부터 상품 10,000,000원(1,000개, 1개당 10,000원)을 구입하기로 계약하고, 계약금으로 상품 대금의 10%를 당좌수표를 발행하여 지급하다. (3점)

[3] 08월 23일 가수금 5,000,000원은 4월 1일 입금된 내용을 알 수 없었던 것으로 가수금 처리하였으나 거래처 승리상사로부터 회수한 외상 대금으로 판명되었다(가수금 거래처는 입력하지 않아도 무방함). (3점)

[4] 08월 28일 강서상사에 상품을 판매하고 발급한 거래명세표이다. 대금 중 10,000,000원은 당좌예금에 입금되었고 잔액은 외상으로 하다. (3점)

권	호		**거래명세표**(보관용)				
2023 년 8 월 28 일		공급자	사업자등록번호	130-47-50505			
강서상사 귀하			상 호	큰산상사	성 명	이시진 ㉑	
			사업장소재지	경기도 부천시 경인옛로 111(괴안동)			
아래와 같이 계산합니다.			업 태	도소매	종 목	금속제품	
합계금액	이천오백만 원정 (₩ 25,000,000)						
월일	품 목	규 격	수 량	단 가	공 급 대 가		
8/28	강철		100	250,000원	25,000,000원		
	계				25,000,000원		
전잔금	없음		합	계	25,000,000원		
입 금	10,000,000원	잔 금	15,000,000원	인수자	최영업 ㉑		
비 고	당좌수표 수령, 잔금은 말일까지 입금 예정						

[5] 09월 10일   영업부의 우편물을 발송하고 등기우편비용(통신비) 5,000원을 현금 지급하였다. (3점)

[6] 09월 28일   나나상점에 상품 10개(1개당 650,000원)를 판매하고, 판매대금 중 1,000,000원은 현금으로 받고, 잔액은 동점 발행 약속어음으로 받다. (3점)

[7] 10월 28일   매출처의 신규 매장 개업식을 위하여 정원꽃집에서 화환을 주문하면서 대금은 현금으로 지급하고 아래와 같은 현금영수증을 수령하다. (3점)

현금영수증(지출증빙용)
CASH RECEIPT

사업자등록번호	201-90-45673
현금영수증가맹점명	정원꽃집
대표자	김정원
주소	인천 동구 송림동 31
전화번호	032-459-8751

품명	생화	승인번호	54897
거래일시	2023.10.28	취소일자	

단위		백		천		원
금액 AMOUNT		1	5	0	0	0	0
부가세 V.A.T						
봉사료 TIPS						
합계 TOTAL		1	5	0	0	0	0

[8] 10월 31일   영업부 출장용 승용차량의 자동차세 260,000원을 현금으로 납부하다. (3점)

문제 5 [일반전표입력] 메뉴에 입력된 내용 중 다음과 같은 오류가 발견되었다. 입력된 내용을 확인하여 정정 또는 추가 입력하시오. (6점)

[1] 11월 02일 천둥상점에서 받은 약속어음 10,000,000원을 만기일 전에 거래은행인 우리은행에서 할인받아 보통예금 계좌에 입금된 거래를 회계처리하면서, 할인료 250,000원을 수수료비용으로 잘못 입력하였다(매각거래로 처리할 것). (3점)

[2] 12월 04일 단아상사에서 상품 1,650,000원을 구입하면서 대금은 소지하고 있던 달님전자 발행 당좌수표로 지급하였으나 당점의 당좌수표를 발행하여 지급한 것으로 잘못 회계처리하였다. (3점)

문제 6 다음의 결산정리사항을 입력하여 결산을 완료하시오. (12점)

[1] 2023년 7월 1일에 1년치 주차장 임대료 4,800,000원을 일시에 수령하여 전액 선수수익으로 처리하였다(단, 월할 계산하고, 음수로 입력하지 말 것). (3점)

[2] 결산일 현재 인출금 계정을 자본금으로 대체하시오. (3점)

[3] 결산일 현재 본사 영업부에서 사용하지 않고 남은 소모품이 300,000원이 있다(구입 시 전액 비용으로 처리하였다). (3점)

[4] 당기분 영업부 비품에 대한 감가상각비는 560,000원이며, 영업용차량의 감가상각비는 310,000원이다. (3점)

문제 7 다음 사항을 조회하여 답안을 [이론문제 답안작성] 메뉴에 입력하시오. (10점)

[1] 상반기(1월~6월)의 판매가능한 상품액은 얼마인가? (3점)

[2] 1월~5월 접대비 지출액 중 현금으로 지출한 금액은 얼마인가? (3점)

[3] 1월부터 6월까지의 판매비와관리비 중 건물관리비 지출액이 가장 많은 월의 금액과 가장 적은 월의 금액의 차액은 얼마인가? (4점)

101회 전산회계2급 기출

이론시험

다음 문제를 보고 알맞은 것을 골라 [이론문제 답안작성] 메뉴에 입력하시오. (객관식 문항당 2점)

―【 기 본 전 제 】―
문제에서 한국채택국제회계기준을 적용하도록 하는 전제조건이 없는 경우, 일반기업회계기준을 적용한다.

01. 다음 중 회계상 현금으로 처리하는 것은?

| (가) 자기앞수표 | (나) 받을어음 |
| (다) 당좌차월 | (라) 우편환증서 |

① (가), (나)　　② (나), (다)　　③ (나), (라)　　④ (가), (라)

02. 아래의 자산과 부채의 유동성과 비유동성 구분 기준에 따라 분류한 것으로 다음 중 옳은 것은?

(가) 보고기간종료일로부터 1년 이내에 현금화되는 자산
(나) 보고기간종료일로부터 1년 이내에 상환기한이 도래하는 부채

	(가)	(나)
①	유동자산	유동부채
②	비유동자산	유동부채
③	유동자산	비유동부채
④	비유동자산	비유동부채

03. 아래의 거래내용에 대하여 거래요소의 결합관계와 거래의 종류가 바르게 표시된 것은?

> 상품 판매전시장에서 업무용으로 사용할 목적으로 컴퓨터와 프린터기를 1,500,000원에 구매하고, 구매대금은 신용카드로 결제하다.

	거래요소의 결합관계	거래의 종류
①	자산의 증가 – 부채의 증가	교환거래
②	부채의 증가 – 자산의 감소	손익거래
③	자산의 증가 – 자본의 증가	교환거래
④	자산의 증가 – 자산의 감소	손익거래

04. 다음 중 상품의 취득원가에 가산해야 하는 항목은?

① 매입환출 ② 매입에누리
③ 매입할인 ④ 상품을 수입함에 따른 관세

05. 다음 자료의 누락분을 반영한 수정 후 당기순이익은 얼마인가?

> • 수정 전 당기순이익 : 1,000,000원
> • 이자비용 기간경과분 반영 누락 : 당기분 20,000원
> • 전액 비용 처리한 지급보험료의 차기분 이월 누락 : 차기분 200,000원

① 820,000원 ② 1,180,000원 ③ 1,200,000원 ④ 1,220,000원

06. 다음 자료를 토대로 당기 대손상각비로 계상할 금액은 얼마인가?

> • 기초 대손충당금 잔액은 50,000원이다.
> • 10월 거래처의 파산으로 회수불가능 매출채권이 200,000원 발생하였다.

① 30,000원 ② 80,000원 ③ 150,000원 ④ 200,000원

07. 재고자산 평가 방법의 변경에 따른 기말재고자산 금액의 변동이 매출원가와 매출총이익에 미치는 영향으로 올바른 것은?

> (가) 기말재고자산 금액이 감소하면 매출원가가 증가한다.
> (나) 기말재고자산 금액이 감소하면 매출원가가 감소한다.
> (다) 기말재고자산 금액이 감소하면 매출총이익이 증가한다.
> (라) 기말재고자산 금액이 증가하면 매출총이익이 증가한다.

① (가), (나)   ② (다), (라)   ③ (나), (다)   ④ (가), (라)

08. 다음 중 유형자산의 취득원가에 가산하는 항목이 아닌 것은?

① 취득세, 등록세 등 유형자산의 취득과 직접 관련된 제세공과금
② 매입할인, 매입에누리
③ 취득 당시 설치비
④ 취득 관련 운송비

09. 다음 거래에 대한 회계처리 시 차변 계정과목으로 옳은 것은?

> 사무실에서 사용하고 있는 에어컨을 처분하고 대금은 보통예금 계좌로 이체받았다.

① 비품   ② 보통예금   ③ 외상매출금   ④ 받을어음

10. 다음은 무형자산에 대한 조건이다. 이에 해당하는 것으로 가장 옳은 것은?

> • 물리적 실체는 없지만, 식별이 가능해야 함
> • 자원에 대한 통제가 가능해야 함
> • 미래 경제적효익을 가져올 수 있는 비화폐성 자산

① 기계장치   ② 소프트웨어   ③ 차량운반구   ④ 받을어음

11. 재무제표의 작성기준 중 유동성배열법에 의한 재무제표 작성 시 다음 중 가장 나중에 배열되는 계정과목은 무엇인가?

① 사채　　　　　② 예수금　　　　　③ 미지급금　　　　　④ 선수수익

12. 다음 자료를 이용하여 외상매입금 기초잔액을 계산하면 얼마인가?

| • 당기 외상매입액 : 1,000,000원　　　　• 외상매입금 중 환출액 : 50,000원 |
| • 당기 외상매입금 지급액 : 1,100,000원　　• 외상매입금 기말잔액 : 300,000원 |

① 300,000원　　　② 350,000원　　　③ 400,000원　　　④ 450,000원

13. 개인 회사인 대성상사의 기말자본금이 510,000원일 때, 다음 자료에서 알 수 있는 당기의 인출금은 얼마인가?

| • 기초자본금　　　1,000,000원　　• 추가출자액　　　300,000원 |
| • 총수익　　　　　　 400,000원　　• 총비용　　　　　290,000원 |

① 900,000원　　　② 1,000,000원　　　③ 1,100,000원　　　④ 1,200,000원

14. 다음 중 영업손익에 영향을 미치는 거래는 무엇인가?

① 불우이웃을 돕기 위하여 기부금을 현금으로 지급하다.
② 운영경비 조달을 위한 사업용 자금 대출에 관한 이자비용을 보통예금으로 지급하다.
③ 영업부 직원의 급여를 보통예금에서 지급하다.
④ 정기예금에서 발생한 이자수익이 보통예금에 입금되다.

15. 다음 자료를 이용하여 상품 매출원가를 구하면 얼마인가?

| • 기초상품재고액은 3,000,000원이다. |
| • 당기의 상품매입액은 10,000,000원이다. |
| • 기말상품재고액은 3,000,000원이다. |

① 2,000,000원　　　② 3,000,000원　　　③ 10,000,000원　　　④ 12,000,000원

실무시험

우성상사(코드번호:1014)는 문구 및 잡화를 판매하는 개인기업이다. 당기(제13기) 회계기간은 2023.1.1. ~2023.12.31.이다. 전산세무회계 수험용 프로그램을 이용하여 다음 물음에 답하시오.

【 기 본 전 제 】

- 문제에서 한국채택국제회계기준을 적용하도록 하는 전제조건이 없는 경우, 일반기업회계기준을 적용하여 회계처리 한다.
- 문제의 풀이와 답안작성은 제시된 문제의 순서대로 진행한다.

문제 1 다음은 우성상사의 사업자등록증이다. [회사등록] 메뉴에 입력된 내용을 검토하여 누락분은 추가입력하고 잘못된 부분은 정정하시오(주소입력 시 우편번호는 입력하지 않아도 무방함). (6점)

사 업 자 등 록 증

(일반과세자)

등록번호 210-21-98692

상　　호　　명 : 우성상사
대　표　자　명 : 손우성
개 업 연 월 일 : 2011. 3. 9.
사 업 장 소 재 지 : 충청남도 홍성군 홍북읍 청사로174번길 9
사업자의 종류 : 업태 도소매　　종목 문구 및 잡화
교　부　사　유 : 신규

사업자 단위 과세 적용사업자 여부 : 여( ) 부(✔)
전자세금계산서 전용 전자우편주소 :

2011년 3월 9일

홍성세무서장

문제 2
다음은 우성상사의 전기분 재무상태표이다. 입력되어 있는 자료를 검토하여 오류 부분은 정정하고 누락된 부분은 추가 입력하시오. (6점)

재 무 상 태 표

회사명 : 우성상사　　　　　　　제12기 2022.12.31. 현재　　　　　　　(단위 : 원)

과 목	금	액	과 목	금	액
현　　　　　　금		43,000,000	외 상 매 입 금		59,000,000
당 좌 예 금		30,000,000	지 급 어 음		100,000,000
보 통 예 금		25,000,000	단 기 차 입 금		80,000,000
외 상 매 출 금	40,000,000		자 본 금		171,800,000
대 손 충 당 금	400,000	39,600,000	(당기순이익 :		
받 을 어 음	80,000,000		10,800,000)		
대 손 충 당 금	800,000	79,200,000			
상　　　　　　품		100,000,000			
차 량 운 반 구	60,000,000				
감가상각누계액	14,000,000	46,000,000			
비　　　　　　품	50,000,000				
감가상각누계액	2,000,000	48,000,000			
자 산 총 계		410,800,000	부채와자본총계		410,800,000

문제 3
다음 자료를 이용하여 입력하시오. (6점)

[1] 다음 자료를 이용하여 [기초정보관리]의 [거래처등록] 메뉴에서 거래처(신용카드)를 추가로 등록하시오 (단, 주어진 자료 외의 다른 항목은 입력할 필요 없음). (3점)

- 거래처코드 : 99811
- 카드번호 : 1000-2000-3000-4000
- 거래처명 : 나라카드
- 카드종류 : 3.사업용카드
- 유형 : 매입

[2] 우성상사의 거래처별 초기이월 채권과 채무의 잔액은 다음과 같다. 입력된 자료를 검토하여 잘못된 부분은 삭제 또는 수정, 추가 입력하여 자료에 맞게 정정하시오(거래처코드를 사용할 것). (3점)

계정과목	거래처	잔액	계
외상매출금	유통상사	10,000,000원	40,000,000원
	브런치상사	20,000,000원	
	하이상사	10,000,000원	
외상매입금	순암상사	20,000,000원	59,000,000원
	㈜다온유통	39,000,000원	

전산회계 2급

문제 4 다음의 거래 자료를 [일반전표입력] 메뉴를 이용하여 입력하시오. (24점)

―【 입력 시 유의사항 】―
- 적요의 입력은 생략한다.
- 부가가치세는 고려하지 않는다.
- 채권·채무와 관련된 거래는 별도의 요구가 없는 한 반드시 기등록된 거래처코드를 선택하는 방법으로 거래처명을 입력한다.
- 회계처리 시 계정과목은 별도의 제시가 없는 한 등록된 계정과목 중 가장 적절한 과목으로 한다.

[1] 07월 09일 영업부에서 사용할 차량 15,000,000원을 구입하고 당좌수표를 발행하여 지급하다. (3점)

[2] 08월 01일 영업부가 사용하는 본사 사무실의 관리비 300,000원을 보통예금에서 이체하였다. (3점)

[3] 08월 04일 본사의 주민세 사업소분 62,500원을 현금으로 납부하였다. (3점)

[4] 08월 12일 회사대표 손우성씨의 명함을 디자인명함에서 인쇄 제작하였다. 대금은 현금으로 지급하고, 현금영수증을 다음과 같이 수취하였다. (3점)

	디자인명함		
107-36-25785			박한준
서울특별시 영등포구 여의도동 44-3			TEL : 1566-5580
홈페이지 http://www.dhan.com			
	현금(지출증빙)		
구매 2023/08/12/15:35		거래번호 : 20230812-010	
상품명	수량	단가	금액
명함제작 202308121535010	1	20,000	20,000
		합 계	20,000
		받은금액	20,000

[5] 08월 18일 단기운용목적으로 ㈜우리의 발행주식 1,000주(1주당 액면금액 5,000원)를 1주당 6,000원에 취득하였다. 대금은 취득 시 발생한 별도의 수수료 130,000원을 포함하여 보통예금에서 지급하였다. (3점)

[6] 09월 03일   수원문구에 상품을 공급하기로 하고 7월 25일 체결한 계약에 따라 상품을 공급하면서
아래의 거래명세서를 발급하였다. 계약금을 제외한 나머지 대금은 외상으로 하다. (3점)

권	호			거래명세표(거래용)			
2023년 9월 3일							
수원문구 귀하		공급자	사업자등록번호	210-21-98692			
			상호	우성상사	성명	손우성 ㊞	
			사업장소재지	충청남도 홍성군 홍북읍 청사로174번길 9			
아래와 같이 계산합니다.			업태	도소매	종목	문구 및 잡화	
합계금액			오백만 원정 (₩ 5,000,000)				
월일	품목	규격	수량	단가	공급대가		
9월 3일	문구		1,000개	5,000원	5,000,000원		
	계				5,000,000원		
전잔금	없음		합	계	5,000,000원		
입금	500,000원	잔금	4,500,000원	인수자	정현용 ㊞		
비고	입금 500,000원은 계약금으로, 7월 25일 공급대가의 10%를 현금으로 수령한 것임						

[7] 10월 18일   본사 영업부 사무실 건물의 유리창을 교체하고 수리비는 신용카드로 결제하였다. (3점)

```
          카드매출전표
카드종류 : 현대카드
카드번호 : 5856-4512-20**-9965
거래일시 : 2023.10.18. 09:30:51
거래유형 : 신용승인
금    액 : 150,000원
결제방법 : 일시불
승인번호 : 10005539
은행확인 : 국민은행

      가맹점명 : 수리창호
       - 이 하 생 략 -
```

[8] 11월 24일   서울시에서 주관하는 나눔천사 기부릴레이에 참여하여 서대문구청에 현금 1,000,000
원을 기부하다. (3점)

문제 5 [일반전표입력] 메뉴에 입력된 내용 중 다음의 오류가 발견되었다. 입력된 내용을 검토하고 삭제, 수정 또는 추가 입력하여 올바르게 정정하시오. (6점)

[1] 09월 14일   영업부에서 사용하기 위한 업무용차량을 구입하면서 현금으로 지출한 취득세 130,000원을 세금과공과(판)으로 회계처리하였다. (3점)

[2] 11월 21일   당사가 현금으로 지급한 축의금 100,000원은 매출거래처 직원이 아니라 당사 영업부 직원의 결혼축의금으로 판명되었다. (3점)

문제 6 다음의 결산정리사항을 입력하여 결산을 완료하시오. (12점)

[1] 결산일 현재 송우상사의 단기대여금에 대하여 당기 기간경과분에 대한 이자 미수액 60,000원을 계상하다. (3점)

[2] 결산일 현재 기말 가지급금 계정 잔액 150,000원은 거래처 ㈜홍상사에 대한 외상매입금 지급액으로 확인되었다. (3점)

[3] 마이너스 통장인 행복은행의 보통예금 기말잔액이 -900,000원이다(기말잔액이 음수가 되지 않도록 적절한 계정으로 대체하되, 음수로 입력하지 말 것). (3점)

[4] 당기 기말상품재고액은 7,000,000원이다. (3점)

문제 7 다음 사항을 조회하여 알맞은 답안을 [이론문제 답안작성] 메뉴에 입력하시오. (10점)

[1] 2/4분기(4월~6월) 중 현금으로 지급한 수수료비용(판매비및관리비)은 얼마인가? (3점)

[2] 상반기(1월~6월) 중 복리후생비(판매비및관리비)를 가장 많이 지출한 달(月)과 가장 적게 지출한 달(月)의 금액간 차이는 얼마인가?(단, 음수로 입력하지 말 것) (4점)

[3] 6월 말 현재 거래처 인천상사에 대한 선급금 잔액은 얼마인가? (3점)

제102회 전산회계2급 기출

이론시험

다음 문제를 보고 알맞은 것을 골라 [이론문제 답안작성] 메뉴에 입력하시오.(객관식 문항당 2점)

―【 기 본 전 제 】―
문제에서 한국채택국제회계기준을 적용하도록 하는 전제조건이 없는 경우, 일반기업회계기준을 적용한다.

01. 다음의 계정별원장 중 잔액의 표시가 옳은 것은?

02. 다음 중 영업손익에 영향을 미치지 않는 것은?

① 급여   ② 접대비   ③ 이자비용   ④ 감가상각비

03. 다음 재무제표의 종류 중 (A)에 해당하는 것으로 가장 옳은 것은?

(A)는/은 일정 기간 동안 기업의 경영성과에 대한 정보를 제공하는 재무보고서이다. (A)는/은 해당 회계기간의 경영성과를 나타낼 뿐만 아니라 기업의 미래현금흐름과 수익창출능력 등의 예측에 유용한 정보를 제공한다.

① 주석   ② 손익계산서   ③ 재무상태표   ④ 자본변동표

04. 다음 중 아래의 빈칸에 들어갈 내용으로 적합한 것은?

> 단기금융상품은 만기가 결산일로부터 (　　　)이내에 도래하는 금융상품으로서 현금성자산이 아닌 것을 말한다.

① 1개월　　② 3개월　　③ 6개월　　④ 1년

05. 다음과 같이 주어진 자료에서 당기의 외상매출금 현금회수액은 얼마인가?

> • 외상매출금 기초잔액 : 2,000,000원
> • 외상매출금 기말잔액 : 3,000,000원
> • 당기에 발생한 외상매출액 : 5,000,000원
> • 당기에 발생한 외상매출금의 조기회수에 따른 매출할인액 : 40,000원
> • 외상매출금은 전액 현금으로 회수한다.

① 1,960,000원　　② 2,960,000원　　③ 3,960,000원　　④ 4,960,000원

06. 재고자산의 단가결정방법 중 후입선출법에 대한 설명으로 바르지 않은 것은?

① 실제 물량흐름과 원가흐름이 대체로 일치한다.
② 기말재고가 가장 오래 전에 매입한 상품의 단가로 계상된다.
③ 물가상승 시 이익이 과소계상된다.
④ 물가상승 시 기말재고가 과소평가된다.

07. 다음 중 유형자산으로 인식되기 위한 조건을 충족한 자본적지출에 해당하지 않는 것은?

① 엘리베이터의 설치　　② 건물의 증축비용
③ 건물 피난시설 설치　　④ 건물 내부의 조명기구 교체

08. 다음은 기계장치 처분과 관련된 자료이다. 해당 기계장치의 감가상각누계액은 얼마인가?

> • 취득가액 : 680,000원　　• 처분가액 : 770,000원　　• 유형자산처분이익 : 450,000원

① 300,000원　　② 330,000원　　③ 360,000원　　④ 390,000원

09. 다음의 설명과 관련한 계정과목으로 옳은 것은?

> 현금의 입금 등이 발생하였으나, 처리할 계정과목이나 금액이 확정되지 않은 경우, 계정과목이나 금액이 확정될 때까지 일시적으로 처리하는 계정과목

① 받을어음 ② 선수금 ③ 가지급금 ④ 가수금

10. 다음 중 외상매입금 계정이 차변에 기입되는 거래는?

> a. 상품구입 대금을 한 달 후에 지급하기로 한 때
> b. 외상매입대금을 현금으로 지급했을 때
> c. 외상매입대금을 보통예금 계좌에서 지급했을 때
> d. 상품 매출에 대한 외상대금이 보통예금 계좌로 입금된 때

① a, b ② b, c ③ c, d ④ b, d

11. 다음 설명에 해당하는 계정과목으로 옳은 것은?

> 주로 기업주가 개인적으로 소비하는 것을 말하며, 개인기업의 자본금 계정에 대한 평가계정으로 자본금 계정을 대신하여 사용되는 임시계정이다. 또한 기말 결산 시 자본금 계정에 대체 한다.

① 인출금 ② 예수금 ③ 미지급비용 ④ 선수금

12. 다음 지출내역 중 판매비와관리비에 해당하는 것을 모두 고른 것은?

> 가. 종업원 회식비용 ×××원
> 나. 차입금 지급이자 ×××원
> 다. 장애인단체 기부금 ×××원
> 라. 사무실 전화요금 ×××원

① 가, 나 ② 나, 다 ③ 가, 라 ④ 나, 라

13. 주어진 자료에서 당기손익으로 인식하는 금액은 얼마인가?

> 1. 2023년 1월 1일 기계장치 취득
>   • 취득가액 : 1,000,000원 • 잔존가액 : 0원
>   • 내용연수 : 5년 • 상각방법 : 정액법
> 2. 이자수익 : 100,000원

① 손실 200,000원 ② 손실 100,000원 ③ 이익 100,000원 ④ 이익 200,000원

14. 다음과 같이 주어진 자료에서 당기 기말손익계산서에 계상되는 보험료는 얼마인가?

> • 당기 보험료 현금지급액 : 40,000원
> • 기말 재무상태표에 계상된 선급보험료 : 10,000원

① 10,000원　　② 30,000원　　③ 40,000원　　④ 50,000원

15. 다음 중 수익이 증가한 경우 재무제표에 미치는 영향으로 맞는 것은?

① 자산의 증가 또는 부채의 감소에 따라 자본의 증가
② 자산의 증가 또는 부채의 감소에 따라 자본의 감소
③ 자산의 감소 또는 부채의 증가에 따라 자본의 증가
④ 자산의 감소 또는 부채의 증가에 따라 자본의 감소

실무시험

※ 유리상사(코드번호:1024)는 사무기기를 판매하는 개인기업이다. 당기(제14기)의 회계기간은 2023.1.1.~2023.12.31.이다. 전산세무회계 수험용 프로그램을 이용하여 다음 물음에 답하시오.

---【 기 본 전 제 】---

- 문제에서 한국채택국제회계기준을 적용하도록 하는 전제조건이 없는 경우, 일반기업회계기준을 적용하여 회계처리 한다.
- 문제의 풀이와 답안작성은 제시된 문제의 순서대로 진행한다.

문제 1 다음은 유리상사의 사업자등록증이다. [회사등록] 메뉴에 입력된 내용을 검토하여 누락분은 추가입력하고 잘못된 부분은 정정하시오(주소입력 시 우편번호는 입력하지 않아도 무방함). (6점)

사 업 자 등 록 증

(일반과세자)

등록번호 106 - 25 - 12340

상 호 명 : 유리상사
대 표 자 명 : 양안나
개 업 연 월 일 : 2010. 05. 09
사업장소재지 : 광주광역시 남구 봉선중앙로123번길 1(주월동)
사업자의 종류 : 업태 도소매   종목 사무기기
교 부 사 유 : 신규

사업자 단위 과세 적용사업자 여부 : 여( ) 부(✔)
전자세금계산서 전용 전자우편주소 :

2010년 5월 9일

광주세무서장

문제 2: 다음은 유리상사의 전기분 재무상태표이다. 입력되어 있는 자료를 검토하여 오류 부분은 정정하고 누락된 부분은 추가 입력하시오. (6점)

재 무 상 태 표

회사명 : 유리상사 제13기 2022.12.31. 현재 (단위 : 원)

과 목	금 액		과 목	금 액
현 금		50,000,000	외 상 매 입 금	23,200,000
당 좌 예 금		20,000,000	지 급 어 음	18,020,000
보 통 예 금		9,500,000	미 지 급 금	22,000,000
외 상 매 출 금	68,000,000		단 기 차 입 금	24,460,000
대 손 충 당 금	680,000	67,320,000	자 본 금	104,740,000
받 을 어 음	10,000,000			
대 손 충 당 금	100,000	9,900,000		
단 기 대 여 금		2,000,000		
미 수 금		1,000,000		
상 품		6,000,000		
차 량 운 반 구	35,000,000			
감 가 상 각 누 계 액	15,000,000	20,000,000		
비 품	7,000,000			
감 가 상 각 누 계 액	300,000	6,700,000		
자 산 총 계		192,420,000	부채와자본총계	192,420,000

문제 3: 다음 자료를 이용하여 입력하시오. (6점)

[1] 유리상사의 외상매출금과 외상매입금에 대한 거래처별 초기이월 잔액은 다음과 같다. 입력된 자료를 검토하여 잘못된 부분은 삭제 또는 수정, 추가 입력하여 주어진 자료에 맞게 정정하시오. (3점)

계정과목	거래처	잔액	합계
외상매출금	참푸른상사	15,000,000원	68,000,000원
	㈜오늘상회	53,000,000원	
외상매입금	해송상회	13,200,000원	23,200,000원
	㈜부일	10,000,000원	

[2] 다음 자료를 이용하여 [기초정보관리]의 [거래처등록] 메뉴에서 거래처를 추가로 등록하시오(단, 주어진 자료 외의 다른 항목은 입력할 필요 없음). (3점)

- 거래처코드 : 01000
- 거래처명 : 잘먹고잘살자
- 사업자등록번호 : 214-13-84536
- 대표자성명 : 김영석
- 거래처유형 : 매입
- 업태/종목 : 서비스/한식

문제 4 다음의 거래 자료를 [일반전표입력] 메뉴를 이용하여 입력하시오. (24점)

【 입력 시 유의사항 】

- 적요의 입력은 생략한다.
- 부가가치세는 고려하지 않는다.
- 채권·채무와 관련된 거래는 별도의 요구가 없는 한 반드시 기등록된 거래처코드를 선택하는 방법으로 거래처명을 입력한다.
- 회계처리 시 계정과목은 별도의 제시가 없는 한 등록된 계정과목 중 가장 적절한 과목으로 한다.

[1] 07월 06일 영업부 직원들의 직무역량 강화 교육을 위한 학원 수강료 100,000원을 보통예금 계좌에서 이체하여 지급하다. (3점)

[2] 08월 02일 강남상사로부터 임치하여 영업점으로 사용하던 건물의 임대차 계약이 만료되어 보증금 100,000,000원을 보통예금 계좌로 돌려받았다(단, 보증금의 거래처를 기재할 것). (3점)

[3] 08월 29일 거래처의 신규 매장 개설을 축하하기 위하여 영업부에서 거래처 선물용 화분 300,000원을 구입하고 사업용 카드(비씨카드)로 결제하였다. (3점)

```
                        카드매출전표
상호 : 나이뻐화원           사업자번호 : 130-52-12349
대표자 : 임꺽정             전화번호 : 041-630-0000
 [상품명]      [단가]      [수량]      [금액]
  화분       300,000원      1       300,000원
                          합 계 액     300,000원
                          받 은 금 액   300,000원

신용카드전표(고객용)
카드번호 : 1111-2222-3333-4444
카 드 사 : 비씨카드
거래일시 : 2023.08.29. 10:30:51
거래유형 : 신용승인
승인금액 : 300,000원
결제방법 : 일시불
승인번호 : 9461464
              이용해주셔서 감사합니다.
       교환/환불은 영수증을 지참하여 일주일 이내 가능합니다.
```

[4] 09월 06일   희정은행의 정기예금에 가입하고, 보통예금 계좌에서 10,000,000원을 이체하였다. (3점)

[5] 09월 20일   부산상사로부터 상품 1,000,000원을 매입하고 대금 중 600,000원은 당좌수표를 발행하여 지급하고 나머지는 현금으로 지급하다. (3점)

[6] 09월 30일   9월 중 입사한 영업부 신입사원 김하나의 9월분 급여를 다음과 같이 보통예금으로 지급하다. (3점)

유리상사 2023년 9월 급여명세서			
이 름	김하나	지 급 일	2023.09.30.
기 본 급 여	750,000원	소 득 세	0원
직 책 수 당	0원	지 방 소 득 세	0원
상 여 금	0원	고 용 보 험	6,000원
특 별 수 당	0원	국 민 연 금	0원
자가운전보조금	0원	건 강 보 험	0원
교 육 지 원 수 당	0원	기 타 공 제	0원
급 여 계	750,000원	공 제 합 계	6,000원
귀하의 노고에 감사드립니다.		차 인 지 급 액	744,000원

[7] 10월 11일   사업장 건물의 피난시설 설치공사를 실시하고 공사대금 3,000,000원은 보통예금으로 지급하였다(피난시설 설치공사는 건물의 자본적지출로 처리할 것). (3점)

[8] 10월 13일   미림전자의 파산으로 인하여 미림전자에 대한 외상매출금 2,600,000원을 전액 대손처리하기로 하다(대손 처리 시점의 외상매출금에 대한 대손충당금 잔액은 300,000원이다). (3점)

문제 5 [일반전표입력] 메뉴에 입력된 내용 중 다음의 오류가 발견되었다. 입력된 내용을 검토하고 수정 또는 삭제, 추가 입력하여 올바르게 정정하시오. (6점)

[1] 07월 09일 인천시청에 기부한 현금 200,000원이 세금과공과(판)로 회계처리 되었음을 확인하였다. (3점)

[2] 10월 12일 거래처 영랑문구의 외상매출금 5,000,000원을 보통예금 계좌로 이체받은 것으로 회계처리를 하였으나 실제로는 영랑문구에 대한 단기대여금 5,000,000원이 회수된 것으로 확인되었다. (3점)

문제 6 다음의 결산정리사항을 입력하여 결산을 완료하시오. (12점)

[1] 결산일 현재까지 현금과부족 계정으로 처리한 현금부족액 100,000원에 대한 원인이 밝혀지지 않았다. (3점)

[2] 기말 현재 가수금 계정의 잔액 500,000원은 차기 매출과 관련하여 거래처 인천상사로부터 수령한 계약금으로 확인되었다(계약금은 선수금으로 처리할 것). (3점)

[3] 농협은행으로부터 연 이자율 6%로 10,000,000원을 12개월간 차입(차입기간:2023.9.1.~2024.8.31.)하고, 이자는 12개월 후 차입금 상환 시점에 일시 지급하기로 하였다. 결산분개를 하시오(단, 이자는 월할 계산할 것). (3점)

[4] 2021년 1월 1일에 영업부에서 구매하였던 차량운반구의 당기분 감가상각비를 계상하다(취득원가 60,000,000원, 잔존가액 4,000,000원, 내용연수 8년, 정액법). (3점)

문제 7 다음 사항을 조회하여 알맞은 답안을 이론문제 답안작성 메뉴에 입력하시오. (10점)

[1] 6월 30일 현재 가지급금 잔액은 얼마인가? (3점)

[2] 1월부터 6월까지의 접대비(판)를 가장 많이 지출한 달(月)과 가장 적게 지출한 달(月)의 차이 금액은 얼마인가? (단, 음수로 입력하지 말 것) (4점)

[3] 6월 말 현재 미지급금 잔액이 가장 많은 거래처의 상호와 미지급금 잔액은 얼마인가? (3점)

제103회 전산회계2급 기출

이론시험

다음 문제를 보고 알맞은 것을 골라 [이론문제 답안작성] 메뉴에 입력하시오.(객관식 문항당 2점)

---【 기 본 전 제 】---
문제에서 한국채택국제회계기준을 적용하도록 하는 전제조건이 없는 경우, 일반기업회계기준을 적용한다.

---

01. 다음의 내용과 관련된 계정과목으로 적절한 것은?

> 기간 경과에 따라 발생하는 이자, 임대료 등의 당기 수익 중 미수액

① 외상매출금　　② 미수금　　③ 선수금　　④ 미수수익

02. 다음 중 기말재고자산을 과소평가하였을 때 나타나는 현상으로 옳은 것은?

	매출원가	당기순이익
①	과소계상	과대계상
②	과소계상	과소계상
③	과대계상	과대계상
④	과대계상	과소계상

03. 회사의 판매용 상품매입과 관련한 다음의 분개에서 ( ) 안에 들어갈 수 없는 계정과목은 무엇인가?

(차) 상품	100,000원	(대) ( )	100,000원

① 현금　　② 보통예금　　③ 미지급금　　④ 외상매입금

04. 다음 중 회계상 거래에 해당하지 않는 것은?

① 화재로 인하여 창고에 보관하고 있던 상품 2,000,000원이 소실되었다.
② 영업사원 1명을 월 급여 2,000,000원으로 채용하기로 하였다.
③ 금고에 보관 중인 현금 2,000,000원을 도난당하였다.
④ 상품을 2,000,000원에 구입하고 대금은 월말에 지급하기로 하였다.

05. 다음 중 분류가 잘못된 것은?

① 재고자산 : 제품
② 유형자산 : 토지
③ 무형자산 : 특허권
④ 비유동부채 : 단기차입금

06. 다음 중 당좌예금 계정을 사용하는 거래는 무엇인가?

① 종업원의 급여를 보통예금 계좌에서 이체하여 지급하였다.
② 외상매출금을 현금으로 받아 즉시 당좌예금 계좌에 입금하였다.
③ 상품을 매출하고 대금은 거래처가 발행한 당좌수표로 받았다.
④ 상품을 매입하고 대금은 약속어음을 발행하여 지급하였다.

07. 다음 중 단기매매증권에 대한 설명으로 옳지 않은 것은?

① 주로 단기간 내의 매매차익을 목적으로 하여 취득한 유가증권으로 매수 및 매도가 빈번하게 이루어지는 것을 말한다.
② 재무상태표상 단기투자자산으로 통합하여 표시할 수 있다.
③ 취득원가는 취득 시점의 공정가치로 인식하며, 매입수수료도 취득원가에 포함한다.
④ 결산일 현재 보유하고 있는 단기매매증권은 공정가치로 평가하고, 단기매매증권의 평가손익은 영업외손익으로 보고한다.

08. 약속어음 수취 시 회계처리에 관한 아래의 설명에서 ( ) 안에 들어갈 적절한 계정과목은 무엇인가?

상품을 매출하고 대금 회수 시 전액을 약속어음으로 수취하면 차변에 ( ) 계정으로 회계처리한다.

① 지급어음
② 외상매출금
③ 미수금
④ 받을어음

09. 감가상각방법 중 정액법과 관련한 설명으로 가장 적합한 것은?

① 자산의 예상 조업도 혹은 예상 생산량에 근거하여 감가상각액을 인식하는 방법이다.
② 초기에 감가상각비가 많이 계상되는 가속상각방법이다.
③ (취득원가－잔존가액)을 내용연수 동안에 매기 균등하게 배분하여 상각하는 방법이다.
④ 취득원가를 내용연수의 합계로 나눈 다음 내용연수의 역순을 곱하여 계산하는 방법이다.

10. 다음 자료를 참고하여 ㈜혜성이 당기 중에 처분한 업무용 승용차량의 취득가액으로 옳은 것은?

| • 처분가액 | 1,000,000원 | • 감가상각누계액 | 1,800,000원 |
| • 유형자산처분이익 | 100,000원 | | |

① 2,500,000원 ② 2,600,000원 ③ 2,700,000원 ④ 2,800,000원

11. 다음의 자료 중 재무상태표의 자산에 포함되는 금액은 모두 얼마인가?

| • 미지급금 | 7,000,000원 | • 예수금 | 3,000,000원 |
| • 선수금 | 2,000,000원 | • 임차보증금 | 30,000,000원 |

① 10,000,000원 ② 15,000,000원 ③ 30,000,000원 ④ 40,000,000원

12. 다음 자료에서 기말자산은 얼마인가?

| • 기초자산 | 500,000원 | • 기초자본 | 300,000원 | • 기초부채 | 200,000원 |
| • 총수익 | 1,500,000원 | • 총비용 | 1,000,000원 | • 기말부채 | 600,000원 |

① 1,000,000원 ② 1,200,000원 ③ 1,400,000원 ④ 1,600,000원

13. 다음 자료의 ( ) 안에 들어갈 적절한 단어는 무엇인가?

( )이란 기업이 일시적으로 맡아서 나중에 지급하는 부채이다. 일반적 상거래 이외에서 발생하는 일시적인 것으로 유동부채에 속한다.

① 예수금 ② 선급비용 ③ 선수금 ④ 가수금

14. 다음의 자료에서 영업외비용에 해당하는 것을 모두 고른 것은?

가. 복리후생비	나. 이자비용
다. 접대비	라. 기부금
마. 여비교통비	

① 가, 마 ② 나, 다 ③ 나, 라 ④ 다, 마

15. 다음은 손익계산서의 일부이다. 매출총이익을 구하시오.

손익계산서
2023년 1월 ~ 2023년 12월

매출액	기초상품재고액	당기총매입액	기말상품재고액	매출총이익
130,000원	24,000원	108,000원	20,000원	?

① 18,000원 ② 20,000원 ③ 22,000원 ④ 24,000원

전산회계 2급

실무시험

충정물산(코드번호:1034)은 전자제품을 판매하는 개인기업이다. 당기(제9기)의 회계기간은 2023.1.1.~2023.12.31.이다. 전산세무회계 수험용 프로그램을 이용하여 다음 물음에 답하시오.

―【 기 본 전 제 】―
- 문제에서 한국채택국제회계기준을 적용하도록 하는 전제조건이 없는 경우, 일반기업회계기준을 적용하여 회계처리 한다.
- 문제의 풀이와 답안작성은 제시된 문제의 순서대로 진행한다.

문제 1 다음은 충정물산의 사업자등록증이다. [회사등록] 메뉴에 입력된 내용을 검토하여 누락분은 추가입력하고 잘못된 부분은 정정하시오(주소입력 시 우편번호는 입력하지 않아도 무방함). (6점)

사 업 자 등 록 증
(일반과세자)
등록번호 : 110-35-65845

상　　　호 : 충정물산
성　　　명 : 최성호　　　　　생 년 월 일 : 1970 년 01 월 02 일
개 업 연 월 일 : 2015년 02월 01일
사업장소재지 : 서울특별시 서대문구 독립문로8길 3

사업의 종류 : 업태 도소매　　　종목 전자제품

발 급 사 유 : 신규
공 동 사 업 자 :

사업자 단위 과세 적용사업자 여부 : 여(　) 부(v)
전자세금계산서 전용 전자우편주소 :

2015 년 02 월 01 일
서 대 문 세 무 서 장

문제 2 다음은 충정물산의 전기분 손익계산서이다. 입력되어 있는 자료를 검토하여 오류 부분은 정정하고 누락된 부분은 추가 입력하시오. (6점)

손익계산서

회사명 : 충정물산   제8기 2022.1.1. ~ 2022.12.31.   (단위 : 원)

과 목	금 액	과 목	금 액
Ⅰ 매 출 액	137,000,000	Ⅴ 영 업 이 익	12,200,000
상 품 매 출	137,000,000	Ⅵ 영 업 외 수 익	2,000,000
Ⅱ 매 출 원 가	107,000,000	이 자 수 익	500,000
상 품 매 출 원 가	107,000,000	잡 이 익	1,500,000
기 초 상 품 재 고 액	9,000,000	Ⅶ 영 업 외 비 용	50,000
당 기 상 품 매 입 액	115,000,000	잡 손 실	50,000
기 말 상 품 재 고 액	17,000,000	Ⅷ 소 득 세 차 감 전 순 이 익	
Ⅲ 매 출 총 이 익	30,000,000	Ⅸ 소 득 세 등	0
Ⅳ 판 매 비 와 관 리 비	17,800,000	Ⅹ 당 기 순 이 익	14,150,000
급 여	12,400,000		
복 리 후 생 비	1,400,000		
접 대 비	3,320,000		
감 가 상 각 비	170,000		
보 험 료	220,000		
차 량 유 지 비	100,000		
소 모 품 비	190,000		

문제 3 다음 자료를 이용하여 입력하시오. (6점)

[1] 다음은 충정물산의 신규거래처이다. [거래처등록] 메뉴에서 거래처를 추가로 등록하시오(주어진 자료 외의 다른 항목은 입력할 필요 없음). (3점)

- 상호 : 영랑실업
- 대표자명 : 김화랑
- 업태 : 도소매
- 유형 : 매출
- 거래처코드 : 0330
- 사업자등록번호 : 227-32-25868
- 종목 : 전자제품
- 사업장 소재지 : 강원도 속초시 영랑로5길 3(영랑동)

※ 주소입력 시 우편번호는 입력하지 않아도 무방함.

[2] 다음 자료를 이용하여 [계정과목및적요등록] 메뉴에서 판매비및일반관리비 항목의 복리후생비 계정에 적요를 추가로 등록하시오. (3점)

대체적요 3. 직원회식비 신용카드 결제

문제 4 다음의 거래 자료를 [일반전표입력] 메뉴를 이용하여 입력하시오. (24점)

【 입력 시 유의사항 】

· 적요의 입력은 생략한다.
· 부가가치세는 고려하지 않는다.
· 채권·채무와 관련된 거래는 별도의 요구가 없는 한 반드시 기등록된 거래처코드를 선택하는 방법으로 거래처명을 입력한다.
· 회계처리 시 계정과목은 별도의 제시가 없는 한 등록된 계정과목 중 가장 적절한 과목으로 한다.

[1] 07월 21일 거래처 영우상회로부터 회수한 외상매출금 중 2,000,000원은 현금으로 수령하고, 나머지 8,000,000원은 보통예금 계좌로 입금되었다. (3점)

[2] 08월 05일 매장을 신축하기 위하여 토지를 20,000,000원에 취득하고 대금은 당좌수표를 발행하여 지급하였다. 토지 취득 시 취득세 400,000원은 현금으로 지급하였다. (3점)

[3] 08월 26일 영업부 직원들의 국민연금보험료 회사부담분 90,000원과 직원부담분 90,000원이 보통예금 계좌에서 지급하였다(단, 회사부담분은 세금과공과 계정을 사용하시오). (3점)

[4] 09월 08일 영업사원의 식사비를 서울식당에서 사업용 카드로 결제하였다. (3점)

```
          카드매출전표
─────────────────────
카 드 종 류 : 우리카드
회 원 번 호 : 2245-1223-****-1534
거 래 일 시 : 2023.9.8. 12:53:54
거 래 유 형 : 신용승인
매  출  액 : 200,000원
합  계  액 : 200,000원
결 제 방 법 : 일시불
승 인 번 호 : 6354887765
은 행 확 인 : 우리은행
가 맹 점 명 : 서울식당
─────────────────────
         - 이 하 생 략 -
```

[5] 09월 20일   거래처가 사용할 KF94 마스크를 100,000원에 현금 구입하고 현금영수증을 받았다. (3점)

서대문상회

110-36-62151   이중재
서울특별시 서대문구 충정로 44   TEL : 1566-4451

홈페이지 http://www.kacpta.or.kr

현금영수증(지출증빙용)

구매 2023/09/20/14:45   거래번호 : 20220920-0105

상품명	수량	단가	금액
KF94마스크	200	500	100,000원
202309200105		물 품 가 액	100,000원
		합 계	100,000원
		받 은 금 액	100,000원

[6] 10월 05일   선진상사로부터 사무실 비품 2,500,000원을 구입하고, 대금은 외상으로 하였다(단, 부가가치세는 무시한다). (3점)

거래명세표(보관용)

권   호
2023년 10월 5일

충정물산   귀하

공급자
사업자등록번호	378-62-00158
상 호	선진상사 성 명 나사장 ㉘
사 업 장 소 재 지	부산광역시 동래구 미남로 116번길 98, 1층
업 태	도소매 종 목 전자제품

아래와 같이 계산합니다.

합계금액   이백오십만 원정 (₩   2,500,000   )

월일	품 목	규격	수량	단가	공급대가
10월 5일	전자제품 AF-1		1	2,500,000원	2,500,000원
	계				2,500,000원

전잔금	없음			합 계	2,500,000원
입 금		잔 금	2,500,000원	인수자 김길동 ㉘
비 고					

[7] 11월 30일   ㈜한성과 사무실 임대차 계약을 하고, 즉시 보증금 50,000,000원을 보통예금 계좌에서 이체하여 지급하였다(단, 임대차계약 기간은 보증금 지급 즉시 시작한다). (3점)

[8] 12월 09일   대한은행으로부터 5,000,000원을 4개월간 차입하기로 하고, 선이자 125,000원을 제외한 잔액이 당사 보통예금 계좌에 입금되었다(선이자는 이자비용으로 회계처리하고, 하나의 전표로 입력할 것). (3점)

문제 5   [일반전표입력] 메뉴에 입력된 내용 중 다음의 오류가 발견되었다. 입력된 내용을 검토하고 수정 또는 삭제, 추가 입력하여 올바르게 정정하시오. (6점)

[1] 10월 01일   보통예금 계좌에서 출금된 101,000원을 모두 순천상사에 대한 외상매입금 지급으로 처리하였으나, 이 중 1,000원은 계좌이체 수수료로 확인되었다. (3점)

[2] 11월 26일   거래처 순천상사로부터 보통예금 계좌에 입금된 400,000원을 가수금으로 처리하였으나 순천상사의 외상매출금 400,000원이 회수된 것이다. (3점)

문제 6   다음의 결산정리사항을 입력하여 결산을 완료하시오. (12점)

[1] 05월 01일   영업부의 업무용 자동차 보험료(보험기간 : 2023.5.1.~2024.4.30.) 900,000원을 지급하고 전액 보험료로 비용처리 하였다. 기말수정분개를 하시오(단, 월할계산하고 음수로 입력하지 말 것). (3점)

[2] 가지급금 잔액 44,000원은 영업부 직원의 시외교통비 지급액으로 판명되었다. (3점)

[3] 기말 현재 인출금 계정 잔액 500,000원을 자본금으로 정리하다. (3점)

[4] 영업부에서 사용할 소모품을 구입하고 비용으로 처리한 금액 중 기말 현재 미사용한 금액은 200,000원이다. (3점)

문제 7   다음 사항을 조회하여 알맞은 답안을 이론문제 답안작성 메뉴에 입력하시오. (10점)

[1] 6월 30일 현재 유동부채는 얼마인가? (3점)

[2] 상반기 중 상품매출이 가장 많이 발생한 달(月)과 그 금액은 얼마인가? (4점)

[3] 4월 30일 거래처 오렌지유통의 외상매출금 잔액은 얼마인가? (3점)

제104회 전산회계2급 기출

이론시험

다음 문제를 보고 알맞은 것을 골라 [이론문제 답안작성] 메뉴에 입력하시오.(객관식 문항당 2점)

───【 기 본 전 제 】───
문제에서 한국채택국제회계기준을 적용하도록 하는 전제조건이 없는 경우, 일반기업회계기준을 적용한다.

01. 다음 중 혼합거래에 속하는 것은?

① 보험료 40,000원을 현금으로 지급하다.
② 비품 40,000원을 구입하고 대금은 신용카드로 결제하다.
③ 현금 10,000,000원을 출자하여 영업을 개시하다.
④ 단기대여금 1,000,000원과 이자 20,000원을 현금으로 받다.

02. 다음 중 거래의 결합관계에서 동시에 나타날 수 없는 것은?

① 비용의 발생과 자산의 감소
② 자산의 증가와 부채의 증가
③ 자본의 증가와 부채의 증가
④ 자산의 증가와 수익의 발생

03. 다음 중 기업 결산일의 경영성과를 나타내는 재무보고서의 계정과목에 해당하는 것은?

① 예수금   ② 기부금   ③ 선급비용   ④ 미지급비용

04. 다음 중 재무상태표에 대한 설명으로 옳지 않은 것은?

① 일정한 시점의 재무상태를 나타내는 보고서이다.
② 기초자본과 기말자본을 비교하여 당기순손익을 산출한다.
③ 재무상태표 등식은 '자산=부채+자본'이다.
④ 자산과 부채는 유동성이 낮은 순서로 기록한다.

05. 다음 자료에 의한 기말 현재 대손충당금 잔액은 얼마인가?

- 기초 대손충당금 : 150,000원
- 전년도에 대손충당금과 상계하였던 거래처 찬희상사의 외상매출금 200,000원을 회수하였다.
- 기초 매출채권 : 15,000,000원
- 기말 매출채권 : 10,000,000원
- 기말 매출채권 잔액에 대하여 1%의 대손충당금을 설정하기로 한다.

① 100,000원   ② 240,000원   ③ 250,000원   ④ 300,000원

06. 다음 중 재고자산에 대한 설명으로 틀린 것은?

① 재고자산의 취득원가에는 매입가액 뿐만 아니라, 매입운임 등 매입부대비용까지 포함한다.
② 선입선출법은 먼저 구매한 상품이 먼저 판매된다는 가정하에 매출원가 및 기말재고액을 구하는 방법이다.
③ 후입선출법은 나중에 구매한 상품이 나중에 판매된다는 가정하에 매출원가 및 기말재고액을 구하는 방법이다.
④ 개별법은 매입단가를 개별적으로 파악하여 매출원가와 기말재고액을 결정하는 방법이다.

07. 당해연도 기말재고액이 1,000원만큼 과대계상될 경우, 이 오류가 미치는 영향으로 옳지 않은 것은?

① 당해연도 매출총이익이 1,000원만큼 과대계상된다.
② 당해연도 기말재고자산이 1,000원만큼 과대계상된다.
③ 다음연도 기초재고자산이 1,000원만큼 과대계상된다.
④ 당해연도 매출원가가 1,000원만큼 과대계상된다.

08. 다음 중 아래 자료의 (가)와 (나)에 들어갈 내용으로 옳은 것은?

> 자동차를 판매용으로 취득하면 (가)으로, 영업에 사용할 목적으로 취득하면 (나)으로 처리한다.

	(가)	(나)
①	재고자산	투자자산
②	투자자산	재고자산
③	재고자산	유형자산
④	유형자산	재고자산

09. 다음 중 일반기업회계기준상 유형자산의 감가상각방법으로 인정되지 않는 것은?

① 정액법 ② 정률법 ③ 평균법 ④ 연수합계법

10. 외상매입금을 조기 지급하여 매입할인을 받은 경우, 당기 손익계산서에 미치는 영향으로 가장 옳은 것은?

① 순매입액의 감소   ② 순매입액의 증가
③ 매출총이익의 감소   ④ 영업이익의 감소

11. 결산 시 선수이자에 대한 결산정리분개를 누락한 경우, 기말 재무제표에 미치는 영향으로 옳은 것은?

① 부채의 과소계상   ② 수익의 과소계상
③ 자산의 과대계상   ④ 비용의 과소계상

12. 다음 중 자본구성 내역을 자본거래와 손익거래 결과로 구분할 때, 그 구분이 다른 것은?

① 자본금 ② 자본조정 ③ 이익잉여금 ④ 자본잉여금

13. 다음과 같은 자료만으로 알 수 있는 당기의 추가출자액은 얼마인가?

> • 당기에 현금 50,000,000원을 출자하여 영업을 개시하다.
> • 사업주가 개인사용을 목적으로 인출한 금액은 5,000,000원이다.
> • 당기의 기말자본금은 70,000,000원이다.
> • 당기 기말결산의 당기순이익은 10,000,000원이다.

① 5,000,000원 ② 9,000,000원 ③ 15,000,000원 ④ 20,000,000원

14. 다음 중 손익계산서의 영업이익에 영향을 미치는 것은?

① 기부금
② 차입금에 대한 이자 지급액
③ 판매촉진 목적으로 광고, 홍보, 선전 등을 위하여 지급한 금액
④ 유형자산을 장부가액보다 낮은 가격으로 처분하여 발생한 손실 금액

15. 다음 중 자산에 속하는 계정과목이 아닌 것은?

① 구축물 ② 개발비 ③ 임대보증금 ④ 단기금융상품

실무시험

가온상사(코드번호:1044)는 문구 및 잡화를 판매하는 개인기업이다. 당기(제9기)의 회계기간은 2023.1.1.~2023.12.31.이다. 전산세무회계 수험용 프로그램을 이용하여 다음 물음에 답하시오.

―【 기 본 전 제 】―
- 문제에서 한국채택국제회계기준을 적용하도록 하는 전제조건이 없는 경우, 일반기업회계기준을 적용하여 회계처리 한다.
- 문제의 풀이와 답안작성은 제시된 문제의 순서대로 진행한다.

문제 1 다음은 가온상사의 사업자등록증이다. [회사등록] 메뉴에 입력된 내용을 검토하여 누락분은 추가입력하고 잘못된 부분은 정정하시오(주소 입력 시 우편번호는 입력하지 않아도 무방함). (6점)

사 업 자 등 록 증
(일반과세자)

등록번호 : 113-25-00916

상　　　호 : 가온상사
성　　　명 : 조형오　　　　　생 년 월 일 : 1970 년 10 월 11 일
개 업 연 월 일 : 2015 년 03 월 09 일
사업장소재지 : 경기도 안산시 단원구 신길로 20(신길동)

사 업 의 종 류 : 업태 도소매　　　　종목 문구 및 잡화

발 급 사 유 : 신규
공 동 사 업 자 :

사업자 단위 과세 적용사업자 여부 : 여( ) 부(v)
전자세금계산서 전용 전자우편주소 :

2015 년 03 월 09 일
안 산 세 무 서 장

 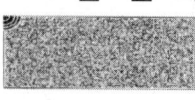  

문제 2

다음은 가온상사의 전기분 재무상태표이다. 입력되어 있는 자료를 검토하여 오류부분은 정정하고 누락된 부분은 추가 입력하시오. (6점)

재무상태표

회사명 : 가온상사 　　　　　제8기 2022.12.31. 현재 　　　　　(단위 : 원)

과　　　　　목	금　　　액		과　　　　　목	금　　　액
현　　　　　금		50,000,000	외 상 매 입 금	45,000,000
보 통 예 금		30,000,000	지 급 어 음	20,000,000
정 기 예 금		20,000,000	선 수 금	20,000,000
외 상 매 출 금	50,000,000		단 기 차 입 금	40,000,000
대 손 충 당 금	500,000	49,500,000	자 본 금	212,200,000
받 을 어 음	30,000,000		(당 기 순 이 익	
대 손 충 당 금	300,000	29,700,000	: 15,000,000)	
단 기 대 여 금		10,000,000		
미 수 금		20,000,000		
상　　　　　품		80,000,000		
차 량 운 반 구	52,000,000			
감가상각누계액	23,000,000	29,000,000		
비　　　　　품	20,000,000			
감가상각누계액	1,000,000	19,000,000		
자 산 총 계		337,200,000	부채와 자본총계	337,200,000

문제 3

다음 자료를 이용하여 입력하시오. (6점)

[1] 가온상사는 상품을 매입하고 상품매입대금을 어음으로 지급하는 금액이 커지고 있다. 146.상품 계정과목에 다음의 적요를 추가 등록하시오. (3점)

> 대체적요 : NO. 5 상품 어음 매입

[2] 다음은 가온상사의 신규거래처이다. 아래의 자료를 이용하여 [거래처등록] 메뉴에 추가등록 하시오(주어진 자료 외의 다른 항목은 입력할 필요 없음). (3점)

- 상호 : 모닝문구
- 대표자명 : 최민혜
- 업태 : 도소매
- 유형 : 매출
- 회사코드 : 1001
- 사업자등록번호 : 305-24-63212
- 종목 : 문구 및 잡화
- 사업장소재지 : 대전광역시 대덕구 한밭대로 1000(오정동)
- ※ 주소입력 시 우편번호는 입력하지 않아도 무방함.

전산회계 2급

문제 4 다음의 거래 자료를 [일반전표입력] 메뉴를 이용하여 입력하시오. (24점)

【 입력 시 유의사항 】

· 적요의 입력은 생략한다.
· 부가가치세는 고려하지 않는다.
· 채권·채무와 관련된 거래는 별도의 요구가 없는 한 반드시 기등록된 거래처코드를 선택하는 방법으로 거래처명을 입력한다.
· 회계처리 시 계정과목은 별도의 제시가 없는 한 등록된 계정과목 중 가장 적절한 과목으로 한다.

---

[1] 07월 15일 대전중앙신협에서 사업운영자금으로 50,000,000원을 차입하여 즉시 보통예금 계좌에 입금하다(1년 만기, 만기일 2023년 7월 14일, 이자율 연 4%, 이자 지급은 만기 시 일괄 지급한다). (3점)

[2] 07월 16일 다음은 로뎀문구에서 상품을 매입하고 받은 거래명세표이다. 7월 5일 지급한 계약금을 제외하고, 당좌수표를 발행하여 잔금 5,940,000원을 지급하다. (3점)

거래명세표(거래용)

권	호		
2023년 7월 16일			

가온상사 귀하

공급자	사업자등록번호	220-34-00176	
	상 호	로뎀문구	성 명 최한대 ㉑
	사업장소재지	경기도 안산시 상록구 반석로 44	
	업 태	도소매	종 목 문구 및 잡화

아래와 같이 계산합니다.

합계금액	육백육십만 원정 (₩ 6,600,000)

월일	품 목	규 격	수 량	단 가	공 급 대 가
7월 16일	문구		1,000개	6,600원	6,600,000원
	계				6,600,000원

전잔금	없음		합	계	6,600,000원
입 금	660,000원	잔 금	5,940,000원	인수자	조형오 ㉑
비 고	입금 660,000원은 계약금으로, 7월 5일 공급대가의 10%를 현금으로 수령한 것임.				

[3] 07월 28일   영업부 사원의 출장경비 중 신한카드(사업용카드)로 지급한 영수증을 받다(출장경비는 여비교통비로 처리할 것). (3점)

시설물 이용 영수증(주차비)

명 칭	유성주차장
주 소	대전광역시 유성구 궁동 220
사업자번호	305-35-65424
사 업 자 명	이진식
발 행 일 자	2023-7-28
차 량 번 호	54거3478
지 불 방 법	신한카드
승 인 번 호	20006721
카 드 번 호	54322362****3564
입 차 일 시	2023-7-28 13:22:22
출 차 일 시	2023-7-28 14:52:22
주 차 시 간	1시간 30분
정 산 요 금	5,000원

이용해 주셔서 감사합니다.

[4] 08월 28일   씨엔제이상사에 상품을 판매하고 발급한 거래명세표이다. 판매대금 중 20,000,000원은 당좌수표로 받고, 잔액은 6개월 만기 동점 발행 약속어음으로 받았다. (3점)

거래명세표 (보관용)

권   호
2023년 8월 28일

씨엔제이상사 귀하

공급자		
사업자등록번호	113-25-00916	
상 호	가온상사	성 명 조형오 ㊞
사업장소재지	경기도 안산시 단원구 신길로 20	
업 태	도소매	종 목 문구 및 잡화

아래와 같이 계산합니다.

합계금액	이천오백만 원정 (₩ 25,000,000)

월일	품 목	규격	수량	단가	공 급 대 가
8월 28일	문구류		100	250,000원	25,000,000원
	계				25,000,000원

전잔금	없음		합	계	25,000,000원
입 금	20,000,000원	잔 금	5,000,000원	인수자	최찬희 ㊞
비 고	당좌수표 수령, 잔금은 6개월 만기 약속어음으로 수령				

[5] 09월 20일   반월상사에 외상으로 9월 3일에 판매하였던 상품 3,000,000원이 견본과 다르다는 이유로 반품되었다. 반품액은 매출환입및에누리로 처리한다(단, 음수로 회계처리하지 말 것). (3점)

[6] 10월 15일   조선상사에 대한 외상매입금 1,300,000원을 지급하기 위하여 발해상사로부터 매출대금으로 받은 약속어음 1,200,000원을 배서양도하고 나머지는 현금으로 지급하다. (3점)

[7] 11월 27일   거래처인 비전상사의 미지급금 12,500,000원 중 10,000,000원은 당좌수표를 발행하여 지급하고, 나머지는 면제받았다(단, 매입할인은 아님). (3점)

[8] 12월 30일   신규 취득한 업무용 차량에 대한 취득세를 현금으로 납부하고, 다음과 같은 영수증을 수령하였다. (3점)

인천광역시	차량취득세납부영수증		납부(납입)서		납세자보관용 영수증	
납세자	가온상사					
주소	경기도 안산시 단원구 신길로 20					
납세번호	기관번호 3806904	제목 10101502		납세년월기 202311	과세번호 0001070	
과세내역	차번	45조4079		년식 2023	과세표준액	
	목적	신규등록(일반등록)	특례	세율특례없음		37,683,000
	차명	그랜져				
	차종	승용자동차		세율 70/1000		
세목	납부세액		납부할 세액 합계		전용계좌로도 편리하게 납부!!	
취득세	2,637,810				우리은행	620-441829-64-125
가산세	0		2,637,810 원		신한은행	563-04433-245814
지방교육세	0				하나은행	117-865254-74125
농어촌특별세	0		신고납부기한		국민은행	4205-84-28179245
합계세액	2,637,810		2023. 12. 30. 까지		기업은행	528-774145-58-247
지방세법 제6조~22조, 제30조의 규정에 의하여 위와 같이 신고하고 납부 합니다.					■전용계좌 납부안내(뒷면참조)	
담당자		위의 금액을 영수합니다.				
권유리	납부장소 : 전국은행(한국은행제외) 우체국 농협			2023년 12월 30일	수납인	

문제 5
[일반전표입력] 메뉴에 입력된 내용 중 다음의 오류가 발견되었다. 입력된 내용을 검토하고 수정 또는 삭제, 추가 입력하여 올바르게 정정하시오. (6점)

[1] 09월 15일 거래처 월평문구로부터 외상매출금을 현금으로 회수하고 회계처리한 100,000원이 실제로는 월평문구와 상품 추가 판매계약을 맺고 계약금으로 현금 100,000원을 받은 것으로 확인되었다. (3점)

[2] 12월 18일 영업부의 문서 출력용 프린터를 구입하면서 소모품인 A4용지 100,000원을 포함하여 비품으로 처리하였다(단, 소모품은 비용으로 처리할 것). (3점)

문제 6
다음의 결산정리사항을 입력하여 결산을 완료하시오. (12점)

[1] A사무실을 임대료 6,000,000원(임대기간 2023년 7월 1일~2024년 6월 30일)에 임대하는 것으로 계약하고, 임대료는 임대계약기간 종료일에 전액 수령하기로 하였다(단, 월할 계산할 것). (3점)

[2] 3개월 전 단기투자목적으로 양촌㈜의 주식 100주(액면금액 @5,000원)를 주당 25,000원에 취득하였으며, 기말 현재 이 주식의 공정가치는 주당 30,000원이다. (3점)

[3] 10월 1일에 보통예금 계좌에서 이체하여 납부한 사업장의 화재보험료 120,000원(보험기간 2023년 10월 1일~2024년 9월 30일)은 차기분이 포함된 보험료이다(단, 보험료는 월할계산할 것). (3점)

[4] 매출채권 잔액에 대하여 1%의 대손충당금을 보충법으로 설정하시오. (3점)

전산회계 2급

문제 7 다음 사항을 조회하여 알맞은 답안을 [이론문제 답안작성] 메뉴에 입력하시오. (10점)

[1] 상반기(1월~6월) 중 상품매출액이 가장 적은 달(月)의 상품매출액은 얼마인가? (3점)

[2] 3월 말 현재 비품의 장부가액은 얼마인가? (3점)

[3] 6월 말 현재 거래처별 선급금 잔액 중 가장 큰 금액과 가장 적은 금액의 차액은 얼마인가? (단, 음수로 입력하지 말 것) (4점)

제05회 전산회계2급 기출

이론시험

다음 문제를 보고 알맞은 것을 골라 [이론문제 답안작성] 메뉴에 입력하시오.(객관식 문항당 2점)

―【 기 본 전 제 】―
문제에서 한국채택국제회계기준을 적용하도록 하는 전제조건이 없는 경우, 일반기업회계기준을 적용한다.

01. 다음 중 일반기업회계기준에서 규정하고 있는 재무제표가 아닌 것은?

① 합계잔액시산표　② 재무상태표　③ 손익계산서　④ 주석

02. 다음 중 일정 시점의 재무상태를 나타내는 재무보고서의 계정과목으로만 짝지어진 것이 아닌 것은?

① 보통예금, 현금
② 선급비용, 선수수익
③ 미수수익, 미지급비용
④ 감가상각비, 급여

03. 다음 거래요소의 결합관계와 거래의 종류에 맞는 거래내용은?

거래요소 결합관계	거래의 종류
자산의 증가-부채의 증가	교환거래

① 업무용 컴퓨터 1,500,000원을 구입하고 대금은 나중에 지급하기로 하다.
② 거래처로부터 외상매출금 500,000원을 현금으로 받다.
③ 거래처에 외상매입금 1,000,000원을 현금으로 지급하다.
④ 이자비용 150,000원을 현금으로 지급하다.

04. 아래의 괄호 안에 각각 들어갈 계정과목으로 옳은 것은?

〈거래〉
- 05월 10일 ㈜무릉으로부터 상품 350,000원을 매입하고, 대금은 당좌수표를 발행하여 지급하다.
- 05월 20일 ㈜금강에 상품 500,000원을 공급하고, 대금은 매입처 발행 당좌수표로 받다.

〈분개〉
5월 10일   (차) 상품   350,000원   (대) [㉠]   350,000원
5월 20일   (차) [㉡]   500,000원   (대) 상품매출   500,000원

① ㉠ : 당좌예금, ㉡ : 당좌예금   ② ㉠ : 당좌예금, ㉡ : 현금
③ ㉠ : 현금,   ㉡ : 현금   ④ ㉠ : 현금,   ㉡ : 당좌예금

05. 다음 자료를 이용하여 당기 외상 매출액을 계산하면 얼마인가?

- 외상매출금 기초잔액   300,000원   • 외상매출금 기말잔액   400,000원
- 당기 외상매출금 회수액 700,000원

① 300,000원   ② 700,000원   ③ 800,000원   ④ 1,200,000원

06. 다음의 자산 항목을 유동성이 높은 순서대로 바르게 나열한 것은?

- 상품   • 토지   • 개발비   • 미수금

① 미수금 – 개발비 – 상품 – 토지
② 미수금 – 상품 – 토지 – 개발비
③ 상품 – 토지 – 미수금 – 개발비
④ 상품 – 미수금 – 개발비 – 토지

07. 다음의 회계정보를 이용하여 기말의 상품매출총이익을 계산하면 얼마인가?

- 기초상품재고액   4,000,000원   • 기말상품재고액   6,000,000원
- 당기상품매입액   10,000,000원   • 매입에누리   100,000원
- 당기상품매출액   11,000,000원

① 3,100,000원   ② 4,100,000원   ③ 7,900,000원   ④ 9,100,000원

08. 다음의 회계자료에 의한 당기총수익은 얼마인가?

| • 기초자산 | 800,000원 | • 기초자본 | 600,000원 |
| • 당기총비용 | 1,100,000원 | • 기말자본 | 1,000,000원 |

① 1,200,000원 ② 1,300,000원 ③ 1,400,000원 ④ 1,500,000원

09. 다음 중 유동자산이 아닌 것은?

① 당좌예금 ② 현금 ③ 영업권 ④ 상품

10. 다음 중 상품의 매입원가에 가산하지 않는 것은?

① 상품을 100,000원에 매입하다.
② 상품 매입 시 발생한 하역비 100,000원을 지급하다.
③ 상품 매입 시 발생한 운임 100,000원을 지급하다.
④ 매입한 상품에 하자가 있어 100,000원에 해당하는 상품을 반품하다.

11. 건물 일부 파손으로 인해 유리창 교체 작업(수익적지출)을 하고, 아래와 같이 회계처리한 경우 발생하는 효과로 다음 중 옳은 것은?

| (차) 건물 | 6,000,000원 | (대) 보통예금 | 6,000,000원 |

① 부채의 과대계상 ② 자산의 과소계상
③ 순이익의 과대계상 ④ 비용의 과대계상

12. 다음 중 잔액시산표에서 그 대칭 관계가 옳지 않은 것은?

	차변	대변
①	대여금	차입금
②	임대보증금	임차보증금
③	선급금	선수금
④	미수금	미지급금

13. 다음 거래에서 개인기업의 자본금계정에 영향을 미치지 않는 거래는?

① 현금 1,000,000원을 거래처에 단기대여하다.
② 사업주가 단기대여금 1,000,000원을 회수하여 사업주 개인 용도로 사용하다.
③ 결산 시 인출금 계정의 차변 잔액 1,000,000원을 정리하다.
④ 사업주의 자택에서 사용할 에어컨 1,000,000원을 회사 자금으로 구입하다.

14. 다음 중 손익계산서상의 판매비와일반관리비 항목에 속하지 않는 계정과목은?

① 접대비　　　② 세금과공과　　　③ 임차료　　　④ 이자비용

15. 다음 중 영업손익과 관련이 없는 거래는 무엇인가?

① 영업부 급여 500,000원을 현금으로 지급하다.
② 상품광고를 위하여 250,000원을 보통예금으로 지급하다.
③ 수재민을 위하여 100,000원을 현금으로 기부하다.
④ 사무실 전기요금 150,000원을 현금으로 지급하다.

실무시험

무한상사(코드번호 : 1054)는 가전제품을 판매하는 개인기업으로 당기(제13기) 회계기간은 2023.1.1.~2023.12.31.이다. 전산세무회계 수험용 프로그램을 이용하여 다음 물음에 답하시오.

──【 기 본 전 제 】──
- 문제에서 한국채택국제회계기준을 적용하도록 하는 전제조건이 없는 경우, 일반기업회계기준을 적용하여 회계처리 한다.
- 문제의 풀이와 답안작성은 제시된 문제의 순서대로 진행한다.

문제 1 다음은 무한상사의 사업자등록증이다. [회사등록] 메뉴에 입력된 내용을 검토하여 누락분은 추가입력하고 잘못된 부분은 정정하시오(주소 입력 시 우편번호는 입력하지 않아도 무방함). (6점)

사 업 자 등 록 증
(일반과세자)

등록번호 : 130-47-50505

상　　　호 : 무한상사
성　　　명 : 이학주　　　생 년 월 일 : 1968 년 07 월 20 일
개 업 연 월 일 : 2011 년 05 월 23 일
사업장소재지 : 경기도 구리시 경춘로 10(교문동)

사 업 의 종 류 : 업태 도소매　　　종목 가전제품

발 급 사 유 : 신규
공 동 사 업 자 :

사업자 단위 과세 적용사업자 여부 : 여(　) 부(v)
전자세금계산서 전용 전자우편주소 :

2011 년 05 월 23 일
구 리 세 무 서 장

문제 2 다음은 무한상사의 전기분 손익계산서이다. 입력되어 있는 자료를 검토하여 오류 부분은 정정하고 누락된 부분은 추가 입력하시오. (6점)

손 익 계 산 서

회사명 : 무한상사 제12기 2022.1.1.~2022.12.31. (단위 : 원)

과 목	금 액	과 목	금 액
매 출 액	300,000,000	영 업 이 익	44,200,000
상 품 매 출	300,000,000	영 업 외 수 익	5,800,000
매 출 원 가	191,200,000	이 자 수 익	2,200,000
상 품 매 출 원 가	191,200,000	임 대 료	3,600,000
기 초 상 품 재 고 액	13,000,000	영 업 외 비 용	7,500,000
당 기 상 품 매 입 액	180,000,000	이 자 비 용	4,500,000
기 말 상 품 재 고 액	1,800,000	기 부 금	3,000,000
매 출 총 이 익	108,800,000	소 득 세 차 감 전 순 이 익	42,500,000
판 매 비 와 관 리 비	64,600,000	소 득 세 등	0
급 여	34,300,000	당 기 순 이 익	42,500,000
복 리 후 생 비	5,700,000		
여 비 교 통 비	2,440,000		
임 차 료	12,000,000		
차 량 유 지 비	3,500,000		
소 모 품 비	3,400,000		
광 고 선 전 비	3,260,000		

문제 3 다음 자료를 이용하여 입력하시오. (6점)

[1] 무한상사의 거래처별 초기이월 채권과 채무의 잔액은 다음과 같다. 주어진 자료를 검토하여 잘못된 부분을 정정하거나 추가 입력하시오(거래처코드를 사용할 것). (3점)

계정과목	거래처명	금액
외상매출금	월평상사	45,000,000원
지급어음	도륜상사	150,000,000원
단기차입금	선익상사	80,000,000원

[2] 다음 자료를 이용하여 [기초정보관리]의 [거래처등록] 메뉴에서 신용카드를 추가로 등록하시오(주어진 자료 외의 다른 항목은 입력할 필요 없음). (3점)

- 코드 : 99871
- 카드번호 : 1234-5678-9012-3452
- 거래처명 : 씨엔제이카드
- 카드종류(매입) : 3.사업용카드
- 유형 : 매입

문제 4 다음의 거래 자료를 [일반전표입력] 메뉴를 이용하여 입력하시오. (24점)

【 입력 시 유의사항 】

- 적요의 입력은 생략한다.
- 부가가치세는 고려하지 않는다.
- 채권·채무와 관련된 거래는 별도의 요구가 없는 한 반드시 기등록된 거래처코드를 선택하는 방법으로 거래처명을 입력한다.
- 회계처리 시 계정과목은 별도의 제시가 없는 한 등록된 계정과목 중 가장 적절한 과목으로 한다.

[1] 07월 02일 성심상사로부터 상품을 6,000,000원에 매입하고, 매입대금 중 5,500,000원은 어음(만기일 12월 31일)을 발행하여 지급하고, 나머지는 현금 지급하였다. (3점)

[2] 08월 05일 토지를 매각처분하면서 발생한 부동산중개수수료를 대전부동산에 현금으로 지급하고 아래의 현금영수증을 받다. (3점)

대전부동산

305-42-23567　　　　　　　　　　　　김승환
대전광역시 유성구 노은동 63　　　　　　TEL : 1577-5974

현금영수증(지출증빙용)

구매 2023/08/05/13:25　　　　　거래번호 : 11106011-114

상품명	수량	단가	금액
수수료		3,500,000원	3,500,000원
202308051325001			
공 급 대 가			3,500,000원
합 계			3,500,000원
받 은 금 액			3,500,000원

[3] 08월 19일   탄방상사에서 단기 차입한 20,000,000원 및 단기차입금 이자 600,000원을 보통예금으로 지급하다(단, 하나의 전표로 입력할 것). (3점)

[4] 08월 20일   판매용 노트북 15,000,000원과 업무용 노트북 1,000,000원을 다복상사에서 구입하였다. 대금은 모두 보통예금으로 지급하였다(단, 하나의 전표로 입력할 것). (3점)

[5] 08월 23일   4월 1일 내용을 알 수 없는 출금 500,000원이 발견되어 가지급금으로 처리하였는데, 이는 거래처 소리상사에게 지급한 외상대금으로 판명되었다(가지급금 거래처는 입력하지 않아도 무방함). (3점)

[6] 10월 10일   고구려상사에서 매입하기로 계약한 상품 3,000,000원을 인수하고, 10월 1일에 지급한 계약금 300,000원을 차감한 잔액은 외상으로 하다(단, 하나의 전표로 입력할 것). (3점)

[7] 11월 18일   영업부가 사용하는 업무용 차량의 유류를 현금으로 구입하고, 다음의 영수증을 받다. (3점)

NO.	영수증(공급받는자용)			
			무한상사	귀하
공급자	사업자등록번호	126-01-18454		
	상 호	SK주유소	성 명	김중수
	사업장소재지	경기도 구리시 동구릉로 100		
	업 태	도소매업	종 목	주유소
작성일자		금액합계		비고
2023.11.18.		30,000원		
공급내역				
월/일	품명	수량	단가	금액
11/18	일반휘발유	15L	2,000원	30,000원
합계			30,000원	
위 금액을 **영수**함				

[8] 12월 20일   영업부 업무용 차량에 대한 아래의 공과금을 현대카드로 납부하였다. (3점)

2023-2기 년분 자동차세 세액 신고납부서 — 납세자 보관용 영수증

납 세 자	무한상사
주 소	경기도 구리시 경춘로 10

납세번호	기관번호	제목	납세년월기	과세번호

과세대상	45조4079 (비영업용, 1998cc)
과세기간	2023.07.01. ~2023.12.31.

구 분	자동차세	지방교육세	납부할 세액 합계
당초산출세액	199,800	59,940	
선납공제액(10%)		(자동차세액 × 30%)	259,740 원
요일제감면액(5%)			
납부할세액	199,800	59,940	

<납부장소>

위의 금액을 영수합니다.
2023 년   12 월   20 일

*수납인이 없으면 이 영수증은 무효입니다   *공무원은 현금을 수납하지 않습니다.

문제 5 [일반전표입력] 메뉴에 입력된 내용 중 다음의 오류가 발견되었다. 입력된 내용을 검토하고 수정 또는 삭제, 추가 입력하여 올바르게 정정하시오. (6점)

[1] 11월 05일   영업부 직원의 10월분 급여에서 원천징수하였던 근로소득세 110,000원을 보통예금으로 납부하면서 세금과공과로 회계처리 하였음이 확인되다. (3점)

[2] 11월 28일   상품 매입 시 당사가 부담한 것으로 회계처리한 운반비 35,000원은 판매자인 양촌상사가 부담한 것으로 판명되다. (3점)

문제 6 다음의 결산정리사항을 입력하여 결산을 완료하시오. (12점)

[1] 회사의 자금사정으로 인하여 영업부의 12월분 급여 1,000,000원을 다음 달 5일에 지급하기로 하였다. (3점)

[2] 결산일 현재 영업부에서 사용한 소모품비는 200,000원이다(단, 소모품 구입 시 전액 자산으로 처리하였다). (3점)

[3] 기말 현재 현금과부족 70,000원은 단기차입금에 대한 이자 지급액으로 판명되었다. (3점)

[4] 2020년 1월 1일에 취득하였던 비품에 대한 당기분 감가상각비를 계상하다(취득원가 65,500,000원, 잔존가액 15,500,000원, 내용연수 10년, 정액법). (3점)

문제 7

다음 사항을 조회하여 알맞은 답안을 [이론문제 답안작성] 메뉴에 입력하시오. (10점)

[1] 5월 말 현재 외상매입금의 잔액이 가장 많은 거래처와 금액은 얼마인가? (3점)

[2] 전기 말과 비교하여 당기 6월 말 현재 외상매출금의 대손충당금 증감액은 얼마인가? (단, 증가 또는 감소 여부를 기재할 것) (3점)

[3] 6월 말 현재 유동자산과 유동부채의 차액은 얼마인가? (단, 음수로 기재하지 말 것) (4점)

정답 전산회계2급 기출

제100회 기출문제

이론시험

01	02	03	04	05	06	07	08	09	10	11	12	13	14	15
③	③	③	②	④	③	②	②	②	③	②	③	④	④	③

01.
① (차) 현금　　　　　　1,000,000원 (자산 증가)　　(대) 자본금　　　1,000,000원 (자본 증가)
② (차) 외상매입금　　　2,000,000원 (부채 감소)　　(대) 현금　　　　2,000,000원 (자산 감소)
③ (차) 보통예금　　　　　300,000원 (자산 증가)　　(대) 이자수익　　　300,000원 (수익 발생)
④ (차) 비품　　　　　　　500,000원 (자산 증가)　　(대) 미지급금　　5,000,000원 (부채 증가)

02. ③ 일정 기간 동안 기업의 경영성과에 대한 정보를 제공하는 재무보고서는 손익계산서로, 매출원가는 비용항목으로 매출액에서 차감하고, 기부금은 영업외비용 계정과목으로 자본을 감소시킨다.

03. ③ 차량운반구는 비유동자산(유형자산)에 해당한다.

04. ② 부채와 자본은 잔액이 항상 대변에 남는다.
・미수금, 선급비용, 미수수익은 자산, 선수수익은 부채이다.

05. ④ 손익계산서의 당기순이익은 발생주의에 의해 작성되므로 금액의 크기는 현금주의에 의해 작성되는 금액의 크기와 무관하다.

06. ③ 상품 등의 판매촉진을 위하여 불특정다수인에게 선전하는 데에 소요되는 비용은 광고선전비이다. 접대비란 거래관계의 활성화 또는 판매증대를 목적으로 지출하는 비용으로 교제비, 기밀비, 사례금 등이 있다.

07. ② 750,000원 = 상품 전기이월액 350,000원 + 당기매입액 770,000원 − 기말재고액 370,000원

08. ② 15,800,000원 = 취득가액 20,000,000원 − 감가상각누계액 3,900,000원 − 유형자산처분손실 300,000원
・감가상각누계액 : (취득가액 20,000,000원 − 잔존가액 500,000원) × 1/5 = 3,900,000원
・회계처리
2022.01.01.　(차) 현금 등　　　　　15,800,000원　　(대) 기계장치　　20,000,000원
　　　　　　　　　감가상각누계액　　3,900,000원
　　　　　　　　　유형자산처분손실　　300,000원

09. ②

10. ③ 감가상각비는 판매비와관리비에 해당한다.
- 이자비용, 외환차손, 기타의 대손상각비는 영업외비용이다.

11. ② 휴대폰 판매회사가 보유하고 있는 판매용 휴대폰은 재고자산(상품)이다.
- 유형자산은 재화의 생산, 용역의 제공, 타인에 대한 임대 또는 자체적으로 사용할 목적으로 보유하는 물리적 형체가 있는 자산으로서, 1년을 초과하여 사용할 것이 예상되는 자산을 말한다.

12. ③ 상품 이외의 자산 매각으로 발생한 미수액은 미수금으로 처리한다.
- 정상적인 영업활동(일반적인 상거래)에서 발생한 판매대금의 미수액 : 매출채권
- 일반적인 상거래 이외에서 발생했으나 아직 기록(회수)되지 않은 수익 : 미수수익
- 수익 중 차기 이후에 속하는 금액이지만 그 대가를 미리 받은 경우 : 선수수익

13. ④ 매입할인액은 재고자산의 취득원가에서 차감하여야 하는 것이나 이를 당기매입액에서 차감하지 않고 영업외수익으로 회계처리 하였을 경우 당기매입액이 과대계상되어 매출원가 과대계상, 매출총이익 과소계상을 초래한다.
- 매출총이익 – 판매비와관리비 = 영업이익 과소계상
- 영업이익 + 영업외수익 – 영업외비용 = 당기순이익 불변

14. ④
- 회계처리   (차) 소모품비 (비용 발생)   1,000,000원   (대) 미지급금 (부채 증가)   500,000원
                                                        현금 (자산 감소)   500,000원

15. ③
- 기초자본 : 기초자산 500,000원 – 기초부채 300,000원 = 200,000원
- 당기순이익 : 총수익 1,000,000원 – 총비용 800,000원 = 200,000원
- 기말자본 : 기초자본 200,000원 + 당기순이익 200,000원 = 400,000원
- 기말부채 : 기말자산 800,000원 – 기말자본 400,000원 = 400,000원

실무시험

문제 1
[회사등록] 〉 • 사업자등록번호 정정 : 460-47-53502 → 130-47-50505
　　　　　　　• 개업연월일 정정 : 2015년 1월 5일 → 2015년 5월 1일
　　　　　　　• 관할세무서 정정 : 145.관악 → 152.남부천

문제 2
[전기분손익계산서] 〉 • 급여 정정 : 50,500,000원 → 34,300,000원
　　　　　　　　• 차량유지비 정정 : 2,500,000원 → 3,500,000원
　　　　　　　　• 기부금 추가 입력 : 3,000,000원

문제 3
[1] [계정과목및적요등록] 〉 계정과목 : 824.운반비
　　대체적요 등록 : 4. 퀵 서비스 요금 보통예금 이체 지급
[2] [거래처등록] 〉 [신용카드] 탭 〉 • 코드 : 99871
　　　　　　　　　　　　　　• 거래처명 : 믿음카드
　　　　　　　　　　　　　　• 유형 : 2.매입
　　　　　　　　　　　　　　• 카드번호 : 1234-5678-9012-3452
　　　　　　　　　　　　　　• 카드종류(매입) : 3.사업용카드

문제 4

[1] 일반전표입력
07.02. (차) 광고선전비(판)　　3,300,000원　　(대) 미지급금(푸른상사)　　3,300,000원

[2] 일반전표입력
07.26. (차) 선급금(좌동철강)　　1,000,000원　　(대) 당좌예금　　1,000,000원

[3] 일반전표 입력
08.23. (차) 가수금　　5,000,000원　　(대) 외상매출금(승리상사)　　5,000,000원

[4] 일반전표 입력
08.28. (차) 당좌예금　　　　　　10,000,000원　　(대) 상품매출　　25,000,000원
　　　　　외상매출금(강서상사)　15,000,000원

[5] 일반전표입력
09.10. (차) 통신비(판)　　5,000원　　(대) 현금　　5,000원

[6] 일반전표입력
09.28. (차) 현금　　　　　　　1,000,000원　　(대) 상품매출　　6,500,000원
　　　　　받을어음(나나상점)　5,500,000원

[7] 일반전표입력
10.28. (차) 접대비(판)　　150,000원　　(대) 현금　　150,000원

[8] 일반전표입력
10.31. (차) 세금과공과(판)　　260,000원　　(대) 현금　　260,000원

문제 5

[1] 일반전표입력
- 수정 전
  11.02. (차) 보통예금   9,750,000원   (대) 받을어음(천둥상점)   10,000,000원
           수수료비용(판)   250,000원
- 수정 후
  11.02. (차) 보통예금   9,750,000원   (대) 받을어음(천둥상점)   10,000,000원
           매출채권처분손실   250,000원

[2] 일반전표입력
- 수정 전
  12.04. (차) 상품   1,650,000원   (대) 당좌예금   1,650,000원
- 수정 후
  12.04. (차) 상품   1,650,000원   (대) 현금   1,650,000원

문제 6

[1] 일반전표입력
12.31. (차) 선수수익   2,400,000원   (대) 임대료(904)   2,400,000원
- 월 임대료 : 4,800,000원÷12개월=400,000원
- 당기분 임대료 : 400,000원×6개월(2021.7.1.~2021.12.31.) = 2,400,000원

[2] 일반전표입력
12.31. (차) 자본금   658,000원   (대) 인출금   658,000원
- 합계잔액시산표에서 인출금 잔액(-658,000원) 조회 후 입력

[3] 일반전표입력
12.31. (차) 소모품   300,000원   (대) 소모품비(판)   300,000원

[4] 일반전표입력
12.31. (차) 감가상각비(판)   870,000원   (대) 감가상각누계액(비품) 560,000원
                                               감가상각누계액(차량운반구) 310,000원
- 또는 [결산자료입력] 〉 [결산반영금액] 〉 4) 감가상각비 〉 비품 : 560,000원 입력 〉 F3 전표추가
                                                              차량운반구 : 310,000원 입력

문제 7

[1] 70,248,000원
- 판매가능한 상품 : 기초상품재고액 + 당기상품매입액
- [합계잔액시산표] 〉 기간 : 6월 30일 〉 상품 차변 합계액
- 또는 [계정별원장] 〉 조회기간 : 1월 1일~6월 30일 〉 계정과목 : 146.상품 〉 차변 합계액

[2] 3,750,000원
- [일계표(월계표)] 〉 조회기간 : 1월 1일~5월 30일 〉 접대비 차변 중 현금으로 지출한 금액

[3] 250,000원 = 2월 430,000원 - 6월 180,000원 = 250,000원
- [총계정원장] 〉 조회기간 : 1월 1일~6월 30일 〉 계정과목 : 837.건물관리비 조회

제101회 기출문제

이론시험

01	02	03	04	05	06	07	08	09	10	11	12	13	14	15
④	①	①	④	②	③	④	②	②	②	①	④	①	③	③

01. ④ 당좌차월은 단기차입금, 받을어음은 매출채권에 해당한다.

02. ① (가) 유동자산, (나) 유동부채

03. ① (차) 비품(자산 증가)　　　　1,500,000원　　　(대) 미지급금(부채 증가)　　1,500,000원 : 교환거래

04. ④ 매입환출, 매입에누리, 매입할인은 상품의 총매입액에서 차감한다.

05. ② 1,180,000원 = 수정 전 당기순이익 1,000,000원 − 미지급이자 20,000원 + 선급보험료 200,000원

06. ③ 150,000원 = 회수불능채권 200,000원 − 대손충당금 50,000원
　• 회계처리 : (차) 대손충당금　　　　50,000원　　　(대) 매출채권　　　　200,000원
　　　　　　　　　대손상각비　　　　150,000원

07. ④ (가) 기말재고자산 금액이 감소하면 매출원가가 증가하고, (라) 기말재고자산 금액이 증가하면 매출원가가 감소하여 매출총이익이 증가한다.

08. ② 유형자산은 최초에는 취득원가로 측정하며, 매입할인 등이 있는 경우에는 이를 차감하여 취득원가를 산출한다.

09. ② 보통예금
　• 회계처리 : (차) 보통예금　　　　×××원　　　(대) 비품　　　　×××원

10. ② 무형자산은 재화의 생산이나 용역의 제공, 타인에 대한 임대, 관리에 사용할 목적으로 기업이 보유하고 있으며, 물리적 실체는 없지만 식별할 수 있고, 기업이 통제하고 있으며, 미래 경제적효익이 있는 비화폐성자산으로, 소프트웨어는 무형자산에 해당한다.

11. ① 유동부채인 예수금, 미지급금, 선수수익보다 비유동부채인 사채가 나중에 배열된다.

12. ④ 450,000원 = 당기 외상매입금 지급액 1,100,000원 − 당기 외상매입액 1,000,000원 + 매입환출 50,000원
　　　　　　　　+ 기말 외상매입금 300,000원

외상매입금			
매입환출	50,000원	기초잔액	450,000원
지급액	1,100,000원	당기매입	1,000,000원
기말잔액	300,000원		
	1,450,000원		1,450,000원

13. ① 900,000원 = 기초자본금 1,000,000원 + 추가출자액 300,000원 + (총수익 400,000원 – 총비용 290,000원)
        – 기말자본금 510,000원

14. ③ 영업부 직원의 급여는 판매비와관리비에 해당하므로 영업손익에 영향을 미친다.
    • 기부금, 이자비용, 이자수익은 영업외손익이므로 영업손익에 영향을 미치지 않는다.

15. ③ 10,000,000원 = 기초상품재고액 3,000,000원 + 당기상품매입액 10,000,000원 – 기말상품재고액 3,000,000원

실무시험

문제 1
[회사등록] 〉 • 과세유형 수정 : 2.간이과세자 → 1.일반과세자
　　　　　　 • 대표자명 수정 : 손희정 → 손우성
　　　　　　 • 업태 수정 : 서비스 → 도소매

문제 2
[전기분재무상태표] 〉 • 현금 수정 : 3,000,000원 → 43,000,000원
　　　　　　　　　 • 대손충당금(외상매출금) 추가입력 : 400,000원
　　　　　　　　　 • 감가상각누계액(차량운반구) 수정 : 1,200,000원 → 14,000,000원

문제 3
[1] [거래처등록] 〉 [신용카드] 탭 〉 • 코드 : 99811
　　• 거래처명 : 나라카드
　　• 유형 : 2.매입
　　• 카드번호(매입) : 1000-2000-3000-4000
　　• 카드종류(매입) : 3.사업용카드
[2] (1) 외상매출금 〉 • 유통상사 9,000,000원 → 10,000,000원으로 수정
　　　　　　　　　 • 브런치상사 21,000,000원 → 20,000,000원으로 수정
　　(2) 외상매입금 〉 • 순임상사 20,000,000원 추가입력

문제 4
[1] 일반전표입력
07.09.　(차) 차량운반구　　　　15,000,000원　　　(대) 당좌예금　　　　15,000,000원

[2] 일반전표입력
08.01.　(차) 건물관리비(판)　　　　300,000원　　　(대) 보통예금　　　　　300,000원

[3] 일반전표입력
08.04.　(차) 세금과공과(판)　　　　62,500원　　　(대) 현금　　　　　　　62,500원

[4] 일반전표입력
08.12.　(차) 도서인쇄비(판)　　　　20,000원　　　(대) 현금　　　　　　　20,000원

[5] 일반전표입력
08.18.　(차) 단기매매증권　　　　6,000,000원　　　(대) 보통예금　　　　6,130,000원
　　　　　　수수료비용(영업외비용)　130,000원

[6] 일반전표입력
09.03.　(차) 선수금(수원문구)　　　500,000원　　　(대) 상품매출　　　　5,000,000원
　　　　　　외상매출금(수원문구)　4,500,000원

[7] 일반전표입력
10.18.　(차) 수선비(판)　　　　　150,000원　　　(대) 미지급금(현대카드)　150,000원
　　　　　　　　　　　　　　　　　　　　　　　또는 미지급비용(현대카드)

[8] 일반전표입력
11.24. (차) 기부금　　　　　　1,000,000원　　(대) 현금　　　　　　1,000,000원

문제 5

[1] 일반전표입력
수정 전 : 09.14.　(차) 세금과공과(판)　130,000원　(대) 현금　　130,000원
수정 후 : 09.14.　(차) 차량운반구　　　130,000원　(대) 현금　　130,000원
　　　　　또는 출금전표　　차량운반구　130,000원

[2] 11월 21일 일반전표입력
수정 전 : 11.21.　(차) 접대비(판)　　　100,000원　(대) 현금　　100,000원
수정 후 : 11.21.　(차) 복리후생비(판)　100,000원　(대) 현금　　100,000원

문제 6

[1] 일반전표입력
12.31. (차) 미수수익　　　　　60,000원　　(대) 이자수익　　　　60,000원

[2] 일반전표입력
12.31. (차) 외상매입금(㈜홍상사)　150,000원　(대) 가지급금　　150,000원

[3] 일반전표입력
12.31. (차) 보통예금　　　　　900,000원　　(대) 단기차입금(행복은행)　900,000원

[4] (1) 결산자료입력 〉 2. 매출원가 〉 ⑩ 기말 상품 재고액 〉 결산반영금액 7,000,000원 입력 〉 F3 전표추가
　(2) 또는 일반전표입력
　　　　12.31. (결차) 상품매출원가　222,920,000원　(결대)상품　222,920,000원
　• 상품매출원가 : 합계잔액시산표(또는 계정별원장 또는 총계정원장) 상품 차변 합계액 229,920,000원 – 기말상품재고액 7,000,000원 = 222,920,000원

문제 7

[1] 600,000원
[일계표(월계표)] 〉 조회기간 : 4월~6월 〉 5.판매비및관리비 : 수수료비용 〉 차변 현금

[2] 3,500,000원 = 2월 1,800,000원 – 5월 300,000원
[총계정원장] 〉 조회기간 : 1월~6월 〉 계정과목 : 복리후생비(판)

[3] 5,200,000원
[거래처별계정과목별원장] 〉 조회기간 : 1월~6월 〉 계정과목 : 선급금 〉 거래처 : 인천상사

제102회 기출문제

이론시험

01	02	03	04	05	06	07	08	09	10	11	12	13	14	15
④	③	②	④	③	①	④	③	④	②	①	③	②	②	①

01. ④ 임차보증금, 차량운반구, 선납세금은 자산계정으로 잔액이 차변에 남고, 선수금은 부채계정으로 잔액이 대변에 남는다.

02. ③ 이자비용은 영업외비용에 속한다.

03. ② 재무제표의 종류는 재무상태표, 손익계산서, 현금흐름표, 자본변동표, 주석이 있으며, 일정 기간 동안의 기업의 경영성과(수익, 비용, 이익)에 대한 정보를 제공하는 보고서는 손익계산서이다.

04. ④ 1년

05. ③ 3,960,000원 = 기초잔액 2,000,000원 + 당기외상매출액 5,000,000원 - 기말잔액 3,000,000원 - 매출할인액 40,000원

06. ① 선입선출법에 대한 설명이다.

07. ④ 건물 내부의 조명기구 교체는 수익적 지출에 해당한다.

08. ③ 360,000원 = 취득가액 680,000원 + 유형자산처분이익 450,000원 - 처분가액 770,000원

09. ④ 가수금은 실제 현금의 입금 등은 있었지만 거래의 내용이 불분명하거나 거래가 완전히 종결되지 않아 계정과목이나 금액이 미확정인 경우에 현금의 수입을 일시적인 채무로 표시하는 계정과목을 말한다.

10. ②
- a (차) 상품   ×××원   (대) 외상매입금   ×××원
- b (차) 외상매입금   ×××원   (대) 현금   ×××원
- c (차) 외상매입금   ×××원   (대) 보통예금   ×××원
- d (차) 보통예금   ×××원   (대) 외상매출금   ×××원

11. ① 기업주가 기업의 현금, 상품 등을 개인적으로 소비하는 것을 인출이라고 하며, 기업주의 인출이 자주 발생하는 경우 별도로 인출금 계정을 설정하여 처리할 수 있다. 기업주의 인출이 발생한 경우에는 인출금 계정 차변에 기입하였다가 기말 결산 시 인출금 계정 잔액을 자본금 계정에 대체한다.

12. ③ 차입금 지급이자와 기부금은 영업외비용에 해당한다.

13. ② 손실 100,000원 = 감가상각비 (-)200,000원 + 이자수익 100,000원

14. ② 30,000원 = 보험료 40,000원 − 선급보험료 10,000원

07월 01일	(차) 보험료	40,000원	(대) 현금	40,000원
12월 31일	(차) 선급보험료	10,000원	(대) 보험료	10,000원

15. ① 수익이 증가하면 자산의 증가 또는 부채의 감소에 따라 자본의 증가

실무시험

문제 1

[회사등록] 〉• 과세유형 수정 : 2.간이과세자 → 1.일반과세자
• 사업장소재지 수정 : 광주광역시 남구 봉선중앙로 153번길
  → 광주광역시 남구 봉선중앙로123번길 1(주월동)
• 개업연월일 수정 : 2010.05.19. → 2010.05.09.

문제 2

[전기분재무상태표] 〉• 보통예금 수정 : 5,900,000원 → 9,500,000원
• 미수금 추가입력 : 1,000,000원
• 단기차입금 수정 : 23,000,000원 → 24,460,000원

문제 3

[1] [거래처별초기이월] 〉• 외상매출금 : 참푸른상사 8,500,000원 → 15,000,000원으로 수정
• 외상매입금 : ㈜부일 6,000,000원 → 10,000,000원으로 수정

[2] [거래처등록] 〉[일반거래처] 탭 〉• 코드 : 01000
• 거래처명 : 잘먹고잘살자
• 거래처유형 : 2.매입
• 사업자등록번호 : 214-13-84536
• 대표자성명 : 김영석
• 업태 : 서비스
• 종목 : 한식

문제 4

[1] 일반전표입력
07.06. (차) 교육훈련비(판)   100,000원   (대) 보통예금   100,000원

[2] 일반전표입력
08.02. (차) 보통예금   100,000,000원   (대) 임차보증금(강남상사)   100,000,000원

[3] 일반전표입력
08.29. (차) 접대비(판)   300,000원   (대) 미지급금(비씨카드)   300,000원
                                      또는 미지급비용(비씨카드)

[4] 일반전표입력
09.06. (차) 정기예금   10,000,000원   (대) 보통예금   10,000,000원

[5] 일반전표입력
09.20. (차) 상품   1,000,000원   (대) 당좌예금   600,000원
                                     현금   400,000원

[6]. 일반전표입력
09.30. (차) 급여(판)   750,000원   (대) 예수금   6,000원
                                     보통예금   744,000원

[7] 일반전표 입력
10.11. (차) 건물　　　　　　　　3,000,000원　　(대) 보통예금　　　　3,000,000원

[8] 일반전표입력
10.13. (차) 대손충당금(109.외상매출금)　300,000원　(대) 외상매출금(미림전자)　2,600,000원
　　　　　 대손상각비　　　　　2,300,000원

문제 5

[1] 일반전표입력
• 수정 전 : 07.09. (차) 세금과공과(판)　　200,000원　　(대) 현금　　　200,000원
• 수정 후 : 07.09. (차) 기부금　　　　　　200,000원　　(대) 현금　　　200,000원
　　　　　 또는 출금전표　　기부금　　200,000원

[2] 일반전표입력
• 수정 전 : 10.12. (차) 보통예금　　　　5,000,000원　(대) 외상매출금(영랑문구)　5,000,000원
• 수정 후 : 10.12. (차) 보통예금　　　　5,000,000원　(대) 단기대여금(영랑문구)　5,000,000원

문제 6

[1] 일반전표입력
12.31. (차) 잡손실　　　　　　100,000원　　(대) 현금과부족　　　100,000원

[2] 일반전표입력
12.31. (차) 가수금　　　　　　500,000원　　(대) 선수금(인천상사)　500,000원

[3] 일반전표입력
12.31. (차) 이자비용　　　　　200,000원　　(대) 미지급비용　　　200,000원
• 기간경과분 미지급이자 : 10,000,000원×6%×4개월/12개월=200,000원

[4] (1) 결산자료입력 〉 4) 감가상각비 〉 차량운반구 〉 결산반영금액 7,000,000원 입력 〉 F3 전표추가
　　(2) 또는 일반전표입력
　　　　12.31. (차) 감가상각비(판)　7,000,000원　(대) 감가상각누계액(차량운반구)　7,000,000원
• 감가상각비 : (취득가액 60,000,000원 - 잔존가치 4,000,000원)÷8년=7,000,000원

문제 7

[1] 44,000원
[계정별원장] 또는 [총계정원장] 〉 조회기간 : 1월 1일~6월 30일 〉 계정과목 : 가지급금(134) 조회

[2] 1,400,000원=2월 2,000,000원-5월 600,000원
[총계정원장] 〉 조회기간 : 1월 1일~6월 30일 〉 계정과목 : 접대비(판)(813) 조회

[3] 타이거상사, 540,000원
[거래처원장] 〉 조회기간 : 1월 1일~6월 30일 〉 계정과목 : 미지급금(253) 조회

제103회 기출문제

이론시험

01	02	03	04	05	06	07	08	09	10	11	12	13	14	15
④	④	③	②	④	②	③	④	③	③	③	③	①	③	①

01. ④ 외상매출금은 일반적인 상거래에서 발생한 매출채권을, 미수금은 일반적인 상거래 외의 거래(유형자산 처분 등)에서 발생한 채권을 말한다.

02. ④ 기말재고 과소평가 시 매출원가는 과대계상되고, 당기순이익은 과소계상된다.

03. ③ 미지급금은 일반적인 상거래 외의 거래에서 발생하는 부채이다.

04. ② 직원을 채용하기로 한 것은 자산, 부채, 자본, 수익, 비용의 증감 변화를 가져오지 않으므로 회계상의 거래가 아닌 일반적인 거래에 해당한다.

05. ④ 유동부채 : 단기차입금

06. ② 외상매출금을 현금으로 받아 즉시 당좌예입하였다. : (차) 당좌예금 (대) 외상매출금
① 종업원의 급여를 보통예금에서 이체해 지급하였다. : (차) 급여 (대) 보통예금
③ 상품을 매출하고 대금은 거래처가 발행한 당좌수표로 받았다. : (차) 현금 (대) 상품매출
④ 상품을 매입하고 대금은 약속어음을 발행하여 지급하였다. : (차) 상품 (대) 지급어음

07. ③ 단기매매증권 취득 시 발생한 매입수수료는 영업외비용으로 처리한다.

08. ④ 받을어음

09. ③ 정액법은 자산의 내용연수 동안 일정액의 감가상각액을 인식하는 방법이다.

10. ③ 2,700,000원
= 처분가액 1,000,000원 + 감가상각누계액 1,800,000원 − 유형자산처분이익 100,000원
・유형자산처분이익 : 처분가액 1,000,000 − (취득가액 − 감가상각누계액 1,800,000원) = 100,000원

11. ③ 임차보증금 30,000,000원이 자산계정이다.
・미지급금, 예수금, 선수금은 모두 부채계정이다.

12. ③ 1,400,000원 = 기말부채 600,000원 + 기말자본 800,000원
・당기순이익 : 총수익 1,500,000원 − 총비용 1,000,000원 = 500,000원
・기말자본 : 기초자본 300,000원 + 당기순이익 500,000원 = 800,000원

13. ① 예수금

14. ③ 이자비용과 기부금은 영업외비용에 포함된다.

15. ① 18,000원 = 매출액 130,000원 - 매출원가 112,000원
    • 매출원가 : 기초상품재고액 24,000원 + 당기총매입액 108,000원 - 기말상품재고액 20,000원 = 112,000원

실무시험

문제 1
- 기초정보관리 〉 회사등록 〉• 대표자명 수정 : 최기수 → 최성호
  - 업태 수정 : 제조 → 도소매
  - 개업연월일 수정 : 2017.02.01. → 2015.02.01.

문제 2
[전기분손익계산서] 〉• 급여 수정 : 21,400,000원 → 12,400,000원
  - 소모품비(830) 190,000원 추가입력
  - 영업외비용 수정 : 기부금(953) 50,000원 → 잡손실(980) 50,000원

문제 3
[1] [거래처등록] 〉 [일반거래처] 탭 〉• 거래처코드 : 0330
  - 거래처명 : 영랑실업
  - 유형 : 1.매출
  - 사업자등록번호 : 227-32-25868
  - 대표자성명 : 김화랑
  - 업태 : 도소매
  - 종목 : 전자제품
  - 주소 : 강원도 속초시 영랑로5길 3(영랑동)

[2] [계정과목및적요등록] 〉 복리후생비(811) 〉 대체적요 : 적요NO. 3, 직원회식비 신용카드 결제

문제 4

[1] 일반전표입력
07월 21일 (차) 현금　　　　　　　2,000,000원　　(대) 외상매출금(영우상회)　10,000,000원
　　　　　　　보통예금　　　　　　8,000,000원

[2] 일반전표입력
08월 05일 (차) 토지　　　　　　　20,400,000원　(대) 당좌예금　　　　　　20,000,000원
　　　　　　　　　　　　　　　　　　　　　　　　　현금　　　　　　　　　　400,000원

[3] 일반전표입력
08월 26일 (차) 예수금　　　　　　　90,000원　　(대) 보통예금　　　　　　180,000원
　　　　　　　세금과공과(판)　　　90,000원

[4] 일반전표입력
09월 08일 (차) 복리후생비(판)　　200,000원　　(대) 미지급금(우리카드)　200,000원
　　　　　　　　　　　　　　　　　　　　　　　　　또는 미지급비용

[5] 일반전표입력
09월 20일 (차) 접대비(판)　　　　100,000원　　(대) 현금　　　　　　　　100,000원

[6] 일반전표입력
10월 05일 (차) 비품　　　　　　　2,500,000원　(대) 미지급금(선진상사)　2,500,000원

[7] 일반전표입력
11월 30일 (차) 임차보증금(㈜한성) 50,000,000원 (대) 보통예금 50,000,000원

[8] 일반전표입력
12월 09일 (차) 보통예금 4,875,000원 (대) 단기차입금(대한은행) 5,000,000원
             이자비용 125,000원

문제 5

[1] 일반전표 수정
- 수정 전 : 10월 01일 (차) 외상매입금(순천상사) 101,000원 (대) 보통예금 101,000원
- 수정 후 : 10월 01일 (차) 외상매입금(순천상사) 100,000원 (대) 보통예금 101,000원
                    수수료비용(판) 1,000원

[2] 일반전표 수정
- 수정 전 : 11월 26일 (차) 보통예금 400,000원 (대) 가수금(순천상사) 400,000원
- 수정 후 : 11월 26일 (차) 보통예금 400,000원 (대) 외상매출금(순천상사) 400,000원

문제 6

[1] 일반전표입력
12월 31일 (차) 선급비용 300,000원 (대) 보험료(판) 300,000원
- 선급비용 : 900,000원×4개월/12개월＝300,000원

[2] 일반전표입력
12월 31일 (차) 여비교통비(판) 44,000원 (대) 가지급금 44,000원

[3] 일반전표입력
12월 31일 (차) 자본금 500,000원 (대) 인출금 500,000원

[4] 일반전표입력
12월 31일 (차) 소모품 200,000원 (대) 소모품비(판) 200,000원

문제 7

[1] 95,000,000원
- [재무상태표] 〉 기간 : 6월 조회 〉 유동부채 금액 확인

[2] 5월, 60,000,000원
- [총계정원장] 〉 기간 : 1월 1일~6월 30일 〉 계정과목 : 상품매출(401) 조회

[3] 3,200,000원
- [거래처원장] 〉 기간 : 1월 1일~4월 30일 〉 계정과목 : 외상매출금(108) 〉 거래처 : 오렌지유통 조회

제104회 기출문제

이론시험

01	02	03	04	05	06	07	08	09	10	11	12	13	14	15
④	③	②	④	①	③	④	③	③	①	①	③	③	③	③

01. ④ 혼합거래는 차변이나 대변의 한쪽 금액 일부가 수익 또는 비용이 나타나는 거래를 의미한다.

02. ③ 자본의 증가와 부채의 증가는 모두 대변에 기입되는 거래로 동시에 나타날 수 없다.

03. ② 기부금은 경영성과를 나타내는 손익계산서의 영업외비용 계정과목이다.

04. ④ 자산과 부채는 유동성이 높은 항목부터 배열하는 것을 원칙으로 한다.

05. ① 100,000원 = 기말 매출채권 10,000,000원 × 1%

06. ③ 후입선출법은 나중에 구매한 상품이 먼저 판매된다는 가정하에 매출원가 및 기말재고액을 구하는 방법이다.

07. ④ 기말재고액이 과대계상될 경우, 매출원가는 과소계상된다.

08. ③ 판매 목적의 취득은 재고자산으로 영업활동 목적의 취득은 유형자산으로 처리한다.

09. ③ 유형자산의 감가상각방법에는 정액법, 체감잔액법(예를 들면, 정률법 등), 연수합계법, 생산량비례법 등이 있다.

10. ① 외상매입금을 조기 지급하여 매입할인을 받은 경우, 당기 총매입액에서 이를 차감하여 순매입액이 감소하고, 매출총이익과 영업이익은 증가한다.

11. ① '(차) 이자수익 (대) 선수이자'의 누락으로 부채의 과소계상, 수익의 과대계상이 나타난다.

12. ③ 이익잉여금은 손익거래 결과이며, 나머지는 자본거래 결과이다.

13. ③ 15,000,000원
   = (기말자본금 70,000,000원 + 인출액 5,000,000원) - (기초자본금 50,000,000원 + 당기순이익 10,000,000원)
   • 기말자본금 70,000,000원 + 인출액 5,000,000원 = 기초자본금 50,000,000원 + 당기순이익 10,000,000원
     + 추가출자액 A

14. ③ 판매촉진 목적으로 광고, 홍보, 선전 등을 위하여 지급한 금액은 광고선전비로 판매비와관리비에 해당하며, 영업이익을 감소시킨다.

15. ③ 임대보증금은 부채계정이다.

실무시험

문제 1
[회사등록] 〉 • 종목 수정 : 컴퓨터 부품 → 문구 및 잡화
• 개업연월일 수정 : 2015년 01월 05일 → 2015년 03월 09일
• 관할세무서 수정 : 145.관악 → 134.안산

문제 2
[전기분재무상태표] 〉 • 정기예금 수정 : 2,000,000원 → 20,000,000원
• 차량운반구 감가상각누계액 수정 : 13,000,000원 → 23,000,000원
• 외상매입금 수정 : 17,000,000원 → 45,000,000원

문제 3
[1] [계정과목및적요등록] 〉 146.상품 〉 대체적요 : 적요NO. 5, 상품 어음 매입

[2] [거래처등록] 〉 [일반거래처] 탭 〉 • 거래처코드 : 1001
• 거래처명 : 모닝문구
• 유형 : 1.매출
• 사업자등록번호 : 305-24-63212
• 대표자명 : 최민혜
• 업태 : 도소매
• 종목 : 문구 및 잡화
• 주소 : 대전광역시 대덕구 한밭대로 1000(오정동)

문제 4
[1] 일반전표입력
07월 15일 (차) 보통예금   50,000,000원   (대) 단기차입금(대전중앙신협) 50,000,000원

[2] 일반전표입력
07월 16일 (차) 상품   6,600,000원   (대) 선급금(로뎀문구)   660,000원
                                              당좌예금   5,940,000원

[3] 일반전표입력
07월 28일 (차) 여비교통비(판)   5,000원   (대) 미지급금(신한카드)   5,000원
                                              또는 미지급비용

[4] 일반전표입력
08월 28일 (차) 현금   20,000,000원   (대) 상품매출   25,000,000원
             받을어음(씨엔제이상사) 5,000,000원

[5] 일반전표입력
09월 20일 (차) 매출환입및에누리(402) 3,000,000원 (대) 외상매출금(반월상사)   3,000,000원

[6] 일반전표입력
10월 15일 (차) 외상매입금(조선상사) 1,300,000원 (대) 받을어음(발해상사)   1,200,000원
                                              현금   100,000원

[7] 일반전표입력

11월 27일　(차) 미지급금(비전상사)　12,500,000원　(대) 당좌예금　10,000,000원
　　　　　　　　　　　　　　　　　　　　　　　　채무면제이익　2,500,000원

[8] 일반전표입력

12월 30일　(차) 차량운반구　2,637,810원　(대) 현금　2,637,810원
　　　　또는 출금전표　차량운반구 2,637,810원

문제 5

[1] 일반전표입력

수정 전 : 09월 15일　(차) 현금　100,000원　(대) 외상매출금(월평문구)　100,000원
수정 후 : 09월 15일　(차) 현금　100,000원　(대) 선수금(월평문구)　100,000원

[2] 일반전표입력

수정 전 : 12월 18일　(차) 비품　1,100,000원　(대) 현금　1,100,000원
수정 후 : 12월 18일　(차) 비품　1,000,000원　(대) 현금　1,100,000원
　　　　　　　　　　소모품비(판)　100,000원

문제 6

[1] 일반전표입력

12월 31일　(차) 미수수익　3,000,000원　(대) 임대료(904)　3,000,000원

• 월 임대료 : 6,000,000원÷12개월 = 500,000원
• 당기분 임대료 : 월 임대료 500,000원×6개월(2022.7.1.~2022.12.31.) = 3,000,000원

[2] 일반전표입력

12월 31일　(차) 단기매매증권　500,000원　(대) 단기매매증권평가이익　500,000원

• 평가이익 : (기말 공정가치 30,000원 − 취득가액 25,000원)×100주 = 500,000원

[3] 일반전표입력

12월 31일　(차) 선급비용　90,000원　(대) 보험료(판)　90,000원

[4] (1) [결산자료입력] 〉 F8대손상각 〉 대손율(%) : 1.00 입력 〉 결산반영 〉 F3전표추가
　　(2) 또는 [결산자료입력] 〉 5). 대손상각 • 외상매출금 : 3,021,300원 입력 〉 F3전표추가
　　　　　　　　　　　　　• 받을어음 : 322,000원
　　(3) 또는 일반전표입력
　　　　12월 31일 (차) 대손상각비(판)　3,343,300원　(대) 대손충당금(109)　3,021,300원
　　　　　　　　　　　　　　　　　　　　　　　　　　　대손충당금(111)　322,000원
　　　　　또는　(차) 대손상각비(판)　3,021,300원　(대) 대손충당금(109)　3,021,300원
　　　　　　　　　　대손상각비(판)　322,000원　　　대손충당금(111)　322,000원

• 외상매출금 기말 잔액 352,130,000원×1% − 500,000원 = 3,021,300원
• 받을어음 기말 잔액 62,200,000원×1% − 300,000원 = 322,000원

강선생 전산회계 2급

문제 7

[1] 2,800,000원
- [총계정원장] > [월별] 탭
  > 기간 : 2022년 01월 01일~2022년 06월 30일
  > 계정과목 : 401.상품매출 조회
  > 상품매출액이 가장 적은 달(月)의 금액 확인 : 2,800,000원(1월)

[2] 34,000,000원
   = 비품 35,000,000원 – 비품 감가상각누계액 1,000,000원
- [재무상태표] > 기간 : 2022년 3월 조회 > 비품 계정 및 비품감가상각누계액 계정 금액 확인

[3] 1,638,000원
   = 1,770,000원(광진상사) – 132,000원(우림상사)
- [거래처원장] > 기간 : 2022년 1월 1일~2022년 6월 30일 > 계정과목 : 131.선급금 조회

제105회 기출문제

이론시험

01	02	03	04	05	06	07	08	09	10	11	12	13	14	15
①	④	①	②	③	②	①	④	③	④	③	②	①	④	③

01. ① 재무제표는 재무상태표, 손익계산서, 현금흐름표, 자본변동표로 구성되며, 주석을 포함한다.

02. ④ 일정 시점 현재 기업이 보유하고 있는 경제적 자원인 자산과 경제적 의무인 부채, 그리고 자본에 대한 정보를 제공하는 재무보고서는 재무상태표이다. 감가상각비와 급여는 손익계산서 계정과목으로 나머지 계정과목은 재무상태표 계정과목이다.

03. ①

	거래요소의 결합관계	거래의 종류
①	자산의 증가 – 부채의 증가	교환거래
②	자산의 증가 – 자산의 감소	교환거래
③	부채의 감소 – 자산의 감소	교환거래
④	비용의 발생 – 자산의 감소	손익거래

04. ②

05. ③ 800,000원 = 외상매출금 회수액 700,000원 + 기말 외상매출금 400,000원 – 기초 외상매출금 300,000원

06. ② 유동성이 높은 항목부터 배열하면 당좌자산 – 재고자산 – 유형자산 – 무형자산 순으로 나열한다.

07. ① 3,100,000원 = 상품매출액 11,000,000원 – 상품매출원가 7,900,000원
　・상품매출원가 : 기초상품재고액 4,000,000원 + 당기순상품매입액 9,900,000원 – 기말상품재고액 6,000,000원
　　= 7,900,000원
　・당기순상품매입액 : 당기상품매입액 10,000,000원 – 매입에누리 100,000원 = 9,900,000원

08. ④ 1,500,000원 = 당기총비용 1,100,000원 + 당기순이익 400,000원
　・당기순이익 : 기말자본 1,000,000원 – 기초자본 600,000원 = 400,000원

09. ③ 무형자산인 영업권은 비유동자산이다.

10. ④ 재고자산의 매입원가는 매입금액에 매입운임, 하역료 및 보험료 등 취득과정에서 정상적으로 발생한 부대원가를 가산한 금액이다. 매입환출은 매입원가에서 차감한다.

11. ③ 수익적지출(수선비)로 처리해야 할 것을 자본적지출(건물)로 회계처리한 경우 비용의 과소계상과 자산의 과대계상으로 인해 당기순이익이 과대계상된다.

12. ② 임대보증금과 임차보증금이 서로 바뀌었다.

13. ①

①	(차)	단기대여금	1,000,000원	(대)	현금	1,000,000원
②	(차)	자본금(인출금)	1,000,000원	(대)	단기대여금	1,000,000원
③	(차)	자본금	1,000,000원	(대)	인출금	1,000,000원
④	(차)	자본금(인출금)	1,000,000원	(대)	현금	1,000,000원

14. ④ 이자비용은 영업외비용에 속한다.

15. ③ 기부금은 영업외비용으로 영업손익과 관련이 없다.

실무시험

문제 1

[기초정보관리] 〉 [회사등록] 〉 • 대표자명 정정 : 김지술 → 이학주
· 사업자등록번호 정정 : 135-27-40377 → 130-47-50505
· 개업연월일 정정 : 2007.03.20. → 2011.05.23.

문제 2

[전기분재무제표] 〉 [전기분손익계산서] 〉 • 차량유지비 정정 : 50,500,000원 → 3,500,000원
· 이자수익 정정 : 2,500,000원 → 2,200,000원
· 기부금 추가 입력 : 3,000,000원

문제 3

[1] [거래처별초기이월] 〉 • 외상매출금 : 월평상사 35,000,000원 → 45,000,000원으로 수정입력
· 지급어음 : 도륜상사 100,000,000원 → 150,000,000원으로 수정입력
· 단기차입금 : 선익상사 80,000,000원 추가 입력

[2] [거래처등록] 〉 [신용카드] 탭 〉 • 코드 : 99871
· 거래처명 : 씨엔제이카드
· 유형 : 2.매입
· 카드번호 : 1234-5678-9012-3452
· 카드종류(매입) : 3.사업용카드

문제 4

[1] 일반전표입력

07.02.	(차) 상품	6,000,000원	(대) 지급어음(성심상사)	5,500,000원
			현금	500,000원

[2] 일반전표입력

08.05.	(차) 수수료비용(판)	3,500,000원	(대) 현금	3,500,000원

[3] 일반전표입력

08.19.	(차) 단기차입금(탄방상사)	20,000,000원	(대) 보통예금	20,600,000원
	이자비용	600,000원		

[4] 일반전표입력

08.20.	(차) 상품	15,000,000원	(대) 보통예금	16,000,000원
	비품	1,000,000원		

[5] 일반전표입력

08.23.	(차) 외상매입금(소리상사)	500,000원	(대) 가지급금	500,000원

[6] 일반전표입력

10.10.	(차) 상품	3,000,000원	(대) 선급금(고구려상사)	300,000원
			외상매입금(고구려상사)	2,700,000원

[7] 일반전표입력

11.18. (차) 차량유지비(판)　　　30,000원　　　(대) 현금　　　30,000원

[8] 일반전표입력

12.20. (차) 세금과공과(판)　　　259,740원　　　(대) 미지급금(현대카드)　　　259,740원
　　　　　　　　　　　　　　　　　　　　　　　또는 미지급비용

문제 5

[1] 일반전표입력
- 수정 전 : 11.05. (차) 세금과공과(판)　　110,000원　　(대) 보통예금　　110,000원
- 수정 후 : 11.05. (차) 예수금　　　　　　110,000원　　(대) 보통예금　　110,000원

[2] 일반전표입력
- 수정 전 : 11.28. (차) 상품　　7,535,000원　　(대) 외상매입금(양촌상사) 7,500,000원
　　　　　　　　　　　　　　　　　　　　　　　　　미지급금　　　　　　　35,000원
- 수정 후 : 11.28. (차) 상품　　7,500,000원　　(대) 외상매입금(양촌상사) 7,500,000원

문제 6

[1] 일반전표입력

12.31. (차) 급여(판)　　　1,000,000원　　　(대) 미지급비용　　　1,000,000원
　　　　　　　　　　　　　　　　　　　　　　또는 미지급금

[2] 일반전표입력

12.31. (차) 소모품비(판)　　　200,000원　　　(대) 소모품　　　200,000원

[3] 일반전표입력

12.31. (차) 이자비용　　　70,000원　　　(대) 현금과부족　　　70,000원

[4] (1) [결산자료입력] 〉 4. 판매비와일반관리비 〉 4). 감가상각비 〉 비품 〉 결산반영금액란 5,000,000원
　　　입력 〉 F3 전표추가
　　(2) 또는 일반전표입력
　　　　12.31. (차) 감가상각비(판)　　5,000,000원　　(대) 감가상각누계액(비품) 5,000,000원
　　　　- (65,500,000원 - 15,500,000원) ÷ 10년 = 5,000,000원

문제 7

[1] 갈마상사, 76,300,000원
- [거래처원장] 〉 조회기간 : 1월 1일~5월 31일 〉 계정과목 : 251.외상매입금
　　　　　　　　〉 거래처별 외상매입금 잔액 조회

[2] 1,500,000원 증가 = 2,000,000원 - 500,000원
- [재무상태표] 〉 조회일자 : 6월
　　　　　　　　〉 현재 외상매출금 대손충당금과 전기말 외상매출금 대손충당금 비교

[3] 116,633,300원 = 유동자산 합계액 463,769,900원 - 유동부채 합계액 347,136,600원
- [재무상태표] 〉 조회일자 : 6월 〉 유동자산과 유동부채의 차액 확인

강선생 전산회계2급 기출문제 풀이집

편 저	강 원 훈	8판발행	2023년 1월 12일
발 행 인	이 윤 근		
발 행 처	나눔에이엔티		

등   록   제307-2009-58호
주   소   서울시 성북구 보문로35길 39
홈 페 이 지   www.nanumant.com
전   화   02-924-6545
팩   스   02-924-6548
ISBN   978-89-6891-400-3

@2023 나눔에이엔티

가격 15,000원

파본은 구입하신 서점이나 출판사에서 교환해 드립니다.

나눔 A&T는 정확한 지식과 정보를 독자분들께 제공하고자 최선의 노력을 다하고 있습니다. 본서가 모든 경우에 완벽성을 갖는 것은 아니므로 주의를 기울이시고 필요한 경우 전문가와 사전 논의를 하시기 바랍니다. 본서의 수록내용은 특정사안에 대한 구체적인 의견 제시가 될 수 없으므로 본서의 적용결과에 대해서 책임지지 않습니다.